초우재 통신 ❶

# 촌내기의 오랜오랜 떨림

*일러두기

독자들에게 때로 비문(非文)처럼 그리고 맞춤법이나 띄어쓰기가 바르지 않은 경우가 있을 것이나 이것은 작가의 의도적인 것임을 밝혀둡니다.

초우재 통신 ❶

# 촌내기의 오랜오랜 떨림

김 창 진 지음

(학)신구학원 신구문화사

# 책머리에

한 연예인이 '바다는 비에 젖지 않는다'는 헤밍웨이의 어록을 어느 자리에서 인용했다.
나는 내 첫 산문집(1996년)의 첫 글 첫 문장에서 '물이 강을 담았다'라고 물가의 우리 고장 사람들이 홍수 때 강둑에 올라서서 하던 말을 기억했다.
내가 뭘 해서 글을 담을 수 있으랴.
나는 언제나 비에 젖는다.
내 생애가 어릴 때부터 그랬을 것이다.
내 이 책의 글들은 '촌내기의 오랜오랜 떨림'이다.
세상에 나는 떨고 있다.
세상이 내 비에 젖지 않아서인가.

초우재(草雨齋),
멋 내느라 寓居를 自號했다. 거기서 친구들에게 제자들에게 지인들에게 또는 세상에 편지를 썼다.
내가 보낸 첫사랑 편지는 누구였지. 그애는 여태 반응이 없다.
내가 어찌 남의 마음을 담을 수 있으랴.

다들 비에 젖지 않는다.
그래서 지금도 떨고 있다.

畏友 곽광수(불문학) 교수가 내 이 하찮은 글들에서 나를 담아 보려 애썼다. 내가 너무 작은데 큰 그릇을 불러 담으려 했다. 내가 더욱 왜소해 지는 느낌이다.
고마우이. 부끄럼과 함께.

2015년 가을

# 차례

# 제1부

(1997년 10월~1999년 4월)

## 통신 (1)

# 나신(裸身)을 스치겠지요

요새 초우재(草友齋)에는 동산(動産)이 하나 늘었습니다.

헌 중고(中古)의 자전거 한 대입니다.

거의 다 벗겨져 가는 빨간빛의 도장(塗裝)입니다. 그런데도 모습이 언뜻 보아서는 그리 낡아 보이지는 않습니다. 키가 큰데다가 뼈대와 바퀴가 가늘어서 제법 모던한 모양새입니다.

과천(果川)에 내 외종형이 한 분 있습니다.

이분이 용인 어느 시골에 살 때에는 집뒤의 텃밭 가장자리에 옥수수며 호박모종을 심어 놓고, 새벽에 잠이 안 와서 매양 이것들을 보살피면서 훤히 트는 아침 햇빛을 맞는다더니 요새는 어두컴컴한 새벽에 서울대공원에 가서 몰고 온 자전거를 한참 타다 보면 동이 트기 시작한다는 것입니다. 그러니까 형은 자전거 바퀴를 돌리면서 자기의 하루를 애써 엽니다.

그런데 이 형이 하루는 아침 일찍 저에게 전화를 하기를 자전거를 하나 주웠다면서 쓸 만하니까 네가 가지고 가서 타라는 것입니다. 알다시피 초우재는 산중턱 가까워서 자전거를 타기에는 경사가 심해서, 이런 산길에서도 경기용 사이클을 몰고 다니는 젊은이를 보면 부러워는 했으나 자전거가 있었으면 하고 그걸 부러워한 일은 없었지요.

그런데도 나는 이 형의 이 분부를 쉽게 거역하지는 않았습니다. 형의 그 갸륵

한(?) 마음씀을 거절할 넉살이 없었고, 조금은 이제는 아주 잊어버린 내 자전거 시절에 대한 향수 같은 게 내 마음 밑바닥에서 그때 비집고 올라오고 있었던 모양입니다.

내가 그 자전거를 처음 본 순간에는 그것이 초라하다는 생각도 들었고, 그런데도 쓸 만하겠다는 애착도 들었습니다. 그래서 자전거포에서 브레이크등의 허술한 데를 고쳐서 내 차 뒤 트렁크에 어중간하게나마 억지로 싣고서는 밤중에 초우재 뜰에 들어왔습니다.

그런데 말입니다.

아침에 일어나자마자 창을 통해서 그것이 내 눈에 들어왔는데,

밤의 어둠을 지새고 아침 햇살에 은륜(銀輪)으로 내 눈에 다가서는 그것이, 아니 그것으로 해서 초우재가 그리 평화롭게 보일 수 없었습니다. 그리 여유 있게 느껴질 수 없었습니다.

나는 자전거가, 외종형의 마음씀이 고마워서 마지못해 이를 초우재에 데리고 온 중고품이 이런 상황을 연출할 것이라고는 전혀 상상하지 않았습니다.

이후 자주 이 자전거에 내 마음이 머뭅니다.

우거(寓居) 초우재에 가득한 평화와 여유를 만끽합니다.

마당을 비추는 외등(外燈)을 밤 내내 켜 놓습니다.

그리고 요새는,

그것이 왜 그런 연출을 할 수 있는지 자꾸 생각해 보려 합니다.

그것이 서 있는 곳이 흙마당 위라는 것과 어떤 연관이 있는지요.

또 그 배경이 비록 손바닥만 하지만 열무밭이어서 연둣빛의 색감이 주는 시골

스런 분위기와의 관련에서인지요.

자동차와 자전거는 둘 다 차(車)이지만 한쪽은 수레 거로 읽는 이름의 다름에서도 알 수 있듯이, '차'쪽은 내 의지를 뒷받침하는 밧데리라든지 휘발유 등의 매체를 통해서만이 움직일 수 있으나 '거'쪽은 바로 내 몸이 갖는 움직임에 오로지 연유해서만 가고 섭니다. 그러니까 내 감각이 그것에 닿는 직접성과, 그것이 갖는 복잡하지 않는 기계구조의 너무 뻔한 단순성 등이 사람의 세계와 쉽게 닿는다는 어떤 혈연성(血緣性)의 동질감을 주어서 그런가요.

오늘날 자동차 문화가 주는 우리들 몸이나 마음에 던지는 폭력성이나 경제적 압박 같은 게 전혀 없습니다.

중학교 다니는 나이 때 자전거를 몰고 다녔던 신작로(新作路)나 풀섶 사이의 좁은 흙길의 배수로를 생각습니다. 이슬들이 바퀴를 간지럽게 적십니다. 잠자리가 날으면서 핸들 위에 앉아서 저와 동행합니다.

아침마다 한 시간 넘어 자전거를 타고는 산 밑의 기차역에 이르는 긴 낙동강 둑길의 자전거 전용의, 통학 길의 행로(行路)를 생각습니다.

그리 좋아하던 매형(妹兄)이 새 자전거를 타고 누나가 있는 저의 집을 찾던 유년시절의 그 반가운 날을 기억합니다.

때론 집에 어른이 앓아누워서 십리 밖의 양의(洋醫)가 까만 진료 가방을 달고 마당에 들어오는 낯선 자전거가 있었긴 하지만, 대개는 반가운 분들의 내왕(來往)이라는 징표로 나에게는 떠오릅니다.

멀리서 큰댁의 형이 와 있습니다.

내가 학교에서 책보를 들쳐 메고 집 마당에 들어서면 그 낡은 자전거는 누가 우리 집에 와 있다는 것을 대번에 말해 줍니다. 십리 윗길의 사촌매형이거나 십리 아랫길의 이종형의 것도 눈에 익은 자전거입니다. 나는 그 자전거의 핸들에 붙어 있는 요령을 한 번 울리고는 대청마루에 오릅니다.

이런 어린 날의 기억들 때문일까요.

외사촌이 요새 사람들이 걸핏하면 버리는 중고품의 자전거를 하나 주워 와서, 그것을 나에게 주어

산자락의 내 초우재 앞뜰에

세워 놓았더니

이렇게 내 마음이

편해지는 것은.

내일쯤에는 저걸 사립문 밖으로 몰고 나가서 호젓한 산길을 찾아서 한 번 타 보렵니다.

이팝나무의 우수수 떨어지는 낙엽들을 저것의 은륜(銀輪)이 감촉할 것입니다. 그리고 내 반백(半白)의 머리카락들은 나뭇가지들의 나신(裸身)을 스치겠지요.

별 애기 아닌 것을 갖고 길게 늘어놓았습니다.

시월이 저물고 있습니다. 초우재에도 가을이 와 있습니다.

너무 짙어서 답답하기까지 했던 수목들의 무성한 잎새들도 이제는 성기어져서 내 생각이 나무와 나무 사이를 갈 수 있게 되어 갑니다.

며칠 전에는 초우재 뒤에 있는 은행나무를 털었습니다. 초우재 주인은 은행알의 산탄(散彈)을 맞으면서도 그것을 줍는 욕심에 정신이 없었습니다. 농사짓는 이의, 돈으로 따질 수 없는 행복을 생각하면서요.

좋은 가을 되십시오.

戊寅 晩秋　草友齋 主人

통신 (2)

## 단풍 숲의 바람남

1

오늘 바람이 몹시 불더니
아카시아 나뭇잎이 다 떨어지더니
밤에 나무 사이로 초생달이
보였습니다.
바람이 그래서 불었나 봅니다.
초생달을 보이게 하려고.
내일 영하 10도 된다는 전야(前夜)에
서둘러 초생달을 보이려 한
자연(自然)의 의도는요.

2

이제 줄기만 앙상하게 남은 나목(裸木)의 숲에
그러나 핏빛으로 물들게 한
단풍나무 숲이 어울리게 한 자연의

연출(演出)은 그야말로 절묘(絶妙)합니다.
나는 기껏, 바람난 계집애의
영상(映像)에 젖습니다.

3

발을 곤두세우고
촘촘히 바삐
걸어가는
발레리나의
잠자리 나래
치맛자락에서

그만
하늘에 뻗치는
두 다리의 저리
활짝 열림이여
치마폭은 허공에
펄럭이면서
가랑이를
누가 훔쳤네
안 보아도
괜찮은 것을

그만 누가 훔쳤네

아, 바람 몹시
부는 날의
초우재 앞산의, 선홍빛
단풍 숲의
바람남이여

핏빛 가랑이를
누가 훔쳤네

안 보아도
괜찮은 것을
그만 내가
훔쳤네.

(초우재 단풍 숲의 바람남)

그저께와 어제 그리고 오늘, 초우재 앞뜰에서 본 가을날 자연의 사흘입니다.

草友齋 主人(1997년 11월)

통신 (3)

# 빗소리 광시곡(狂詩曲)

1

운전수가 내 생각을 끊었다. 손님, 이런 밤에 이런 곳을 맨 정신으로 차 몰기가 그러네요. 어디 구멍가게라도 나타나면 쐬주 한 딸각이 하고 가시죠. 이런 밤에, 별은 보이지 않고 추위는 매서웠다. 이런 곳에, 인가의 불빛조차 나타났다 싶으면 무덤 위 인광처럼 사라져 버리고 칠흑 어둠이었다. 우리는 바람에 양철지붕이 소리를 내는 구멍가게에서 소주를 샀다. 나는 히말라야 어느 산봉우리를 넘고 있다고 생각했다. 저 너머에 티벳이 있다. 이상한 쇳소리를 들었다. 시외버스 정류장의 표지판에서 나는 소리였을까. 또는 티벳 고원을 나는 독수리의 날파람 소리였는지도.

김신의 〈검은 겨울〉에서

단편소설의 한 대목입니다.

여기 옮긴 것은 '바람에 양철지붕이 소리를 내는 구멍가게'라는 소리(청각) 표현 때문입니다. '독수리의 날파람 소리'는 상상은 되나 들어본 적이 없습니다.

'시외버스 정류장의 표지판에서 나는' 쇳소리도 많은 것을 생각게 합니다.

그녀를 찾아갔으나, 말 한 마디 건네지 못하고 돌아오는 낯선 고을의 밤 버스를 기다리던 대목도 떠오르고요. 아니면 배고플 때, 실의(失意)에 빠졌을 때, 방황(彷徨)했을 때, 물론 고독(孤獨)했을 때 떠오르는 영상(映像)의 한 컷입니다. 아니 그런 것보다 그런 것에 매몰차게 당해서 오갈 데 없어진 자의식(自意識)의 청각적 반응 쪽이 더 여실(如實)하겠지요.

'양철지붕의 소리'는 어떻게 되나요.

어른들의 탐욕스럽고 멍청한 행동을 볼 때마다 기묘한 소년의 주인공이 비명을 지르며 두들기는 '양철 북'이라는 소설의 영화가 있었고, '뜨거운 양철 지붕'이라는 도피할 수 없는 인간조건에서 아무런 승리도 없고 그러나 거기 있을 수밖에 없는 '고양이' 같다고 우리 삶의 모습을 그린 유명한 드라마도 있지요.

그러나 여기서는 '바람에 소리를 내는' 양철지붕입니다.

양철지붕의 한 자락이 못이 빠져 펄럭거립니다. 바람 때문입니다.

그 소리는 쇳소리만이 아닙니다. 바람소리가 오히려 주조(主調)인지 모릅니다.

바람에 나는 양철지붕의 소리 -

매우 도시적인 사람에겐 정신 사납게 들릴지 모릅니다.

그 소리가 주는 느낌을 어떻게 표현해야 할까요.

여하튼

스산합니다.

허허로움이 있고요.

아니 무의미 - 입니다.

'바람에 양철지붕의 소리를 내는 구멍가게'의 늙은 주인에겐 스산함이, 허허로움이, 무의미가 그러니까 그 소리가 일상(日常)을 느끼게 하는 그의 실존(實存)입니다. 그 소리가 안 들리면 잠을 이루지 못할지 모릅니다.

그러나, 그 구멍가게의 뒷방에 며칠 전부터 기약없이 묵고 있는 젊은 남녀에겐 저 소리가 문제입니다.

그들의 팔자는 고약해서 이룰 수 없는 사랑으로 되어 있습니다.

서로 죽음까지 다짐하고 있습니다.

그럴수록 생명이 아쉽습니다.

사그라드는 목숨에 어떻게 불 지피는 줄 알지요.

젊은 사람일수록요.

활활 타는 정염(情炎), 그 불꽃으로

두 몸을 태웁니다.

그러나 어느새 불꽃은 한 순간에 꺼지고

어김없이 바람소리입니다.

이럴 땐 죽음마저 무의미해집니다.

저 소리를 어떻게 해야 합니까.

2

우거(寓居) 초우재(草友齋)는

이름에 걸맞지 않게 양철지붕입니다.

양철지붕 아래서 빗소리를 들어본 일이 있나요.

후둑이는 빗소리를,

소나기 빗줄기가 미쳐가고 있는 소리를요.

아까의 그 구멍가게 사람들의 신세는 이제 역전(逆轉)될지 모릅니다.

노인은, 저 하염없는 물결에 자기의 이승이 떠내려가고 있다고 할지 모르고,

그 뒷방의, 죽음마저 무의미해진 저들 젊은 남녀들에겐
극적인 호전(好轉), 뜻밖의 쐐기가 될지 모릅니다.
미쳐 가는 저 소나기의 빗소리가
저들의 심장에 꽂히면서
저들의 사랑을 생명을 부추길 것입니다.

양철지붕보다 함석지붕이라는 이름이, 그게 그거지만, '빨리 뜨겁고 빨리 식는' 가벼움보다 조금은 둔중(?)한 느낌이라는 착각을 주나요. 양철에 아연(亞鉛)을 입혔으니까요.

초우재는 함석지붕 비슷한 것입니다.

양철은 얇은 쇠판에 주석을 도금(鍍金)한 것인데, 주석 대신에 도료(塗料)를 전기로(電氣爐)에서 착색한, 겹으로 된 철판입니다. 안팎의 철판 속에는 두꺼운 스티로폼- 화학 솜? -이 압축되어 들어있는 것으로 가건축물의 벽이나 지붕에 두루 쓰이는, 샌드위치판넬이라 불리는 자재입니다. 열 평 남짓의 별채인 초우재에 짚이나 띠의 이엉을 올릴까 기왓장을 얹을까 헤매다가, 벽은 사방 그런 대로 제대로 둘러졌는데 지붕은 우선 쉽게쉽게 하다가 이리 가건물화(假建物化)의 꼴입니다.

초우재의 이러한 지붕에 비가 나립니다.

양철지붕의 빗소리보다 둔탁은 하나 그 절주(節奏), 리듬은 그대로입니다.

소나기가 쏟아질 땐 양철지붕처럼 사람을 쉽게 미치게 하지는 못하나, 드럼(drum) 북채의 난타(亂打)를 떠올립니다.

소나기의 빗발이 지상(地上)에, 아니 아스팔트 포도(鋪道)에 부딪치며 튀어오르는 난사(亂射) 지경의 상상입니다.

조지훈의 시에서처럼 '파초잎에 후두기는' '성긴 비ㅅ방울' 소리로도 들리고요. 그리고 말입니다. '동풍에 몰리는 소낙비는 산모롱이를 지나가고 뜰 앞의 파초잎 위에 빗소리의 남은 음파(音波)가 그네를 뛰'는 만해의 시가 다가올 때도 있지요.

그러나 너무 심하면, 전화가 걸려 와도 당신의 목소리를 제대로 들을 수 없습니다.

이리 초우재는 청각적 감수성이 예민한 지붕입니다.

비가 처음 뿌리기 시작할 땐 대개 우연히, 그야말로 당신이 우연히 창 밖을 보다가 시각적인 확인으로 한 현상의 단초(端初)를 알게 됩니다. 그런데 초우재 주인은 아주 한두 방울 떨어지는 비도 놓치지 않습니다. 소리로서의 그 존재를 벌써 알기 때문입니다.

이 비소식을 친구에게 알리면 아파트에 사는, 더욱이 고층의 당신일수록 그때서야 빗줄기가 보인다 안 보인다 - 라는 시각적 영상의 반응을 전화 속에서 말합니다. 그 넓디넓고 시원한 전망인 들창에 빗줄기가 세차게 후려치기 전에는 당신의 청각 영상은 작동하지 않습니다. 초가(草家) 지붕도 매한가지입니다. 낙숫물 떨어지는 소리가 들릴 때라야 귀는 열리고, 허기야 바깥이 어두워지는, 그러나 이 또한 시각에 그칩니다.

그래서 나는 초우재 지붕의 청각적 효과 때문에 더 자연현상(自然現象)의 변화에 예민해져 있습니다.

대관령을 넘노라 귀가 멍해졌을 때, 코를 막고 입을 닫은 채 강하게 숨을 내불면 막혔던 귀가 열리면서 죽었던 소리들이 요란하게 살아 움직임을 듣습니다.

초우재 지붕 속에서 비오는 날의 내 귀는 이리 열려 있습니다.

살아있다 - 는 건 반응(反應)을 보인다는 것이지요. 예민한 감각을 가진다는 것은 남보다 '더' 살아있음의 행복이라고까지… 이리 나는 요새 빗소리에 빠져 있습니다.

草友齋 主人(己卯 正初)

艸友齊 통신 (4)

# 스며라, 스며라

1

어느 날 밤, 비가 와서, 아니 빗소리가 예민하게 들려서 마당 설거지하러 초우재 첨하(檐下)에서 고무신을 신고 뜰에 나왔습니다. 바로 이웃한 안채의 창호지에 비쳐 나온 불빛으로 해서 비를 보았습니다.

거기 비가 있었어요.

나지막한 판때기로 세운 중간 문을 밀치고 나무대문 밖으로 나가 외등(外燈)을 켰더니, 거기 산자락 길에도 비가 보이었어요.

그런데 두들기고 있는 소리로서가 아니라, 흙바닥에 산길에 비가 스미는 것이 보였어요. 마른 대지(大地)를 간지럽게 적시고 있는.

갑작스런 불빛이어서 비에 어루만짐을 당하는 부끄러움을 대지는 미처 감추지 못한 채 그만 나에게 그 모습을 그냥 들킨 것입니다. 그래서 아무런 소리도 없었어요.

예민한 감각이 있으면, 눈이 쌓이는 소리도 비단옷이 스치는, 그래서 누구의 시에서처럼 '먼 곳에 여인의 옷벗는 소리'로 들리지 않습니까.

낙엽에, 볏짚단에, 건초(乾草) 더미에, 그리고 모래밭에 떨어지는 빗소리가 각각 다르겠지요.

닷새 장의 파장 다음날의, 어수선한 모래밭의 물결, 그 위에 비가 떨어질 때도 스미기에만 바쁠 뿐 아무 소리도 내지 않았어요.

숯이나 화로의 재들에 끼얹는 물길이 스미는 소리는 다 들을 수 있지만, 예민한 감각이 있으면,

어머니가 다리미질 할 때 입 바깥으로 뿜는 물안개가,

옥양목에 삼베에 모시에, 더욱이나 명주 결에 어떻게 스미는지,

그것들은 '소리 없는 아우성'으로 거기 내릴 뿐입니다.

2

이후, 나는 비가 오면 초우재 지붕에서 나는 청각적 소리에 대해서 더 이상의 신비감을 못 얻었어요. 오히려 잃어가고 있어요.

음악이 아무 소리 없이(?) 목전질(木栓質)의 코르크 벽에 스미는 자연스러움이 떠오르고, 지용(芝溶)의 시에서처럼 '페이브멘트에 흐늙이는 불빛'에 '뱀눈처럼 가는' 밤비도 떠오르고요.

전축이 고장 나서 아무리 비카프의 바늘을 자극해도 먹먹하기만 했을 때의 그 비정한 무감각이 답답하지만, 먼지 하나 앉는 소리에도 반응할 것 같은 고성능 마이크의 예민한 감각이 우리를 얼마나 긴장케 그래서 피로케 하는 것인지요.

보청기는 수요능력에 비해 과다감각(過多感覺)을 억지로 공급하려 할 것입니다.

귀거래사(歸去來辭)를 부르면서 산촌(山村)으로 돌아간 전직 교장양반 내 친구는 T.V도 신문도 달력도 시계도 전혀 보지 않는답니다. 세상으로 열렸던 귀를 다 막으려는 모양입니다. 인생 60을 이순(耳順)이라고, 세상만사가 귀에 거슬리

지 않는 경지라지요. 내 친구는 억지(?)로라도 이 경지에 접어들려는 모양입니다.

보청기의 기능처럼 억지로 감각을 살리면 세상만사가 왕왕거려 귀가 순해질 수 없을 것입니다.

3

요새는 사람과 사람 사이에 주고받는 소리는, 그게 없든지, 아니면 시끄럽든지 합니다.

비가 흙을 적시듯이, 그런 '스밈'이 없습니다.

어제 밤에 빈센트 반 고호의 화집을 뒤지기면서 27에 그림판에 들어와 37에 자결한 그의 생애적 고뇌(苦惱)가 무엇이었는지,

그의 귀를 자른 결단이,

혹시 사람과 사람 사이에 주고받는 말이, '없든지' '왕왕거리든지'할 뿐 '스며' 들지 않는 귀에 대해 그야말로 화난 데서 온 것이 아닌지 - 생각했습니다.

머지않아 봄이 올 것입니다.
흙을, 마른 땅을 적시는
비가 올 것입니다.
대지(大地)에 스미는 그 부드러운 손길은
건초(乾草) 냄새도, 흙 내음도
간질어 놓을 것입니다.
소리는요, 빗소리는요.

너무 괘념치 말까요.
들릴 듯 말 듯한 이 소리에
익숙해질 때까지는요.
스미고,
속삭이는
소리에
말입니다.

그 소리가 보일 때까지요.

草友齋 主人(己卯 正初)

### 통신 (5)

## 은행알 산탄(散彈)

지난 번 소식은 초우재 지붕에 떨어지는 빗소리로 해서 시작되었지요. 소나기가 퍼부을 때 듣게 되는 청각현상을 난타(亂打)니 난사(亂射)니 하면서 굳이 시각적 영상으로 떠올리려 했으며, 굵은 성긴 빗방울이 시작할 때나 그 여진(餘震)일 때는 파초 잎에 후둑이는, 또는 파초 잎에 음파(音波)의 그네를 뛰는 - 등의 시구(詩句)를 빌리면서까지 그 사음(寫音)을 상상하려 했습니다.

이러한 초우재의 비소식은 과장이 아닙니다. 사실 처음에 떠오른 영상은 '콩 볶듯이…'였습니다. 그런데 솥에 그것도 밑바닥이 펑퍼지면서 넓은 가마솥에서 많은 깨알을 이리 젓고 저리 휘저으며 그럴 때마다 구수·고소한 내음새가 온 얼굴에 젖어 오던 기억은 있으나, 가을날 저녁답에 엄마나 누이의 도움 없이 혼자 저지르던, 메뚜기 떼들의 들볶임은 그때나 지금이나 잔인했던 것 같습니다. 그래서 이 영상은 피하고 싶었던 모양입니다. 그리고 또하나 일부러 참으려 애쓴 것은 - 잔소리가 너무 길어서요 - 은행 알의 산탄(散彈) - 소리가 주는 한밤중 놀라움의 얘깁니다. 잠 속에서 어떨 때는 노크 소리로 잘못 알아서 후닥닥 깨어나면서 누구냐고 소리치기도 했으니 말입니다.

그런데, 그 은행 알이, 가장 높은 가지에서 끝물의 일군(一群)들로서 남아 있었습니다.

은행 열매가 여물기 시작할 때나, 따가운 가을 햇살에 완숙(完熟)해질 때까지는 그 익음에 겨워 한 알 두 알 절로 떨어질 때가 있으나, 사람이 나무 위에 올라가서 가지를 흔들거나, 갑작스런 빗발이나 몹시 부는 바람 결에 흔들렸을 때 말고는 그것들이 일순(一瞬)에 한꺼번에 낙하(落下)하는 경우는 없습니다. 이런 사실을 내가 아는 것은 바로 초우재 그 예(例)의, 청각적 감수성이 예민한 지붕이 뒤울안의 큰 은행나무 아랫자락의 거의 전 영역을 떠받치듯 지우산(紙雨傘)처럼 펼쳐져 있어, 낙하 현상에 반응하는 것을 들을 수 있기 때문입니다.

그런데, 역시 그런데 입니다.

제법 많은 그 은행 알이 가장 높은 가지에서 끝물의 일군(一群)들로 남아 있었습니다. 저것들이 한겨울의 추위에 얼어붙을 것이, 저 빈 겨울하늘에서 어이할지 마음 쓰이었으나 그것을 잃는, 무소득(無所得)하는 것에서 오는 아쉬움은 없었습니다. 너무 빈 하늘에서 높았으니까요. 내 손에서 너무 멀고요. 그래서 겨울이 깊어 가면서 나는 그 존재를 온전히 잊어버리고 있었습니다.

그러던 겨울 어스름의 오후 어느 때, 산중(山中) 가까이라 어둠이 어느새 오기 시작할 무렵의 한 순간에 그동안 쉬었던 '양철 북'이 울리기 시작한 것입니다.

오케스트라의 연주 실황에, 귀로는 다 듣고 있지만 눈은 심벌이나 드럼 연주자에 오랫동안 가 있을 때가 있지요. 언제 심벌리스트가 두 손을 번쩍 치켜들고 한 번, 아니면 두세 번 힘껏 두들기나, 또 부들 방망이 같은 북채가 콩을 볶듯이, 오 그야말로 '콩을 볶듯이' 그리 드럼 연타의 솜씨가 언제 발휘되냐 하고요. 그러나 이들의 순간도 순간으로 그치고 또 긴 침묵에 접어듭니다. 내 귀는 몇 악장을 듣고 있지만 이때 내 눈에는 아무 소리도 보이지 않습니다.

그러다가 울리기 시작한 것입니다.

그래 일군의 끝물로 남아 있던 은행 알들이 느닷없이 어스름 겨울 오후의 한때에 우수수 떨어집니다. 눈을 들어 바깥을 보았으나 바람 한 줄 안 보입니다.

본디 백 알이 높은 가지에 붙어 있었다면 그 반인 오십 알쯤이 쏟아지다시피, 그것도 거의 일이십 초의 한 순간에 일어나는 사건입니다. 그리고 내내 또 침묵해버립니다.

오케스트라의 연주 때처럼 내 귀는 열려 있어 온갖 자연의 소리들을 듣고 있었으나 내 눈은 나무 꼭대기 빈 하늘에 달려 있는 그 은행 알들을 그 뒤 한동안 또 전혀 보지 않았습니다.

그런데 어제 저녁 역시 으스름, 양철 북이 한 순간에 콩을 볶듯이 그것도 한 십이십 초의 동안 튀기 시작하고 그리고 곧 두드리기를 끝내고는 또 침묵해 버린 것입니다. 뒤꼍의 높디높은 은행나무의 높은 가지를 쳐다보기 위하여 나는 바깥에 나가지 않았습니다. 지붕을 두들기는 강도와 그 촘촘함의 밀도와 그리고 역시 일이십 초의, 같은 한 순간의 시간적인 집중으로 보아 이제 틀림없이 다 떨어졌을 것입니다.

심벌과 드럼을 쳐야 하는 순간은 지휘자의 팔이 뻗으면서 지휘봉이 그쪽으로 머무는 듯하다가 휘젓는 것처럼 보입니다. 그렇다면 끝물의 은행 알 백여 개의, 저 빈 겨울하늘에, 그리 휘두르는 지휘자의 지휘봉이 있었다는 것인가요.

이후, 아니 처음 쉰 개의 것이 떨어졌을 때부터 이 일이, 그러니까 은행 알의 동시낙하(同時落下) 현상이 신기했습니다.

어찌 그럴 수 있을까 하고요.

나무에 올라가서 높은 가지를 억지로 흔든 것도 아니고, 바람이 몹시 분 것도 더더욱 빗발이 한껏 후리친 것도 아닌데 어찌 그리 군중적(群衆的)으로 한 순간에 떨어지는지요. 아니, 그것도 그렇거니와 온 세상이 가만히 있는 그 순간에 우수수 저리 떨어질 수 있다면 그게 떨어지듯 매달려 있을 수 있었던, 그 연한 질김, 그러니까 허(虛)한 듯 실(實)한, 아니 실한 듯 허한 그 애매한 경계는 또 우리는 어떻게 상상해야 합니까.

이럴 경우, 지휘자의 지휘봉은 상당히 조심스럽습니다. 그 근처에 잘못 갔다가는 한 열 알쯤 그냥 지상으로 흘려버릴 것이고, 또 너무 조심하다가는 이삭처럼 하나하나 애써 줍게 만들 것입니다.

여하튼, 한꺼번에 우수수 떨어진 것이 저에게는 내내 불가사의(不可思議)의 문제로 남아 있습니다.

향가(鄕歌) 제망매가(祭亡妹歌)의 한 구처럼 'ᄒᆞᄃᆞᆫ 가재 나고'(같은 나뭇가지에 태어나고) 때문입니까.

그리고 함께 무더운 여름으로부터 서늘한 가을, 추운 겨울철을 더불었기 때문입니까. 그러니까 찬, 빈 하늘에서 초생달도 그믐달도 만월도, 스쳐가는 별빛도, 때론 스산한 바람도, 그리고 아침마다 짖는 까치 소리와도 함께 했기 때문입니까.

아, 참
서리도 그 추운 높이에서
함께,
그리고 끝물에 대한 우리들의
무관심도
지휘봉의 물결에
함께 탄 것입니까.

하동(河童) 시절 샛강의 여울물 자락에서 송사리 떼의 군중적 급작(急作)스런 동시 방향전환이 하도 이상해서 귀를 수면에 대고는 그 비밀을 감지(感知)하려 했던 그날 이후, 이번에 또 난문제(難問題)에 새삼 이리 나는 부딪친 것입니다.

내 친구 당신은 나에게 절대자의 입김을 말하려 들 것이고,

과학자인 당신은 우리의 건전(?)한 상식처럼 만유인력 등의 '같은 조건(條件)'을,

사회과학론자(社會科學論者)의 목소리는 인간에게 있어야 할 '같은 상황(狀況)'이라는 시혜(施惠)나 권리(權利)에 대해서, 잊은 듯 다시 열을 올릴 것은 너무 뻔하지 않습니까.

나는, 이 겨울 내내 긴 4악장의 교향곡을 들으면서 심벌리스트의 그 금속성 바라 소리의 합벽(合壁)을, 가죽 타악기(打樂器) 드럼의 오, 콩볶듯 하는 질타(叱咤)의 회초리들을 가슴으로 종아리로, 마음 놓고 부딪쳐 볼, 아니 한껏 맞아 볼 생각입니다.

草友齋 主人(戊寅 冬至)

## 통신 (6)

# 까치는 무슨 생각에서

1

한밤중에 깨어 머리맡의 독서등(讀書燈)을 켰더니 운보(雲甫) 화집의 한 그림이 그대로 반깁니다. 정물(靜物)이라 제(題)한 초기작인데 책장을 넘기지 않고 이 면만을 며칠 동안이나 내내 펼쳐 놓은 것은 그 제재(題材)의 단순성을 배우고 싶었기 때문입니다. 번상(番床) 모양의 다과반(茶菓盤) 위에 감이 서너 개 달린 감나무의 작은 가지가 역시 같은 수의 이파리를 달고 누워 있을 뿐입니다. 이 그림은 그래도 정물이 놓인 좌대와 같은 소반도 있고 화면의 왼쪽 반면은 회청색(灰靑色) 짙은 배경이어서 덜한 편입니다. 우리가 자주 볼 수 있는 그림에는 일세지(一細枝) 수삼실(數三實)의, 그러니까 감이 몇 개 달린 한 작은 가지만이 흰 여백에 모두인 경우가 있지 않습니까. 그런데 이런 그림의 단순한 제재의 처리는 그 기법도 우리가 보기에는 아주 단순해 보입니다. 즉 작가가 운필(運筆)과 채색을 아주 아껴서 더욱 돋보이는 느낌입니다.

이 세계에 문외한(門外漢)이면서 이리 그림 이야기를 앞세우는 것은 말이 없는 곳에서 말을 좀 아끼는 방법을 배우고 싶어서, 아니 부러워서입니다.

지난번은 간단한 내용을 가지고 매우 복잡하게 이야기한 것 같아서입니다. 겨울이 오면서 은행(銀杏)나무의 열매가 다 떨어지고 높은 가지에는 얼마간의 끝물이 남아 있었는데 그게 하나둘 이리 떨어지지 않고 어느날 어느 순간에 한꺼번에 쏟아져 내리다시피 해서 매우 신기한 느낌에 사로잡히다는 간단한 내용을 이야기하는 데 왜 그리 중언부언(重言復言)하고 오케스트라의 연주며 지휘봉의 놀림까지 상상하면서 복잡하게 운필했는지, 못마땅한 느낌이 들었습니다.

2

요새는 그런 풍경(?)을 보기가 좀 뜸해졌지만, 시골에 있는 본가나 외가에 갔다가 도시로 돌아오는 사람들의 손에 들려오는 이색적인 지참물에 아까의 그림화재(畵材)처럼 감이 달린 끝가지가 있지요. 나에게 고향이 있다는 실증(實證)과 상징성이 그보다 더한 것이 어디 있겠어요. 서울 도심의 작은 뜰에도 제법 감나무가 푸른 가을하늘에 점점(點點)의 감빛 채색을 인상적으로 시도하고 있는 풍경을 봅니다. 감빛이 향수적이어서인지 도심의 그것은 외로워 보입니다.

동해로 빠지느라 대관령을 넘어 내려가면 거기 강릉 시내를 저쯤에 둔 산자락 마을에 감들이 한겨울 하늘의 높은 나무에 다닥다닥 달려 있는 풍경을 만납니다. 그리 지나면서 열매 따기가 노는 인력으로는 힘들 것이라는 짐작도 해보나 그보다 이제 감 맛을 좋아하는 세대들이 격감하고 있다는 시류(時流)의 변화를 나타내는 실물 도안(圖案) 같다는 느낌이 더 실감 쪽입니다.

3

초우재 앞뜰에 제법 오래된 나이의 감나무가 한 그루 있습니다. 지난 해 여기 들어오면서 한 친구의 헐게 된 집에서 애써서 힘들여 이 높은 산속으로 옮겨 심었던 것이지요. 그 해에는 후유증으로인지 감이 전혀 열리지 않았는데 올해는 그 큰 나무에서 꼭 열두 개가 달리고 나중에는 제대로의 감빛으로 제 크기의 모습이 된 것입니다. 잎들에 숨어 있다가 철이 깊어지면서 드러내는, 산속 장독대 옆 위의 하늘 속의 그것은 참 아름답습니다.

그런데 초우재 뜰에 자주 들락거리는 까치들과 나는 우습게도 이 열두 개의 감들로 해서 신경전을 벌이다가 끝내에는 싸움에까지 이른 것입니다. 감나무에 매달려 있는 감을 둘러싼 사람과 까치와의 전쟁, 이는 근래의 신문이나 텔레비전 소식에서 들은 것 같기도 합니다. 먹을 것을 두고 조류(鳥類)에게 안 뺏기려 신경전을 벌이는 것은 벼농사의 경우 옛날부터 있어 왔으나 그건 작물(作物)의 경우이고 유실수 단지와 같은 상업성 지역이 아닌 뜰 안의 한두 그루 자연산인 감나무 열매를 두고 욕심을 부리는 것은 까치의 입장에서 보면 사람 쪽의 괜한 심술로 보일 것입니다.

초우재 뜰에서의 나의 경우는 까치에 뺏기지 않겠다는 것이 순전히 일종의 관광용 보호라는 심술에서입니다. 사실 많이 열린 감나무보다 동양화적인 미적 대상으로는 내 사정이 보기가 좋았을 것이지요. 그런데 이 열두 개의 그것들이 나날이 줄어드는 것입니다. 그건 까치들이 와서 그 날카로운 부리로 터뜨려 간단히 쪼아 먹기 때문입니다. 나무 끝의, 참새 다리마냥 약한 가지들의 최첨단에 무거운 몸을 어떻게 그리도 잘도 가누면서 먹기 행진을 전혀 실수 없이 즐길 수 있는지 그건 놀라운 경지의 풍경입니다. 그런데도 나는 초우재에 앉아서 까치와의 싸움을 계속합니다. 그러나 자꾸 져서 오 헨리의 '마지막 잎새'처럼 불안의 나날이고요. 거듭 감탄합니다만 산속에 잎이 다 진 나목(裸木)의 겨울 숲에 몇 개의 홍시(紅柿)를 달고 있는 감나무는 얼마나 향수적이며 아름답습니까. 까치는 먹을 것이 없는 겨울 숲에서 먹기 문제로 달겨들고 나는 이리 내 주변을 아름답게 유지(?)하기 위해서 안간힘을 다하는 것입니다. 나는 고함소리로 안 될 때에는 돌멩이 팔매질도 서슴지 않으나 여전히 내가 지는 날의 계속입니다. 끝내 서너 개만 남아 속수무책이라는 생각에서 약이 바짝 오릅니다.

그러던 어느 하루, 외출했다가 이 산중(?)에 돌아오니, 그 수삼개의 '마지막 잎새'들이 그 나무의 끝가지에서 완전히 사라진 것입니다. 딸네 집에 왔다가 내 심정을 분기충천(憤氣沖天)으로 과장해서 전해 들은 애들의 외할머니가 그만 '감 따던' 산촌 시절의 기예(技藝)를 자랑한 것입니다. 그 결실(結實)들은 초우재 첨하의 돌팍 위에 전리품인 양 전시되어 있고요.

나는 아차 싶었어요.

그리고 기가 막힙니다.

할머니의 '착각' - 그 원인 제공은 제가 했으니까요.

4

지난 봄이었던가의 까치 떼들의 항의와 울부짖음의 소동을 벌써 나는 잊은 모양입니다. 그때 인도네시아에선 수카르노가 군중들의 시위의 물결에 휩쓸려 허우적거릴 즈음입니다.

초우재 뜰 한 쪽에 매여 살던 에미 고양이에게 그 근처에서 모이를 살피다가 비참하게 순식간에 희생된 일이 생겼습니다. 그리 크지 않은 까치 한 마리가 당한 것입니다. 하늘에서 나는 놈이 땅에서 기는 놈에게 그야말로 불의(不意)의 습격을 받은 횡사(橫死)였습니다.

온 산의 까치 떼들이 순식간에 날아 와 초우재 앞뜰의 나무마다를 휘저으며 가로지르며, 날개 짓으로 쇳소리에 가까운 소리로 달겨드는데 그 항의성(抗議

性)은 인도네시아 민중들의 그것 이상이었습니다. 나도 왜소해지는 듯 주눅드는 느낌이었습니다. 그러면서도 성전(聖戰)을 바라보는 듯한, 울먹거려지는 감동도 있었고요. 좋이 30분은 초우재 동네가 시끄러웠을 것입니다. 내 느낌엔 온 산이요.

그러고 보니 내가 감나무만 바라보다가 지난 봄의 이 역사적 교훈을 깜박한 모양입니다.

거창하게 역사적 교훈 … 운운할 것이 아니라, '겨울에는 까막까치로 하여금 시흥(詩興)을 돋우게 하는 것이며 그야말로 화조(花鳥)와 월석(月夕)에 감나무가 끼어서 풍류를 돋우지 않는 것이 없으니'(근원수필)라는 예스러움의 경지를 내가 외면했네요.

요새 나는 초우재 앞산의 겨울나무 가지에 앉은 까치를 보면서 그때와는 달리 많은 생각에 젖습니다.

비오는 날
저녁 어스름에
까치가
한 마리
날아와서
비 맞는
빈 나무 가지에
앉아
비를 맞는다

비오는 날

까치 한 마리가
비를 맞는다
빈 나무 가지에
앉아, 저녁 으스름에
비를 맞는다

그러자
무슨
생각으로 까치는
날아가고

빗속으로
어둠 속으로
날아간다

무슨
생각으로

까치는
날아간다

무슨 생각으로
(까치)

일세지(一細枝) 수삼실(數三實)의, 아니 노시일지(老柿一枝)에 앉은 한 마리

까치를 그리려 했는데, 내 얘기는 여전히, 화가의 그런 말 없고 말 적은 운필(運筆)과는 거리가 멉니다.

草友齋 主人(1999년 1월 21일)

## 통신 (7)

# 길을 묻는다

1

도심에서 얼마 떨어지지 않은 산협(山峽) 마을에 있는 한 고옥(古屋) 애기입니다. 그 집의 주인(主人)은 이제는 벌써 작고한 우리 시대의 대표적인 예술가 두 분입니다. 이 집 뜰에는 오래된 감나무가 있었습니다. 열 해 남짓 위의 앞 세대 주인 때부터 쓰던 이 집의 당호(堂號)는 이 늙은 감나무에서 연유합니다. 노시산방(老柿山房)입니다.

성북동 골짜기의 산자락에 있었고, 그림과 글, 한묵(翰墨)에 뛰어났던 근원 김용준(近園 金瑢俊, 1904~1967)이 살았고 그러다가 어느 해*, 수화 김환기(樹話 金煥基, 1913~1974)의 젊은 날에 기꺼이 넘겨주었다는 한옥(韓屋)의 고옥, 시인 이산(怡山) 김광섭이 후대의 산방주인(山房主人)과 교유(交遊)하면서 뒤에 '성북동 비둘기'(1968)를 썼고, 또 이들과 인연이 있었는지 몰라도 독일로 떠나기 전 50년대 중엽의 한때 부산에서 올라와 한거(寒居)하고 있었던 윤이상이 그 어느 언저리에 있었습니다.

나는 이상(伊桑)선생은 그 댁에서 뵈었지만 노시산방에는 가 본, 아니 아직 본 일이 없습니다.

해방 다음해 북으로 넘어가기 전의 상허(尙虛) 이태준(李泰俊)의 수연산방

(壽硯山房) 문향루(聞香樓)도 성북동 골짜기 깊숙한 곳에 있었으니, 그래서 상허는 정지용(鄭芝溶), 김기림(金起林)과 함께 노시산방에서 그 주인과 자주 어울렸겠지요.**

2

지금 내가 거하는 집을 노시산방(老柿山房)이라 한 것은 3, 4년 전에 이군(*상허)이 지어 준 이름이다.

마당 앞에 한 7, 80년은 묵은 성싶은 늙은 감나무 2, 3주가 서 있는데 늦은 봄이 되면 뾰족뾰족 잎이 돋고 여름이면 퍼렇다 못해 거의 시꺼멓게 온 집안에 그늘을 지워 주고 하는 것이 이 집에 사는 주인 나로 하여금 얼마나 마음을 위로하여 주는지 지금에 와서는 마치 감나무가 주인을 위해 사는 것이 아니요 주인이 감나무를 위해 사는 것쯤 된지라 이군이 일러 노시사(老柿舍)라 명명해 준 것을 별로 삭여 볼 여지도 없이 그대로 행세를 하고 만 것이다. (근원수필 '노시산방')

나는 지금으로부터 5년 전(1934년 즈음일 듯, 인용자)에 이 집으로 이사를 왔다. 그때는 교통이 불편하여 문전에 구루마 한 채도 들어오지 못했을 뿐 아니라, 집 뒤에는 꿩이랑 늑대랑이 가끔 내려오곤 하는 것이어서 아내는 그런 무주 구천동 같은 데를 무얼 하자고 가느냐고 맹렬히 반대하는 것이었으나 그럴 때마다 암말 말고 따라만 와 보우 하고 끌다시피 데리고 온 것인데 기실은 진실로 내가 이 늙은 감나무 몇 그루를 사랑한 때문이었다. (같은 글)

좋은 친구 수화(樹話)에게 노시산방을 맡긴 나는 그에게 화초를 잘 가꾸어 달라는 부탁을 하고 의정부에 새로 마련한 삼간두옥(三間斗屋)에 두 다리를

쭉 뻗고 누웠다. (근원수필, '육장후기')

노시산방이 지금쯤은 백만 원의 값이 갈는지 모른다. 천만 원, 억만 원의 값이 될는지도 모른다.

그러나 지금 나에게 노시산방은 한 덩어리 환영에 불과하다.

노시산방이란 한 덩어리 환영을 인연삼아 까부러져 가는 예술심이 살아나고 거기에서 현대가 가질 수 없는 한 사람의 예술가를 얻었다는 것이 무엇보다 기쁜 일이다. (같은 글)

근원의, 그림 못지않게 뛰어난 글들 '근원수필'(近園隨筆, 1948)에서 찾아 본 노시산방에 대한 부분입니다.

위의 둘은 산방(山房)에서 살고 있을 때의 얘기이고, 뒤의 둘은 수화에게 넘긴 후의 심정을 말한 대목이죠.

다음은 근원의 제자 한 분이 스승을 추모한 글의 부분과, 대학생 시절 수화 댁을 자주 찾았던 분의 글의 한 곳입니다.

고고(孤高)하고 낙락(落落)하고 청진(淸眞)한 경지에서 대지를 휩쓴 도도(滔滔)한 탁류를 흘겨보시었더니…(중략)…생각하니 산방(山房)에서 무리들과는 다른 드높은 흥에 겨우시어 수염 흩날리며 붓을 휘두르시니 구름일 듯 연기 스미듯, 세상의 시끄럽고 후텁지근한 냄새 말끔히 쓸어내시고 천추에 그림 남겨 볼 수 있게 하셨구료. (서세옥; '비내리는 노시산방 옛터에서')

서울에 도착하여…김환기선생 댁을 찾아갔다. 성북동에 들어서면 당시 이미 간송미술관의 건물이 우람하게 서 있었다. 그곳을 지나면 위성북동과 아래

성북동이 갈라지는 곳에 이른다. 왼편 길을 따라 '성북동 274의 1'을 찾았다.(…중략…) 아담한 한옥 뜰이 재미있게 꾸며진 집이었는데, 나는 자주 이 집에 드나들었다. (조요한; 예술을 사랑하는 마음)

3

다음 첫 글은 위성북동에 있었던 노시산방에서 아래성북동으로 옮겨 간 수화의 집 얘기이고, 둘째 글은 수화가 산방시절을 말한 것인데 쓴 연대로 보아 아랫동네 시절에서였던 것 같습니다. 그의 수필집 '어디서 무엇이 되어 다시 만나랴'에 나옵니다.

수화의 가정은 6.25의 전 해에 위성북동에서 아래성북동 넓은 한옥으로 옮겼다. 산에서 흘러내리는 물을 건너는 작은 다리가 있었고, 대문 앞마당에는 수화가 사랑하는 백자를 올려놓을 만한 돌들이 나란히 서 있었다. 이곳저곳에 나무들이 심어져 있었다. 새로 옮긴 한옥은 수화에게 어울리는 공간이었다. (조요한; 같은 책)

집을 구하는 친구에게 나는 성북동으로 오기를 권한다. 그러면 대개는 성북동은 안 좋아하는 모양이다. 심한 친구는 성북동은 못 살 곳으로만 안다. 교통이 불편한 것을 첫째 흠으로 잡는다. 실은 성북동이 좋다는 것은 교통이 불편하기 때문이다. (…중략…)

헌데 불편한 성북동으로 왜 오라는 것인가. 그 이유는 간단하다. 전차 머리에까지 도보로 20분, 그렇게 멀지 않다는 것, 성북동은 수돗물이 아니라 우물물을 먹는다는 것, 그리고 꽃이 피고 숲이 있고 단풍이 들고 새가 운다.

달도 산협의 달은 월광(月光)이 다르다. (김환기; 山房記, 1953)

4

다음 글들은 수화의 반려(伴侶) 김향안(金鄕岸) 여사의 수필집 '카페와 참종이'에 나오는 성북동 시절에 대한 기억들의 일부입니다. 첫 번째 것은 내용으로 보아, 그리고 나머지 둘은 쓴 연대로 보아 윗동네 시절 노시산방에 대한 기억들인 것 같습니다.

두 이야기는 감나무에 얽힌 것입니다. 해방 직후의 어려운 시기, 가난했던 예술가의 생활의 어려움이 끝내에는 늙은 감나무를 쓰러지게 한 얘기는 이리저리 가슴 아프게 들립니다. 그리고 나머지 끝의 것은 수화가 노시산방에서 아랫동네 산방(山房)으로 옮겨가게 되는 즈음의 사정입니다.

> 가을이 되면 옛날 성북동 감나무 집 생각이 난다. 나무에 주렁주렁 열린 감이 누릇누릇 익어 가면 잎은 거의 떨어지고 그 뒤에 푸르다 못해 우중충하도록 짙은 쪽빛 하늘이 무한히 평화롭기만 하던 대낮의 풍경이 가끔 떠오른다.
>
> 나는 감을 좋아하지 않았으나 가족과 친구들을 위해서 익어 가는 감을 따서 곶감도 만들고 그대로 나무에 두어 서리를 맞혀 연시를 만들기도 했지만 그보다도 가장 즐거웠던 일은 친지를 방문할 때 감이 열린 가지를 꺾어 가지고 가는 일이었다, 감나무 가지 선사는 미처 안 익어도 좋았고 익은 연시의 경우도 좋았다. (완상 2제, 1963)
>
> 마지막으로 앞마당 반이나마 고목이 된 감나무를 베었다. 아주 죽지 않았

으니까 조금이라도 감이 열릴 텐데 하고 아이들이 섭섭해 하는 것을 나는 눈 딱 감고 서툰 톱질을 하고 도끼질을 해서 패놓았으니, 한 이틀 땔나무로 풍족했다. 이것이 떨어질 때까지는 나무를 들여 줄 테지 믿었으나 역시 허사였다. 이제는 아무리 앞뒤 마당을 돌아보아도 패어 땔만한 나뭇조각은 보이지 않는다. (계절, 1947)

산 좋고 물 좋고 굽이도는 골짜기 사시 새파란 하늘 아래 아담한 초가삼간이나마 백여 평 터가 있어 채소에 화초에 자급자족하며 이른 아침 새소리에 잠이 깨고 밤이 되면 졸졸졸 개울물 소리에 꿀맛 같은 잠이 절로 퍼부어 오던 정든 산골집을 팔아야만 하게 되었을 때 … (인연, 1948)

수화 내외분이 새로 옮겨 간 산방에 '노시(老柿)'란 이름이 그대로 따라갔는지, 아니 그 집 뜰에도 늙은 감나무가 있었는지 모르겠습니다. 당호를 붙이고 그리고 작자의 호를 그것의 주인(主人)이라 부르는 것은 아무래도 동양화 쪽의 풍류적 격식(?)이니 수화의 양화(洋畵)는 그것을 확인해 줄 리 없기도 합니다***.

5

김용준과 김환기, 두 분과의 인연은 96년엔가의 환기미술관 기획전 '近園과 樹話'에서 나는 처음으로 스쳤습니다.

근원의 작품은 일본 유학시절의 대학재학 때 내내 빠졌다는 서양화는 없고 동양화만이 보였습니다. 수묵담채 12점, 화조 6폭의 수묵담채, 그리고 수묵화 2점, '문장(文章)'지 표지화 11점과 본문 컷 8점 등이었지요.

이때 보았던가요. 돌아가기 수년 전부터 매달렸던, 그러니까 70년부터의 '어디서 무엇이 되어 다시 만나랴', '하늘과 땅' 등의, 얼핏 보아서는 섬유질 옷감의 세포 조직들의 일련(一連), 그 미세한 숨결의 틀림없는 포착 같은, 그 끊임없는 작업에 매달렸던 수화 김환기의 말기 작품들을, 아니 그가 더 오래 살지 못하고 왜 수명(壽命)이 단축되었는가를. 그의 그 지루(?)한 작업의 한 땀 한 땀은, 예사로이 구경하는 나에게도 숨막히게 했으니까요.

화려한 고층 빌딩을 보고 있으면 그 주인의 갖고 있는 지폐의 높이에만 감탄할 뿐, 그분의 인품이나 깊이에 대해선 쉽게 떠오르지 않습니다.

우리는 노시산방을 못 보았습니다.

그러나 이 이름만 들어도 그 주인의 인품이나 깊이, 냄새가 한껏 끼쳐 옵니다.

성북동에 가면 간송(澗松)미술관이 있고, 만해(萬海)의 고택(故宅) 심우장(尋牛莊)이 있고, 그리고 노시산방(老柿山房)의 옛터가 있을 터입니다.

그리고 참 상허의, '짚세기 신고 왕십리에서 오는 고희를 바라보는 목수'도 함께 해서 1933년에 지었고 46년 월북할 때까지 살았던, 그래서 거기서 주옥 같은 단편들과 그 유명한 수필집 '무서록(無序錄)' 등을 썼던 문향루 수연산방이 있습니다.

간송미술관은 찾기 쉬우나, 심우장은 '길에서 길을 묻고' 해서 오래 전에 찾아가 보았습니다.

행여, 친구들이여,

이번 가을, 감이 익을 무렵 문향루를 찾아 대청마루에 걸린 수연산방 현판 글씨와 상허가 심었을, 마당 한가운데의 큰 감나무도 긴 세월 동안 어떻게 늙었는지, 그리고 노시산방의 옛터와, 수화의 '아래성북동 넓은 한옥'의 흔적을 찾아볼 생각은 없는지요.

성북동 큰길 가에는 그곳 문화유적지를 알리는 안내도가 서 있지만, 당신은 당신 동행(同行)과 더불어 또 몇 번 '길에서 길을 물으며' 일부러라도 애써 보아야 할 것입니다. 번지가 없어져서 하늘을 휘도는 '성북동 비둘기'에게 물어 보든지요.

길 위에서
누가 길을 묻는다
그림자 길게 끄을며 아직 누가 길을 묻는다

'길'이라는 시의 부분입니다. 현담·법연 두 스님의 2인시집 '길에 나가 길을 묻는다'에서 옮겼습니다.

草友齋 主人(1999년 1월 30일)

*1944년이라고 함.

**장편소설 '천병풍경(川邊風景)' 등으로 유명한 작가 박태원(朴泰遠)도 이 산방에 자주 어울렸다 함.

***수화(樹話)의 아래성북동 시절의 당호는 수향산방(樹鄉山房)이라고 함(이상 조요한 선생의 회고에 따름).

## 통신 (8)

# 유이무 무이유(有而無 無而有)

1

창호지(窓戶紙)에 아침 햇살이
우련 붉어라.
당신 방은
아무것도 없습니다.
당신은 없음의 경지입니까.
유이무(有而無), 있으나 없다입니까.
졸기 바로 앞의, 스치는 아주 순간은요.
그러나
무이유(無而有), 없으면서 있겠지요.
나는 아주 좁니다.
영 자버립니다.
무이유(無而有),
이 있음의 어려움,
어떤 있음입니까.
있음은 정녕 있습니까.

2

깊은 숲
깊은 밤
나목(裸木)의 겨울
어둠
바람마저
없는
아,
아무것도
없음의,
도깨비보다
귀신보다
이
없음의 불가사의,
그 무서움이여.
(없음 3)

저는 초우재의 깊은 숲과 깊은 밤에서 이리 없음의 불가사의(不可思議)에 사로잡히다가, 너무 불가사의해서 무섭기까지 했습니다.

그러던 어느 순간 숲에서, 없음에서 있음으로 가는 즉 무이유(無而有)의, 그러나 있음에 이르기 직전의, 숨이 막히는 순간을 딱 한번 보았습니다.

3

오늘 밤은
저 나목(裸木)들이
전혀 옴짝도 꿈쩍도
하지 않는다. 오래오래
그럴 낌새가 없다.

지열(地熱)도
지혈(地血)도
지맥(地脈)도
멈춘가 보다.

보고 있을수록
모골이 송연해지는
숨막히는 무서움,

저 대서양의 항로에서는
연어들이 귀향 길에 무리 지어
바쁘게
흘러가는데
나목의 숲

그 개개의 나무 줄기
실낱 같은 가지들은
한 순간에
숨을
잊었다.

(숲 3)

어떻게 되나요.
아, 어느새 바람이 슬쩍 붑니다.
'나목의 숲, 그 개개의 나무 줄기, 실낱 같은 가지들은' 다시
움직입니다.
나무는 무(無)에서 유(有)에 아주 가까이
가 본 것 같지 않습니까.
저도 동행(同行)하느라 숨막힐 번했습니다.

우리가 매양 숨쉬는 이 유(有)보다 다른,
무(無)가 지어내는 유(有)는
정말 있음입니까.
자꾸 겨울 숲의 없음에 동참하면 그 있음에 이르게
됩니까.
아, 있음의 불가사의(不可思議),
그 두려움에 빠집니다.

4

당신은 여전히
말이 없고
있을 듯 없을 듯
미소(微笑)입니다.

草友齋 主人(1999년 1월 23일)

[illegible] 통신 (9)

# 그 집에 가면 풍경이 운다

1

그 집에 가면
가끔 풍경(風磬)이 웁니다.
그 소리에
아래 동네에 수양버들이 시나브로
흔들리는 것이 보입니다.
멀리는
내 고향 벌판을 둘러싼 먼 산들처럼
밋밋한 능선이 누워 있고요.
그 아래엔
나와는, 아니 우리들과는
관계 없는 듯한
아주 높은 키의, 교각(橋脚)의 고가(高架) 길이
그 일대 숲을 도미노선처럼, 열병하면서
휘어져 갑니다.

그 집에 가면
가끔 풍경이 웁니다.

2

초우재 추녀 끝에
풍경(風磬)이 웁니다.
그 소리에 키 작은 대숲의 몇 개의 잎들이 흔들리고요. 멀리는 아 참, 앞 언덕에 숲이 있어 멀리가, 나무들 겨울 숲이 사이를 엽니다. 그 아래엔 긴 서강(西江)이, 나와는 아니 우리들과는 관계 없듯이 흐르고 있습니다.
초우재에 오면
가끔 풍경이 웁니다.

3

한강 너머 관악산 너머 청계산 자락의 그 집의 풍경과 한강 건너 남산 너머 북악산 자락의 초우재의 풍경이 동시에 울 때는 없습니다. 그 집에 가선 그 풍경이 절로 그것도 가끔 울고, 초우재에 와선 이 풍경이 내 뜻과는 관계 없이 전혀 안 울 때가 있기 때문입니다.

아무리 그 소리를 품고 한강을 건너가려면 한강을 건너오려도 전동차가 지하에서 지상으로 고개를 내미는 순간, 강물만 출렁이고 그 소리는 보이지 않습니다.

누구에게나 풍경 소리는 이리 아득합니다.

두 풍경이 함께 모여서 우는 것을 본 일이 없으니까요.

4

풍경이 어떻게 웁니까.
소리가 어떻게 울지요.
풍고풍하(風高風下) - 바람이 낮게 부는 봄 여름과 높게 부는 가을 겨울에 그 소리가 다를 것입니다. 폭풍우가 치고 쏟아지는 한밤중에는 간(肝) 떨어지듯이, 간 끊어지듯이 그리 웁니다.
간 떨어질라,
간 끊어지겠다,
그래서 간을 놓고 마음까지 놓으면 그때 살짝 풍경이 웁니다. 그러면 우리는 간이 있고 없고에는 관심이 어느새 없어지고 귀를 모읍니다. 이럴 때는 또 울지 않습니다. 언제 울지요. 작은 종 속에 달려 있는 얇은 쇳조각의 붕어가 헤엄칠 때 웁니다. 언제 헤엄칩니까.
풍고풍하(風高風下), 바람에 따릅니다.
심고심하(心高心下), 마음에 따릅니다.

5

혹시, 그대여
당신은 시골에서 산 일이 있습니까. 그리고 너무 조용한 시간에 예사로이 마음을 어디 두었는지 전혀 모르고 있어 본 일이 없나요.

그때 풍경이 웁니다. 아니 처마 끝에서가 아니라 저쯤의, 그러니까 당신 골방의 들창, 창호지 너머의 마루 끝, 저쯤에 있는 외양간입니다. 순하디 순한 우공(牛公)의 그 어질고 어진 눈이 한 번 감았다 뜨는 바람에 절로 미동(微動)한 것입니다. 목에 달린 방울 소리입니다. 아니 우리 마음속에 풍경 소리입니다.

그 집에 가면
풍경이 웁니다.
그리고 때로
당신 마음속에서도 풍경이
절로 웁니다. 바람 때문입니다.
마음 때문입니다.

草友齋 主人(1999년 1월 24일)

## [illegible] 통신 (10)

# 낮추었더니 호롱불 되고

1

겨울 날
저 숲 속의
산감(山監) 터에서
차단한
불빛이
오들오들
떤다.

내 머리맡의
불빛을
낮추었더니
호롱불이 되고

겨울 숲에서
오들오들 떨던

차단한 불빛이
드디어,
가난해진
나에게
말을
걸어온다.

산 속 가까이의 초우재로 옮겨와서 맞이한 첫겨울, 나목(裸木)의 시절에서 처음 느낀 것을 그때 이리 적었습니다. 앞뜰 끝에서 이어져 간 밋밋한 구릉(丘陵)의 산자락은 키큰 아카시아 나무들의 벌거벗은 모습 일색이었습니다. 그 즈음 아니 벌써 수년 전부터 나는 겨울 숲이 주는 아름다움에 빠지고 있었습니다. 그 증세를 나이가 많이 들어가니까 산들의 겨울 모습의 그 개골(皆骨)성에 대한 일종의 동류(同類)의식에 연유한 것이 아닌가 하고 조금은 서글픈 생각이 따랐지만, 설사 그렇더라도 여름 숲의 '뭐 하나 아무것도 버리지 못하는' 그 내내의 숨막힐 것 같은 욕심에서 벗어나, 참 이 욕심에서 벗어난다는 것이 얼마나 어려운가요, 어쩌면 결벽증에 가까우리 만큼 철저히 버리고 서 있는, 그야말로 나목(裸木)들의 모습이 그리 아름다울 수가 없었어요. 버리고 떠났기 때문에 그 거룩함이 아름답게 느껴진 것인지, 보다도 나무의 나상(裸像) 그 자체가 연필화(鉛筆畵)의 데생처럼 순전히 미적 아름다움으로 다가오는 것인지, 아니면 둘 다인지는 모르겠어요.

그야 어떻든 여름 숲이 막아섰던 내 생각이, 나들이할 수 있는 통로가 낙엽이 지기 시작하면서 무슨 오솔길처럼 처음에는 잔가지와 잔가지의 틈새로 트이기 시작하더니 줄기와 줄기, 나중에는 나무들의 둥치와 둥치 사이에까지 열리기 시작한 것입니다.

숲 속 저 먼 곳에는 산을 관리하는 산지기의 움막 같은 초소가 있었는데 거기의 불빛이 초우재에서는 여름 내내 전혀 보이지 않더니 내 생각의 통로가 트이면서 그 끝에, 그러니까 겨울 숲이 되면서 나목과 나목 사이로 보이기 시작한 것입니다. 그 불빛은 처음에는 나에게 그저 산감(山監)의 초소등(燈)이라는 의미밖에 없었는 데다가 초우재에서도 밤에 불을 밝히니까 내 창에 되비치는 방안 책들의 영상에 그것은 숲과 함께 숨어버리는 것이었습니다.

그런데 내 방의 불을 낮추었더니 호롱불이 되고, 그러자 겨울날 산 속의 그 차단한 불빛이, 가난해진 나에게 말을 걸어오는 것입니다. 그 많은 나목의 숲과 함께요. 그래서 지난 겨울에는 그러니까 지금의 이 겨울 말고, 밤마다 거기 빠지곤 했습니다. 많은 날의 많은 시간에 방안의 불을 거의 끄다시피 하고요. 그래서 비록 시원찮으나마 열 두서너 편의 시고(詩稿)들을 양산(量産)하는 흐뭇함에도 짐짓 빠지면서요. 겨우 일년 전의 일이지만 회고컨대 그해 겨울의 그 차단한 불빛과 숲들은, 숲의 나무들은, 나무들의 그 잔잔한 가지들은 많은 것을 생각하게, 아니 많은 것이 생각나게 했습니다. 유년 시절의 시골 겨울밤에 우수수 댓잎을 휩쓸던, 그 정지용(鄭芝溶)의 시행 '빈 밭에 밤바람 소리 말을 달리고' 이후 처음으로 이리 늙어 겨울밤에 깊이깊이 빠지곤 했습니다. 겨울 숲이 거기 있었기에서이지만 그보다 내 방의 등(燈) 빛을 낮추었기 때문입니다. 그 어린 시절처럼 호롱불로 어둠을 밝혔기 때문입니다.

## 2

호롱불, 그 밝기 아시지요.

그걸 얹어 놓은 등잔 밑이 어두울 정도의 그 불빛 말입니다. 초가집의 처마 끝에 매달아 놓은 등잔불이 눈이 쌓이면 그 밝기가 어떻게 되나요. 예민한 감각이 그걸 놓칠 리 없습니다. '설야(雪夜)'의 시인 김광균이 호롱불이 '여위어' 간다고 했으니. 환한 흰 눈빛 때문에 말입니다. 참 절창(絶唱)의 구절입니다.

내가 절창이라고 감동하는 것은 이리 노래한 시인의 능력에 대한 것이지만, 또한 그 소재, 즉 호롱불의, 불빛에 대한 영탄(詠嘆)에서이기도 합니다. 제가 다른 글에서도 썼습니다만, 처마 끝에 매달아 놓은 유리등(琉璃燈) 속의 호롱불의 이미지는 저에겐 저승으로 떠나가는 혼백(魂魄)으로, 그래서 미당(未堂)의 시 '귀촉도'에서처럼 '구비구비 은하ㅅ물 목이 젖은 새'의 아득한 멀어짐 - 으로, 어릴 때부터 느껴지곤 했습니다.

불빛 얘기를 하다 보면, 대관령 쪽에서 보고 느낀 것이 떠오릅니다.

강원도 평창의 스키이장 근처의 어느 호텔에서 본 일입니다. ㄷ자 모양의 건물 구도 속에 있는 호텔 앞뜰의 공간은 온통 원색의 전등 장식으로 꽃숲을 이루고 있었습니다. 그런데 우리가 들렀던 로비의 커피숍 천장에는 달걀 크기의, 똑같은 모양의 백열 투명 전등이, 밤하늘의 은하수 별무리보다 더 촘촘하게, 그러니까 수천 개의 알몸의 전구가 같은 빛의 세력으로, 그러나 그것들은 제 빛을 한껏 발하고 있는 게 아니라, 장식용으로 은은히, 그래서 마치 자기자신들을 죽이기에 애쓰고 있는 것 같았으니, 그것은 빛이 아니라 빛의 사라짐의 여운 같은 느낌이 들었습니다.

차를 마시면서, 천장에 매달린 수천 개의 전구를, 아니 인공의 실내 은하수를 바라보면서, 문득 문명이라든가 문화에 대하여 그것이 드러내는 복잡성의 속성에 대하여 새삼 놀라워했습니다. 옛날에는, 호텔 커피숍의 저 수천 개의 전등 중의 하나만큼의, 그것도 일부러 저리 여위게 한 밝기의, 호롱의 등잔 불빛만으로도 방안이 밝았고, 우리들의 어머니나 누나들은 그 섬세한 손길의 바느질을 했고 수를 놓았습니다.

여기까지 비싼 커피를 마시러 올 필요가 있을까. 이런 의문이 스쳤으나 곧 문화란 어쩌면 다 그런 거 아닌가 - 싶기도 했습니다. 그 수많은 전등 아래서 커피 값을 지불하고 나오면서, 이는 끽차(喫茶) 값이 아니라, 저 많은 전구가 아이러니컬하게도 제 빛을 죽이기 위해 쏟고 있는 에너지 소비비, 그런 의미에서의 문명 문화비의 지출이니 했습니다.

내가 차 한잔 마시면서 이런 생각에 젖은 것은, 그러기 전에 그 일대의 언덕들을 안개 속에서 거닐면서 바람이 그 안개들을 휘몰고 있는 속에 서 있었기 때문입니다. 해발 800미터의 고냉(高冷)지대의 안개와 바람 속에는, 옛날 대관령 그쪽의 화전민(火田民)들의 그 가물가물하던 원초적 불빛을, 그걸 잊은 우리들 문명인들을 흔들어 일깨우는 낯설은 감각이 있었습니다.

그 불빛에서 세상을 다시 생각해야 하는데
그게 인류의 선한 불씨였지.
이런 생각에 젖었기 때문입니다.

(내 다른 글에서 옮김)

3

그런데 헌 자전거 한 대가 초우재 뜰에 입성(入城)한 이후, 그만 그걸 밤에도 보느라 마당에 외등을 켰습니다. 초우재 통신이 처음 시작한 것도 이 중고의 자전거 때문입니다. 그 이야기를 친지에게 전하느라 쓰기 시작한 편지에서 연유합니다. 여하튼 지난 가을 이후 내내 초우재 뜰을 비추는 외등을 켰더니 불야성(?)처럼 밝아진 것입니다. 그리고 가을이 지나고 두 번째의 겨울이 왔습니다. 물론 초우재 앞의 전망은 겨울 산의 나목(裸木)의 캔버스가 되고요. 그런데 지난 겨울처럼, 나는 그 차단한 산감(山監)의 불빛을 보면서 밤 내내 가졌던 겨울 숲과의 대화가 올해는 제대로 이루어지지 않는 것입니다. 나는 그 이유를 잘 못 짚었습니다. 무엇이든 처음 보았을 때 감흥이 일어나는 것이기에 그렇겠지 - 라고만 생각했습니다. 그리고 시상(詩想)도 전혀 얻어지지 않고요. 깊이 있게 무엇을 파고드는 능력이 나에게는 없으니까 그런 거지, 하고요.

그런데 요새 달이 휘영청 밝아서, 달빛이 저리 밝은데 왜 외등을 밝히다니, 라는 생각에 이르자 다시 지난 겨울처럼 초우재 방의 불빛까지 낮추어 다시 호롱의 불빛으로 돌아갔습니다.

그러자, 잔설(殘雪)이 배광(背光)이 되어 댓잎 위에 어둠이 얹히는 순간이 보입니다. 자연(自然)이 제 모습과 분위기를 또 제대로 드러내는 것입니다.

나신(裸身)의 나무들이 서 있는 겨울 산의 음영(陰影)도, 그리고 장독대의 중두리들의 배흘림 곡선과 거기 비친 달빛의 흐름도 다 잡히는 것입니다. 알퐁스 도테의 소설 '별'에서처럼 별의 운행도, 밤의 숨소리도요.

혹시 도씨(盜氏)의 방문이 있더라도, 그 떳떳함을 잃은 주눅 든, 그러면서도 짐짓 어깨로 바람을 가로지르는 어둠 속의 허상(虛像)의 실상도 볼 수 있을 것 같고요.

아, 나뭇가지 사이, 또는 잔가지에도 걸려버린 새벽녘 그믐달 운행의 한 순간 - 그 실수처럼의 틈도. 어느새 별들이 가까이에서 나보다 먼저 그걸 보고는 서로 눈짓하고 있는 모습들도요.

칠흑(漆黑)의 어둠은, 불을 밝히면 보이지 않습니다.

지리산에서 한쪽 발을 빠뜨린 북두칠성(北斗七星)의 선명한 모습도 그게 칠흑의 어둠 속이어서 더욱 분명합니다.

그 어둠 속에서 감나무 잎들은 어둠에 가까운 짙은 녹색으로 두꺼워지고, 잡초(雜草)들은 그 칠흑 속에서도 바람에 흔들립니다.

4

너무 불빛이 밝지 않습니까.
시골에서도요.
어두면 무섭고 적적하다고요.
(T.V의 리모콘까지도 놓치기 싫다고요)
그 무서움, 그 적적함에서 그리 피하다간 이 다음에
우리는 어떻게 죽지요.
겨울 밤 숲 속의, 그 자연(自然)의 일원(一員)으로
어떻게 편입될 수 있을는지요.

山堂靜夜座無言　(산집 고요한 밤에 말없이 앉았노니
寥寥寂寂本自然　쓸쓸하고 고요하여 자연과 하나 되다)

얼마나 쓸쓸한가!
무섭긴들한가!
무섭더라도 우리는 결국 이 요요적적(寥寥寂寂)에 돌아가야 할 것
아닌가!

상허(尙虛) 이태준(李泰俊)이 '고독(孤獨)'이라는 수필에서 한 말입니다.

草友齋 主人(1999년 2월 4일)

통신 (11)

# 노을 그리고 먼지

1

유년 시절 어느 겨울날, 환한 창호지 문구멍을 통해 뻗쳐 들어온 한 줄기 눈부신 햇빛 속에 무수히 부유하던 먼지들, 감기로 열이 올라 누운 채로 그 반짝이는 작은 물체들의 자유분방한 움직임을 오랫동안 황홀히 지켜보던 일이며, 동네에서 사이렌 탑을 세우기 위해 깊게 파놓은 구덩이에 장난치러 들어갔다가 기어올라오지 못해 허둥대며 눈물 고인 눈으로 문득 올려다 본 서쪽 하늘의 핏빛 노을, 그것은 나의 삶에 빛과 빛깔이 처음으로 어울려 든 순간들이었다.

〈나 자신이라는 것〉*

어느 분의 유년 시절의 기억의 한 대목입니다.

'한 줄기 눈부신 햇빛 속에 무수히 부유하던 먼지들, (…) 그 반짝이는 작은 물체들의 자유분방한 움직임'을 황홀히 오랫동안 지켜보았다는 것입니다.

놀랍게도 먼지를 말입니다.

더욱이나 눈물 고인 눈에 들어온 '서쪽 하늘의 핏빛 노을'과 함께 그것은 그의 '삶의 빛과 빛깔이 처음으로 어울려 든 순간'이라고까지 말하고 있습니다.

먼지와 노을, 이 두 것의 심상(心象)이, 아니 두 것의 어울림이 어떻게 떠오릅니까. 핏빛 노을과 먼지까지요.

광야(曠野)의 노을, 핏빛 노을을 본 일이 있나요.

제 친구 Y씨는 어릴 때 어머니 따라 찾아간 만주 대륙에서 그것을 보았습니다. 아버지를 만나 마차를 타고요. 아직도 그림에서 원근법(遠近法)을 모를 때입니다. 길 솟는 옥수수밭 사잇길을 마차는 달리는데 가면 갈수록, 막혀 있던 그 길이 자꾸 열립니다. 이 신기함에 골몰하다가 아, 참 내 뒷자리에는 수년래 처음 서로 만난 아버지와 어머니가 있지 - 하고 그때 처음으로 돌아보았습니다. 거기 광야가 있었고 노을이, 핏빛 노을이 있었고, 그리고 자기들이 타고 가는 마차의 바퀴가 일으키는 먼지가 엷은 구름으로 피어오르고, 그래서 바로 뒤에 있어야 할 아버지와 어머니는 아득히 아득히 자기에게서 멀어져 가고 있더라는 것입니다. 노을과 먼지 속에서요.

2

초우재에 살기 시작하면서 전에 없던 버릇이 생겼습니다. 오래 묵은 책들을 싣고 와서 책장에 다시 꽂으면서 갈피 곳곳에 앉은 먼지들을 털어야 했던 고된 일들에 며칠 동안 억지로나마 길들여진(?) 탓인지, 자꾸 터는 버릇이 생겼습니다. 외출했다간 돌아와선 입고 나갔던 옷들을, 그리고 아침저녁에는 잠자리의 이부자리들까지도요.

내 버릇에 부채질이 된 것은, 그래도 산중(山中) 가까이라 햇볕이 좋고 맑아서 옷가지들을 털 때마다, 좋게 말해선 눈발 같은 또는 안개 같은 분진(粉塵)의 끊임없는 흩어짐을 너무 확연히 볼 수 있게 된 때문입니다. 그것은 햇볕 속에서만 확인되는 것은 아니고요, 바깥 벽등(壁燈)의 불빛에서도 그러하지요.

나는 이 버릇을 부릴 때마다 물론 입을 다물고 숨도 멈춘 채 서둡니다. 그러면서도 언제나 옛날부터 어른들께서 들어온 말을 떠올립니다. 털면 복(福) 나가는데, 복 날아가는데… 라고요. 이런 속담이 생긴 배경은 아마 더러움 타지 말고 부지런히 일해야 하는 농경사회에 있을 것 같습니다.

나는 곡창지대의 벌판 농가에서 자랐기 때문에 어릴 때부터 먼지문화(?)에는 익숙했습니다. 더욱이나 고향 벌판에는 헤세의 소설 '페터 카멘친트'던가요. 이야기의 배경이 되는 분지(盆地)처럼 언제나 바람이 불고 있었으니, 먼지의 도래(到來)는 필연적이었습니다. 대학 다닐 때 학기 도중 5월인가쯤, 나는 서울 하숙생활에 지쳐 고향집으로 내려온 일이 있습니다. 마당에 들어섰는데도 아무도 있는 기척이 없습니다. 다들 들에 나가셨는지 온 집안이 비어 있습니다. 뒤꼍의 대숲이 휩쓸리는 바람 소리가 있고요. 처마 끝 아래의 죽담에는 누구의 신발도 안 보이고요. 그런데 대청마루는 먼지가 보오얗게 덮고 있습니다. 나는 벗어든 웃옷으로 얼마만큼 휩쓸고는 그리고 입김으로 불고는, 제비집이 있는 서까래를 바라며 등을 마루에 대고 눕습니다. 나는 그때, 서울 생활 몇 년 동안에 벌써 그 세계를 어느새 잊고 있었다는 부끄러움은 떠올랐으나 그 세계, 그러니까 내가 누워 있는 언저리에 쌓인 그 먼지가 더럽다든가 숨쉬기 힘든다든가의 그런 마음은 전혀 없습니다. - 보다도 어쩌면 익숙한 것에서 오는 마음 편안함이 있었다는 것이 맞을 것입니다.

여름날 새벽부터 보리 타작을 하던 날, 또 가을날 벼훑이할 때, 보리알이며 벼낟알들의 무수한 산탄(散彈)은 이 대청마루까지 뛰어, 튀어 올랐으니까요. 지친 내 아버지 어머니, 그리고 일꾼들은 그리고 어린 나까지도 그들 먼지와 함께 잠결에 빠져들었으니까요.

3

개가 핥은 것 같은(이런 표현을 용서하시압) 아파트 문화에는 '영원한 촌사람'인 나는 참 익숙해지지 않습니다. 그 일률(?)적인 깨끗함에는 생활잡사(生活雜事)의 거치적거림이 전혀 없어 내 몸 둘 바가 어딘지 어지간히 어색해집니다. 그런 아파트의 대단지 안에 있는, 유명 어느 백화점에 들른 일이 있습니다. 5층인가에 있는 화랑(畵廊)에서 열리고 있었던 어떤 그림전(展)을 보러 갔다가 나오면서 허우적거리다가 잘못으로 침구(寢具) 코너를 거치면서 본 그 금침(衾枕)들의 화사함, 아니 그 깨끗함 앞에서 나는 내 모습이 부자연스러워 혼났습니다.

이 몸뚱아리를 눕히는 데 저리 아름다워야 하는가, 저리 화사해야 하는가, 또 저리 깨끗해야 하는가 - 하고요.

침대를 장식하고 있는 꽃문양에다가 자수와 샤링(?), 레이스, 실크공단 - 등이 드러내는 화려한 색조와 순백의 화사함, 나는 '촌스럽게'도 저건 이불이 아닌데 - 라고 뇌면서 빠져 나왔습니다.

저리 화려한 데, 저리 화사한 데, 저리 아름다운 데, 저리 깨끗한 데에 나를 눕힐 만큼, 내가 그리 화려한가, 화사한가, 아름다운가, 깨끗한가 - 하고요.

내 심신(心身)이 깨끗한가요 - 싶어서입니다.

마음이 깨끗한 만큼, 그만큼의 깨끗한 침구를 즐길 수 있다는 풍습(風習)이 있다면 우리는 어떻게 될까요. 물론 그런 풍습은 여태 내려 올 수 없지만요. 새까만 마음이 하이얀 비단 금침 속에 들어 있으면 - 이건 가히 악마(惡魔)의 풍습입니다.

우리는 혹시 악마의 풍습과 법이 지배하는 사회와 시대에 사는 시민이 아닌지 모르겠네요. 아, 털어서 먼지 안 나는 사람 없다는데, 큰 일입니다.

4

초우재에는 조그마한 동창(東窓)이 하나 있습니다. 옛날 집의 봉창(封窓) 만한 크기의, 유리창입니다. 초저녁에 보름달이 떠오르는 것을 나는 이 동창에서 처음 맞습니다. 저쯤 긴 미루나무들이 있지만 그 둥치들 사이에 아침해가 떠오르는 것을 내 방에 들어오는 햇살 때문에 알 수 있습니다. 그런데 길게 곧게 뻗쳐 들어온 햇살은 마치 영화관의 영사실에서 스크린으로 퍼붓는 광선처럼 그리 강렬합니다.

그런데 말입니다.

그 광선 속에 많은 먼지가 부유(浮游)합니다. '반짝이는 작은 물체들의 자유분방한 움직임'을 나는 아까 그분의 유년 시절처럼 '오랫동안 황홀히' 지켜보아지지 않습니다. '오랫동안'이기는커녕 '황홀히'는커녕, 저는 피하기가 바쁩니다. 그 광선 속에서 숨쉬어서는 안 되겠다는 생각으로요.

그리고는 광선 바깥에서는 마음놓고 호흡을 합니다.

눈감고 아옹하는 것입니다.

저는 여전히 햇볕과 불빛 속에서 옷을 털어야 하는지요.

입을 다물고 숨도 멈춘 채 서둘면서요. 그리고 '이러면 복 나가는데…'를 뇌면서요.

오늘 아침 신문을 보니까, '화학연료의 연소가스, 자동차의 배출가스' 등의 스모그에 나타나는 '미세먼지'는 눈에 보이지 않고, 이것들이 인체 내에 축적되면 암까지 유발한다는 것입니다. 이쯤 되면 먼지는 우리와 동거할 수 없는, 전쟁의 대상입니다.

먼지와의 동거 - 라니요.

분명히 동거입니다. 다만 어떤 유(類)의 것과의 동거인지, 그 정도가 어느 정도 짙은지만이 논외(論外)의 것이 아닙니다.

5

내가 '먼지'를 다 논하다니요.

몸이 약해지면 담배 맛이 없습니다.

처럼, 칭키즈 칸이나 서부 사내들 세계의 영상화를 보면서 그 먼지가 일으키는 전운(戰雲)에 남아(男兒)의 기상을 만끽하던, 그 먼지가 싫어지는 모양입니다. 제만이 아니라 인류 모두가 다요. 그래서 광고마다 공기세척기 공기청정기 신제품 선전이 열을 올리고 있습니다.

옛날에 집을 떠나 도시에 가서 하숙하던 중학교 시절, 체육시간에 흰 속내의의 목덜미 부분에 때(垢)가 있다고 선생님께서 나를 흉보시던 기억은 참 잊혀지지 않는 부끄러움으로 남아 있습니다.

그런데도 나에게 연인(戀人)이 있다면, 그리고 그 연인의 잠옷이나 블라우스의 목덜미 어느 부분에 흔적처럼 남아 있는 땀결의 자국이 지나가고 있다면, 그녀의 실체가 거기 있음을 - 내 이 연상은 아직 뇌리에 그대로 남아 있어 지워지지 않습니다.

먼지와 노을, 핏빛 노을과 먼지 - 는
술과 황혼과 연인, 아니면 친구,
그런 것처럼 황홀하고 아름다운 그런 것이었는데,
참, 그렇네요, 이제 이 세상이 … 말입니다.

草友齋 主人(1999년 2월 7일)

*고봉진산문집 '향수여행'(범우사)에 수록되어 있는 글.

통신 (12)

## 당신은 돌아오지 않는다

먼 50년대
지금의 대학로
문리대 교정, 그 미끈한 마로니에 나무 아래에
그가 나타났을 때
고무신, 그것도 검은 것을
신고였었다.

춘천의 성심 교정에
처음 입성할 때는
수도원 같은 거기에
한학(漢學) 훈장
티내었겠지.

오래오래
살던
한강(漢江) 서쪽에서
왜 북쪽의 신도시로

바삐 갔을까.
때묻은 전적(典籍)이
새 서가(書架)에 너무 나란했다.

그가 타계(他界)했을 때
북한강 기슭의 산곡(山谷),
또 북쪽으로 거슬렀다.
북망산(北邙山)이
거기였을까.

아,
나는 이후
지리산 자락 섬진강 기슭
그의 고향, 저 남녘 구례(求禮) 길에
나서지 못한다.
그 산이 그대로 있고
그 강이 또한 그대로 흐르는데,
고무신 신고 상경(上京)한
그는 그의 고향에
돌아오지 않는다.

이제
내 거짓말에 속을 수 있는 사람은

눈들이 초롱초롱한 이 세상엔 아무도 없다,
그 촌사람, 당신뿐이었는데
당신은
영 돌아오지 않는다.

이 글 '당신은 영 돌아오지 않는다'는 96년 11월에 쓴 것입니다. 그때가 내가 좋아했던 한 친구, 동료 교수 C선생이 작고한 지 일주년 되던 때였습니다. 그러니까 그분이 그리워서 이리 내 딴엔 '슬피' 읊어 본 것입니다.

그런데 이 '추모의 글'이 세상(?)에 나올 때와 나오고 난 뒤에 얽힌 내 개인적인 얘기가 있습니다.

하나는, 내가 쓴 이 글을 자청해서 지상에 기고(寄稿)하려 했던 일입니다. 내 청에 접한 편집자들의 속마음이야 알 길 없지만, 미처 기획하지 못한, 돌아가신 분에 대한 '추모의 정'을 일깨워 주었다고 반겨 주어서 대학신문에 발표된 것입니다. 이런 자청은 난생 처음이었습니다.

또 하나는, 그 즈음, 나이가 40대 중반의, 아득한 졸업생 몇이 나를 불러 준 모임의 자리에서 있었던 일입니다. 이 사정은 그로부터 이태 뒤에 그들에게 보낸 내 사신(私信)의 다음 부분을 옮겨 대신 말하고 싶습니다.

> 이태 전이었던가. 내 집 근처의 석란(石蘭)에서 너희들이 날 불러 준 자리에서 그 전해에 작고한 석구(石臼)선생의 일주기(一周忌)를 얘기하면서 추모시를 읊다가 그만 내가 울먹거려 그 다음을 화영이가 읽었던가 했지.
>
> 그리고 말이다. 또 무슨 말을 했느냐 하면,
>
> 사람이 나이 들어가면서 존경하는 이를 가지고 있는 것은

어쩌면 행복한 일인지 모르겠다고 했지.

그래야 그분이 작고했을 때

장례식장에서 또는 가을날 산기슭의 무덤에서 울 수 있을 것이 아닌가 하고.

누가 돌아가셨을 때, 부모님이 돌아가셨을 때 말고 우리가 슬퍼하면서 울 수 있는, 그분의 생전의 어느 날을 돌이켜보면서 그날과 우리들과의 관계를 떠올리면서 울 수 있다는 건 행복한,

세상 살아가는 한 아름다운 일이라고.

이러면서 내가 강조한 것은, 존경은 절로 생기기가 쉽지 않다고 했을 거야. 아주 고매한 인격의 소유자가 그리 흔하게 우리 곁을 스쳐가기가 쉽지 않으니까. 그도 우리의 나날과 같이 살기에 바쁘고 자식 생각에 골몰하는 그런 사람들 중에 하나일 테니.

그래서 내가 무어라 했는지 기억 나지.

존경하려고 애써야 한다고.

살기에 바쁘고 지친 사람이 감추려 했으나 밝은 우리들 눈치에 얼핏얼핏 드러내는 그분의 흠집을 들추려 하지 말고 어느 한 면 우리가 아직 갖고 있지 못한 어떤 존경할 만한 '어른스러움'이 있으면 놓치지 말고 '존경하려' 애써 보라고.

나는 이날 너희들과 헤어지고 돌아와서는 좀 멋쩍었다.

눈물을 감추지 못한 것도 그렇고 존경의 이야기는 마치 나를 그렇게 해달라고 비치지 않았을까 하고.

그렇게 비치었어도 괜찮겠지.

좋은 것에는 그런 오해 따위는 문제도 안 될 테니.

이 편지의 사연은 '존경하는 이가 있어, 그를 기억해 눈물 흘릴 수 있다면 얼

마나 아름다우냐' - 의, 그런 것이지요.

그리고 앞의 짓거리도 죽은 이를 위해서 내가 눈물을 먼저 흘리면서, 고인과 인연이 있었던 분들에게 내 소매 깃을 갖다대면서 '눈물'을 바란(!) 것일 테니, 친구의 죽음을 빌미(?)로 결국 체루송(涕淚頌)을 읊은 것이 된 셈입니다.

나는 이 C교수를 잃고, 참 많이 눈물이 나곤 했습니다.

옛날에 내 고모님은 마루 끝에 앉아서도 무슨 얘기를 하다가 옷고름 끝에 자기 눈물을 적시곤 했어요. 나도 늙어 그리 되었는가 - 하고 주의를 해 보려 했으나 이 친구의 죽음의 경우에서는 그게 잘 안 됩니다.

그런데 그런 내 모습,

남이야 어떻게 볼는지 모르지만, 나에게는 마루 끝의 그 고모님의 눈물처럼 그리 측은하게만 보이지 않고, '행복함'도 느껴지곤 했습니다.

나에게 울 수 있는 친구가 있었다니 - ,

이 세상이 이리 어지러운데,

내가 울 수 있다니 - 하고요.

그 산이 그대로 있고
그 강이 또한 그대로 흐르는데,
고무신 신고 상경(上京)한
그는 그의 고향에
돌아오지 않습니다.

이제
내 거짓말에 속을 수 있는 사람은
그 촌사람, 당신뿐이었는데

당신은
영 돌아오지 않습니다.

草友齋 主人(1999년 2월 12일)

## 통신 (13)

# 내 친구 알퐁스 신부

1

얼마 전 팔월 초에
지리산 천왕봉
올라가는 길에, 특히
그 정상에서 많은 떼의
덜 여문 고추잠자리들을 만났는데,
그들의, 바위 또는 나무에서의 비상(飛上)과
하늘에서의 비상(飛翔)들이, 또는 그 착지(着地)들에서
전혀 아무 소리도 무게도 없이,
그 부유(浮遊)의 고요에
숨막힐 뻔했습니다.

내 친구 안신부(安神父)는 그렇게, 아무 소리도, 무게도 없이 나에게 있습니다. 만나면, 언제나 우리가 함께 다녔던 중학교 때의 친구들의 얼굴에 그 이름 맞추기, 음악선생님의 합창 – 등의 이야기는 끝이 없고 또 자주 되풀이됩니다. 그러나 사제(司祭)로서, 신부(神父)로서의 그는 전혀 아무 소리도 무게도 없이

나에게 있습니다. 그는 예수회 신부 한국 제2호라는 역사도 갖고 있는데도, 그는 언제나 무풍(無風) 속의 잠자리나 구름처럼, 나에겐 그렇게 있습니다.

그는 나에게 한번도

내 신앙이 무엇인지 묻지 않습니다.

그가 로만 칼라로 우리 친구들과 나에게 중학교를 졸업하고 수십 년 만에 다가왔을 때, 그리고 그 뒤, 자주 만나기 시작한 때부터, 나는 그 질문을 예상하고 있었는데,

그리고 그 뒤, 그 뒤는 오히려 기대하고 있었는데,

그리고 하도 답답해서, 이제 답까지 내 딴엔 단단히 마련해 두었는데, 그 답 가운데 하나는, 네 중학교 때 얼굴에선 스님은 생각했어도 로만 칼라의 사제(司祭)는 전혀 떠오르지 않았다는 것까지 들추려고 벼르고 있는데도,

전혀 나에게 묻지 않습니다,

지나가는 말로도 스치지도 않습니다.

전혀 물을 기미가 없고, 오히려 되풀이되고 되풀이하는 어릴 때 얘기뿐입니다.

나는 지난 번 지리산 등반에서, 그 정상의 천왕봉(天王峰)에서 본 잠자리 떼들의 '무풍(無風) 속의 부유(浮遊)' - 그 고요의 숨막힘이, 저 멀리 적도(赤道) 근처에서 출발하는 태풍의 그 예민한 전야(前夜)의 징후로, 더 숨막혔습니다.

나는 내 친구 안신부(安神父)의, 나에게 있는 그의, 사제(司祭)나 신부(神父)로서의 전혀 소리나 무게 없는 이 잠자리와 같은 떠돎이, 태풍 전야의 숨막히는

고요의 진공(眞空)처럼, 좀 과장해서는 그렇습니다.

나는 이제 할 수 없이
신부학(神父學)을 좀 공부해 볼 참입니다.
혹시 거기엔 선교(宣敎)의 방법 가운데
목조르기 단계도 있는지,

아, 내가 지나친 애기를 했습니다.
사실은, 사실을 고백하자면,
그분의 절대 순수(絶對 純粹)
앞에 내가 절로
숨막힌 것입니다.
그 고요에 말입니다.

장주(莊周)와 호접(胡蝶)
안신부(安神父)와 잠자리
내 꿈속에서입니다.

'내 친구 안신부(安神父)'라고 제(題)한 글입니다. 92년 가을에 나온 제 시문집(詩文集)에서 나는 이리 그에 대해서 한가히 썼는데, 그는 94년 11월 말에 대만에서 급서(急逝)했습니다.

외국에서 있었던 회의에 나갔다가 작고해서 돌아온 그를 맞은 것은 선종(善終) 이틀 뒤엔가의, 초겨울의 추운 늦은 밤이었습니다. 김포공항의 국제화물 찾는 데서였습니다. 대북시(臺北市) 정부경찰국의 봉인(封印)이 찍히고 'Human remains'라고 내용물(Contents) 표시가 된 원목 빛깔이 선명한 커다란 목재곽 속의, 자줏빛 관(棺)에 안치(安置)되어 돌아왔습니다. 생전에 말이 적었던 그는 이날 이후 영 우리들에게 말이 없습니다.

파스테르나크의 소설 '닥터 지바고'가 영화화된, 어느 장면은 어머니의 장례에서 흙 속에 놓인 관 위에 꽃을 뿌리고 소년이 눈길을 돌렸을 때 무덤 가의 온 뜰에서 회오리 같은 바람결이 낙엽들을 뒹굴며 휩쓸던 스산함이었습니다.

1주기 때였던가 2주기 때였던가 아니면 두 번 다였는지 안신부 알퐁스의 무덤 앞에서의 추모미사는 비와 눈발 속에서 올려졌습니다. 이 기억들 때문인지 나는 김포공항의 그날 밤의 그의 귀환을 초겨울의 눈발인가 진눈개비 속에서 맞았던 것으로 내내 연상하고 있습니다.

그를 보내는 의식(儀式)이 그가 오랫동안 봉직했던 대학 성당에서 영결미사로 진행되는 동안 나는 그의 생전에 우리들이 주고받은 소년 같은 얘기들의 목소리의 환청으로 해서 더욱 슬펐습니다.

2

그가 중학교 과정이 끝나기가 바쁘게 신학교로 간 그 엉뚱함(?)도 나는 헤아릴 길이 없고, 우리가 다닌 대학의 분위기와는 전혀 다를 신학교의 그 엄정한 규칙 속에서 그가 어떻게 공부했으며, 아니 그보다 그들의 다들(?)이 한 번쯤은 겪게 될 후회 같은 것, 고뇌 같은 것, 심지어 신(神)의 존재에 대한 회의 같은 것을 어떻게 극복할 수 있었는지, 아니면 전혀 그렇지 않았던 그래서 절대자로 향하던 믿음의 희열 속에서 그가 얼마나 절실하게 울부짖었는지… 나는 전혀 이 대목에서의 그의 생애를 상상하지 못합니다. 그가 지금 살아있다면, 그리고 그와 사별(死別)하면 그에게 대한 그리움이 이리 짙을 줄 미리 알았다면, 이 대목을 물었을 아니 지금이라도 물어볼 텐데, 그리고 이 어려운(?) 물음을 내친 김에 사랑한 소녀가 없었느냐, 그리움 같은 걸 어떻게 견뎌내었느냐 - 까지요.

사실, 나는 이렇게까지 이제는 고인이 되어 내 곁에 없는 그의 모두가 복원되질 않아 안타까운 것입니다. 그는 살아있을 때 이 대목, 아니 다른 대목, 예컨대 신학대학을 졸업하고 미국유학을 갔을 때, 또 사제(司祭)가 되었을 때의 눈물겨웠을 그 감격의 얘기들까지, 심지어 그의 신(神)에 대해서까지 나에게 전혀 말하지 않았습니다.

3

그와 사별하기 몇 년 전에 우리는 강원도 정선 땅에 있는 임계라는 곳에 가서 하루를 머물었습니다. 내가 그 전에 그곳에서 여름날 휘영청한 달밤에 개구리 울음소리의 밀물에 휩쓸렸던 기억을 말해서 그리 갔을 것입니다. 우리가 잠들기 전에는 한하운(韓何雲)의 시에서처럼 '가갸 거겨 고교 구규 …'로 들리는 개구리 울음소리에 열심히 귀기울였고, 그리고 잠들었을 때는 나는 아무 소리도 못 들었지만 그의 꿈결은 내 유난한 코고는 소리에 휘영청 했을 것입니다.

또 우리는 함양의 휴천에 있는 천주교 어느 공소(供所)에서 하루 머문 일이 있습니다. 다음날 낮에는 마을 바로 앞의 크나큰 산악, 지리산의 북쪽 자락에 올랐습니다. 낮은 능선을 따르면서 물이 흐르는 조그마한 계곡에 이르자 벌꿀 따는 한두 채의 집이 있는 외딴 데를 만났는데 이에서보다 더 으슥한 곳에 다 스러지는 듯이 기우뚱한 단칸 방의, 설렁한 띠집이 하나 있었습니다. 두서너 평 남짓한 마당에는 약초인 듯한 풀들이 아무렇게나 마르고 있었고 처마 밑의 토방에는 비스듬한 앉음새의 한 초로(初老)의 남자가 겨우 몸을 가누고 있었습니다. 얼핏 보아서도 그는 병들어 있는 얼굴빛이었고, 거기 찾아든 낯선 우리들의 관심에도 아랑곳하지 않고 그냥 산속의 맑은 가을 햇살에 그의 목숨을 겨워하고 있는 듯했습니다. 우리는 그때 이 인생에 대해서 서로 함구한 듯 아무 말도 하지 않았습니다.

나는 이후 가끔 이 한 존재가 떠오릅니다. 세상의 아무것도 하나 가진 것이 없고 이 세상의 그 많은 귀중한 것들이 그에게는 놀랍게도 무용지물인 듯, 그리 내 마음에 떠오릅니다. 그에게는 신(神)의 존재도, 또 이의 확인으로 절사(節死) 순교(殉教)하는 그 엄청난 세계에 대한 믿음의 사실에도 그의 마음은 열리지 않는 듯이, 아니 그것에도 그냥 가을 햇살이나 그것을 받은 풀잎을 스쳐가듯이 그냥 그의 인생은 지나가고 있는 듯 떠오릅니다.

나는 왜 이런 생각에 잠길까.

그 자리의 그를 본 상황에 신부와 함께 있었기에서일까.

그도 죽었을 것이고 내 친구 신부도 이 세상을 떴고, 그래서 죽음들이 비교되어서일까.

가장 신의 존재에 유의(有意)했고, 아니면 전혀 무관심 아니 무심, 보다도 어쩌면 무용으로 살다가 간 그 심한 차이에 내 상상이 현기(眩氣)를 느끼고 있어서일까.

내가 자꾸 그를 이리 어쩌면 엉뚱하게 떠올리고 있는 이유는, 나는 지리산 자락의 한 오지의 이 인생의 삶에 대해서 또 죽음에 대해서 내 친구인 신부의 얘기를 들을 수 없었던 절실한 아쉬움과 후회 때문일 것입니다. 가장 좋아했던 신부에게 이리 가장 중요한 얘기를 묻지 않았다니, 참, 말이 아닙니다.

4

사후에, 그의 유물을 정리해서 세속의 혈육에게 전하는 절차만 남았다는, 생전에 누구보다 그를 가까이서 자주 모셨던 분의 얘기를 어느 날 들으면서 나는 그때 참 가슴이 찡했습니다.

그가 무엇을 남겼으랴.

이 점에서는 지리산의 오지(奧地)에서 본 무명의 그분과 같으리라. 그의 로만칼라의 신부복(神父服)은 꼭 우리가 중학교에 다닐 때 단 한 벌밖에 없어 어떤 부위는 빤질빤질하고 소매 끝은 닳아서 헤어지고 그러면서도 유일한 '사아지' 양복이라는 역사를 가지려 했던 그런 느낌이었습니다. 웃옷 틈에서 비집고 나온 겨울날의 그의 쟈켓의 섶 자락은 아주 헤어져 올들이 풀려나고 있었고요.

아니, 미국이며 일본 등지로 끌고 다녔던 헌책들이 있겠지요. 그리고 참 손목시계가 있습니다. 50년대 전쟁 통에 미군부대 등에서 흘러나온 군용(?)시계, 그 두껍고 실함이 인상적이었던, 그래서 수십 년 동안이나 그에게 쉬지 않고 재깍거리던, 그야말로 헌, 그 시계가 있습니다.

5

헤어진 지 4반세기 세월 끝인 70년대 말경 그가 나를 찾아 준 뒤 우리는 20년 가까이 때로는 자주, 어떨 때는 가끔 만났습니다. 언제나의 그의 고집으로 대학촌의 허술한 중국집 등의 대중식당과 찻집에서였습니다.

작고하기 전의, 그 지리산 자락 나들이 길에서 돌아오면서 나를 데려다 주기 위해서 밤길에 내 집 앞까지 따라왔습니다. 나는 그를 집 안으로 안내하지 않았습니다. 설사 내가 강권했더래도 그는 늦은 밤의, 그리고 여행 끝의 피로를 핑계로 마다했을 것입니다. 나는 내집 문 앞에서 돌아가는 찻속의 그를 보면서 내 속마음이야 어디 있었든 그냥 보낸 것을 후회했습니다.

내 집에서 멀지 않는 대학, 그 캠퍼스 안에 있는 사제관(司祭館), 그 건물로 들어가는 현관 유리문을 열면 바로 왼쪽에 거길 찾는 이를 맞는 조그마한, 그리고 언제나 조용한 응접실이 있습니다.

거기서 그를 기다립니다.
그는 조용히 긴 의자의 끝에 앉습니다.
우리는 또 중학교 시절의 소년이 됩니다.

草友齋 主人(1999년 2월 11일)

통신 (14)

# 꿈 같기에 설어라

입춘(立春)입니다. 대한(大寒)과 우수(雨水) 사이, 양력으론 대개 2월 4일쯤이지만 음력으로는 섣달 중순을 조금 지나서지요. 봄에 들어선다는 뜻인가요.

> ‘우수절(雨水節)들어 / 바로 초하로 아츰’에
> ‘웅성거리고 살아난 양이 / 아아 꿈 같기에 설어라’

정지용의 ‘춘설(春雪)’에서입니다. 능한(凌寒), 즉 추위를 이겨내는 어려움, 지나 놓고 보니 꿈과 같을 수밖에요. 양지 바른 곳을 찾아 옹숭거리고 있는 병아리같이 말입니다.

대한을 넘기면 시름이 반감되면서 입춘을 바라는 희망으로 바뀝니다.

초우재 나들이문에 작년 이맘 때 붙인 ‘입춘대길(立春大吉) 건양다경(建陽多慶)’의 춘방(春榜)이, 햇빛과 들치는 눈비에도 아직 제대로 바래지도 얼룩지지도 않았는데, 올해는 심전(心荃)형이 보내 왔습니다. 작년에 동계(東溪)가 보낼 때는 입춘서(立春書)도 이제 초우재밖에 없으니 라고 짐짓 탄(嘆)하더니, 심전은 오언의 절구를 덧붙였습니다.

> 산중무력일(山中無曆日)

한진부지년(寒盡不知年)
은거절연속(隱居絶緣俗)
화엽기춘추(花葉記春秋)

'산중에 책력(달력)이 없으니 / 추위가 다 지나갔는데도 이제 어느 해를 맞는지 알 수 없다'는 태상은자(太上隱者)의 두 구(句)에 심전은 '속세와 인연을 끊은 은둔에 / (다만) 꽃과 잎들이 봄가을(세월)을 알리네'라고 붙여, 내 한거(閑居)를 시화(詩化)해 주었습니다.

실은 속(俗)과 절연(絶緣)이기보다도 속연(續緣)의 내 나날을 이리 그럴 듯하게 불러 주었음을 알면서도 싫지 않으니 이 또한 속연(俗緣)이겠지요.

동계형이 초서(草書)의 묵향(墨香)으로 매화(梅花)의 암향(暗香)을 실어 보냈습니다. 당송팔대(唐宋八大)의 시문가(詩文家) 왕안석(王安石)의 영매(咏梅)입니다.

장각수지매(墻角數枝梅)
능한독자개(凌寒獨自開)
요지불시설(遙知不是雪)
위유암향래(爲有暗香來)

담모퉁이 매화 몇 가지
추위를 이기고 홀로 피었데
멀리서도 그것이 눈이 아님을 알겠나니
그윽히 번져 오는 향기 있음에.

너무 반가워서 전화를 했더니 또 서실(書室)에 나갔다는 것입니다. 입춘이 되니 언 연지(硯池)도 벌써 풀렸나, 하고 내 혼자 중얼거렸습니다.

> 댁에 매화가 구름같이 피었더군요. 가난한 살림도 때로는 운치가 있는 것입니다. 그 수묵(水墨) 빛깔로 퇴색해 버린 장지 도배에 스며드는 묵흔(墨痕)처럼 어림풋이 한두 개씩 살이 나타나는 완자창 위로 어쩌면 그렇게도 소담스런 희멀건 꽃송이들이 소복한 부인네처럼 그렇게도 고요하게 필 수가 있습니까.

근원(近園)의 40년대 수필 '매화'의 첫 대목입니다. 좀 더 들어볼까요.

> 실례의 말씀이오나 '하도 오래간만에 우리 저녁이나 같이 하자'고 청하신 선생의 말씀에 서슴지 않고 응한 것도 실은 선생을 대한다는 기쁨보다는 댁에 매화가 성개(盛開)하였다는 소식을 들은 때문이요 십 리나 되는 비탈길을 얼음 빙판에 코방아를 찧어 가면서 그 초라한 선생의 서재(書齋)를 황혼 가까이 찾아갔다는 이유도 댁의 매화를 달과 함께 보려 함이었습니다.

석구(石臼)형이 한강의 남안(南岸) 서(西)에 살 때 난초의 개화를 보면 친구인 우리를 억지로라도 더불고 가던 고집이 있었고 우리도 마지못한 체하면서 딸려 가서 난초의 꽃을, 아니 그 집 주인의 난초 자랑을 들었습니다. 우리는 그의 그런 풍습을 장난삼아 흉보면서도 이제 겨우 그 꼬리만 남아 있는 옛 선비들의 잔상(殘像)에 강한 미련 같은 걸 서로 말하곤 했습니다.

보세(報歲)라는 난초가 저에게서 자란 수년 만에 처음으로 그 넓적하고 윤기 있는 잎들 사이에 늘씬하고 긴 꽃대를 깃대처럼 세우고 있습니다. 보세, 세월을 알리는, 그러니까 세말(歲末)에서 과세(過歲)로의 그 세월을 알리는, 그 꽃을 보면 이제 신춘(新春)이 다가왔음을 감지하게 된다는 의미인가요. 초우재에 보세가 피면 스스럼없이 억지로 데리고 올 수 있는 사람은 석구형인데, 그러니까 그 좋은 풍습을 핑계 삼아 고집을 피울 수 있는, 손쉬운 사람은 그분 석구입니다. 그분이 오면 내 어지러운 방을 안 치워도 되고 식탁엔 산채(山菜) 하나면 됩니다. 꽃만 잘 피웠으면 되니까요. 그래서 난향(蘭香)이 코 밑 언저리에서 조금만 움직일 수 있게 해 주면 아니, 방문을 밀치면 방안에 은은한 그것이 벌써 우리를 취하게 할 것입니다.

그런데 이리 억울할 수 있습니까. 그는 어느새 이 세상 분이 아닙니다. 어떤 세월이 온다고 알리는 그 꽃, 보세(報歲)를 친구는 더 기다리지 않았습니다.

어제, 오늘은 진눈깨비가 계속 날리고 있습니다.

서쪽 철갑령(鐵甲嶺, 해발 1012m)과 주변의 높은 봉우리에 핀 눈꽃이 너무나 아름답습니다.

설경(雪景)이 한창인 2월엔 연금상태에 있지만 집 주변의 노시(老柿),노송(老松) 등 수목과 바위 등에 수북히 쌓인 설경을 혼자 감상하기엔 너무나 아까울 때가 많습니다.

금년 겨울 설경을 보여 드리고 싶습니다.

꼭 한 번 다녀가시기 바랍니다.

표지화는 저의 서원(西園)을 작품화한 것입니다.

동짓날 송벽서원 주인(松碧瑞苑主人) 합장

연하(年賀)의 편지입니다. 보낸 분 심석(心石)님과 저와의 교유(交遊)는 이제 가까스로 5·6년입니다. 그런데 서로의 소매가 스친 연(緣)은 반시간도 채 안 됩니다. 강원도 땅 정선(旌善)에서였습니다. 친구등 일행이 동해안에서 돌아오는 길에 아리랑이 들리듯 흐르는 아우라지강을 저쯤 굽어보는 산 중턱의, 한 제자의 산장(山莊)을 잠시 들러 차를 대접받을 때였습니다. 그 집 마당에 먼저 와 있던 다른 손님 가운데 한 분과 차탁(茶卓)을 같이 하면서 처음 보는 사람끼리 잠깐 환담했던 것이 저와 그분과의 만남의 모두입니다.

왜 그분을 좋아했는지요.

그림 그린다는 분, 젠체하지 않을 것 같은 분, 조그마한 낡은 경자동차를 타고 온 분, 그리고 조용조용 이야기하는 그때 그분의 배경이 되고 있는 오지(奧地)의 산하(山河), 그 때의 차맛, 이런 등속에 연유되었겠지만, 그보다 아마 그가 서울에서 화구(畵具)의 모두를 꾸려 정선의 북쪽 명주(溟州)땅 두메에 그의 세계의 진을 쳤다는 사실이, 아까 앞의 시구에서의 '절연속(絶緣俗)'의 그것처럼 비치여서 나를 감동시킨 것이 아닌가 싶습니다. 잠깐 수인사 정도의 만남과 헤어짐인데도 그분의 주소를 어느새 얻고 돌아온 걸 보면요.

나는 그 뒤 바로 어줍잖은 내 책등을 보내었고 습작(習作) 단계의 초고(草稿)들도 바로바로 우편으로 부치곤 했습니다.

한 열흘 전에 한지(韓紙)에 그린 노송(老松)의 가지들과 잎새 사이사이에 세필(細筆)로 다음과 같은 사연을 보내 왔습니다. 세 번째 것의 초우재통신을 띄운 뒤입니다.

> 양철지붕의 소리는 어느새 저의 집을 몰래 훔쳐 보시고 가신 후 쓰신 글이 아닌가 잠시 착각을 했답니다. 저의 집도 30년은 족히 된 듯한 아주 낡은 양철지붕이거든요. 얼핏 보기에는 검붉고 녹이 슬어 동판지붕으로 착각할 정도니깐요.

선생님의 표현대로 소나기가 쏟아질 때면 후두기는 빗소리가 마음을 불안케 한답니다. 낡은 지붕에 비가 새지는 않을까, 흙으로 된 뜨락이 비로 패어지지는 않을까, 세찬 골바람으로 거의 수평에 가깝게 몰아치는 비바람에 목재로 된 벽이며 문창호지까지도 반쯤은 젖게 되니 불안해 하지 않을 수 없거든요.

칠년(七年)여 산촌(山村) 생활에 익숙해지면서 불안감은 덜해지고, 때때로 앞뒤산과 개천에서 피어오르는 물안개(雲霧)가 산허리를 휘감다가 동해로 쏜살같이 달아나는 풍광에 도취해 버리는 여유로움도 있답니다. (후략)

나는 아직 심석 화백이 사는 두메 고을에 못 가고 있습니다.

송벽서원 주인과 초우재 주인은 두 번째의 안면(顔面)도 여태 없으나 전혀 서로 낯설지 않습니다.

십년지기(十年知己)같은 친구와의 만남을 내가 너무 아끼고 있는 것 같지요.

인생을 오래 살아가노라면 잃는 친구도 있고 이리 얻는 친구도 있습니다.

草友齋 主人(1999년 2월 14일)

## ㅆ ㅋ ㅇㅇㅇ 통신 (15)

# 어둠의 근친들

1

커피 한 잔을 끽(喫)하고 낙동강 둑을 따라 시오리나 되는 집으로 돌아오는 길은, 내 고향 들판에 어둠이 오고 있을 때였다.

나는 저 어둠에 참 많이 쓸쓸해 했고, 그런가 하면 또한 상당히 길들어져 있었다.

온 들판에 어둠이 온다.

벌판의 인공적인 세계는 다 사라지고 저 멀리 지평선이며 산들의 능선이 짙은 수묵(水墨)의 그림으로 드러난다. 마당에도 마루에도 그리고 방에도 그 그림의 물감이 번져올 때, 내 눈에는 어둠의 실체가 보인다. 어둠의 첨병의 몸체가, 밝음에만 눈이 밝았던 우리들의 눈에 어디서 그게 실존으로 다가오느냐 하면, 저 마당귀의 짚북데기에서 잔상(殘像)의 노을 빛을 배광(背光)으로 해서 새삼 선명해진 지푸라기의 조용한 하늘거림에서, 그리고 그리로 온통 모아진 내 마음에서이다. 이럴 땐 어둠과 내 마음이 분간이 안 된다.

갈밭 우거진 벌판에서 내가 세상에 태어나 맨 처음에 본 것은 이 어둠이였을까. 그리고 그걸 밝히는 햇빛과 달빛, 수많은 별빛들이 개똥벌레의 형광(螢光)으로 내 혼돈에 첫 질서로 길을 열기 시작했을까.

아니, 그 막막(寞寞)한 어둠에서 내가 맨 처음 본 것은 어머니의 눈빛이었을 거고, 그걸 빛나게 나에게 비추어 준 것은 저 웃목에서 가물거리던 불빛, 호롱의 등잔불이었겠지.*

2

혹시 당신도 어둠을 맞이해 본 일이 있습니까.

굳이, 그것이 스며드는 창호지(窓戶紙)의 문 가에서가 아니더라도 고층의, 아니 저층이라도 마찬가집니다. 당신 아파트 유리창 가, 아 패어그라스 안에서는 모르겠네요. 당신의 감각이 너무 밀폐되어 행여 진공의 상태에 있을지 모르니.

버티칼을 젖히고, 아니 누워 있는 그 칼(?)의 날을 세워도 되겠어요. 그 날들의 잎과 잎 사이로도 어둠은 충분히 당신에게 다가올 테니요.

커튼을 젖힐까요.

어둠은 어디서나 오는데, 내 얘기가 복잡하네요.

맞습니다. 어떤 상황에서도 좋아요. 다만 혼자서요. 아니면 말없이 둘이서도요. 그러나 중요한 건 성급히 점등(點燈)하지 않는다는 것입니다.

성급히,

그렇지요.

우리가 이 문제, 즉 어둠을 밀어내는 데 얼마나 성급한가요. 일고(一顧)의 여지나 망설임, 주춤거림이 없습니다. 그건 점등장치가 너무 편하게 도처에 기다리고 있어 그것의 조작이 리모콘처럼 쉽기 때문이기도 하지만 그보다 우리의 성격 탓입니다.

오늘은

당신의 성급함을 참으세요.

당신이 그리 도시인(都市人)처럼 굴려 하지만 우리들의 그리 멀지 않는 원형(原型)은 댓잎에 앉는 어둠을, 잔설(殘雪)에 지금 막 스미기 시작하는 어둠의 무게를 볼 수 있습니다. 물론 황혼의 색도(色度)와 암도(暗度)와, 그것에 물드는 당신의 마음을 잴 수 있었고요.

당신이 지금도 눈을 감으면, 자작나무의 명주 결에도 소나무와 잣나무, 송백(松柏)의 그 가늘은 침선(針線)의 현(絃)에도 앉으려는 어둠의, 저 우리가 떠나온 산 속의 곡예(曲藝)를 상상할 수 있습니다.

문명인인 체하지 말고,

성급하지 말고요,

그리 답답하면, 지금은

등잔 위의, 또는 유리등잔 속의 호롱에 불을 붙인다고 생각해 보십시오.

남폿불은 어떡하고요.

그 하트 모양의 등피(燈皮)에 너무 그슬림이 많다고 어른들로부터 잔소리를 듣습니다. 어떻게 닦지요. 그 두껍고 넓은 손바닥에 달린 굵은 손가락으로요. 마른 심지를 적시게 석유를 기름병에서 따라 붓고, 등피 속에 밀어넣어 닦던 솜이나 휴지 뭉치를 잔잔히 빼내고,

성냥을 그어 보십시오.

심지를 조금만 돋우면서요.

어둠이 서서히, 아주 겁도 안 내고 우리에게서 뒷걸음치는 것입니다. 그러나 등잔 밑에서는 어둠이 그대로 남아 있습니다.

호롱불,

소지(燒紙)를 사르는 촛불,

그리고 가슴마냥 부푼, 아까의 남폿불 - 이것들은 친(親) 어둠족(族)들입니다.

'어둠을 맞이해 본 일이 있느냐'고 묻고는 왜 친어둠족들에게 점등을 시키는가요.

그건요,

이네들은 당신들이 어둠과 친근(親近)하는 데 우선 제일의 근친(近親)이기 때문입니다.

어둠과 친한 불빛입니다.

그것이 켜져 있는 방에는 또는 마루에는

밝기와 어둠이 공존(共存)합니다.

3

어둠이 서서히 스며들어 올 때, 당신이 만약에 당신의 연인과 함께 있다면, 당신의 마음과 목소리와 몸짓은 그 어둠과 함께 유영(遊泳)해야 합니다. 아니 꼭 연인이 아니라도 괜찮지요. 당신의 말썽꾸러기 막내 놈이라도 좋습니다.

어둠의 빛깔이 스며든 당신의 목소리는, 어둠에 부끄러움을 감추고 있는 그애에게 여유를, 자기를 서서히 생각할 수 있는 전기(轉機)를 만들어 줄 수 있습니다. 이럴 때 잔소리 많은 어머니가 들어오면서 갑자기 100와트 짜리의 전등의 스위치를 눌러서는 안 됩니다. 아들은 어둠 속에서 처음으로 별을 생각할 수 있습니다. 당신의 아들이 별빛을 볼 수 있을지는 누구도 모르지만 별만이, 아니 어둠은 알 수 있습니다.

아직도 당신의 연인이 눈물을 흘리고 있다면, 그리고 당신의 아들이 당신의

어둠의 목소리에 젖어 들지 않는다면,

그래서 당신이 초조해진다면, 머잖아 켜켜이 쌓이기 시작할 어둠이 지레 겁난다면, 다시 시작해 봅시다. 바깥 빌딩 숲과 숲 사이의 서쪽 하늘은 아직 황혼입니다.

내 골ㅅ방의 커-텐을 걷고
정성된 마음으로 黃昏(황혼)을 맞아드리노니
바다의 흰 갈매기들 같이도
人間(인간)은 얼마나 외로운 것이냐

黃昏아 네 부드러운 손을 힘껏 내밀라
내 뜨거운 입술을 맘대로 맞추어 보련다
그리고 네 품안에 안긴 모든 것에
나의 입술을 보내게 해다오
- 이육사; '황혼'의 1, 2연

당신은 한 번이라도 이리 '정성된 마음으로 황혼을 맞아드리'ㄴ 적이 있는지요.

당신의 '품안에 안긴 모든 것'에 당신의 '뜨거운 입술을 마음대로 맞추어 보려' 해 본 일도 있는지요.

'인간은 얼마나 외로운 것이냐'

그렇지요.

그 넓은 바닷길의 갈매기같이,

당신의 연인은, 또 당신의 말썽꾸러기는

'얼마나 외로운 것'입니까.
이 물음은 어둠이 당신을 찾아 올 때라야 더욱 실감할 수 있습니다.
'황혼'은 이리 끝납니다.

> 내 五月(오월)의 골ㅅ방이 아늑도 하니
> 黃昏아, 來日(내일)도 또 저 - 푸른 커-텐을 걷게 하겠지
> 暗澹(암담)히 사라지긴 시내ㅅ물 소리 같아서
> 한번 식어지면 다시는 돌아 올 줄 모르나 보다

황혼은 가뭇없이 사라지는 시냇물 소리같이 식어 가고 이제, 아까 잠깐 우리가 접어 둔 그 시각입니다.
당신의, 그 멀지 않는 그 뛰어난, 어둠까지 맡을 수 있는 원시적 감각을 두둔해 보십시오.
사람의, 휘황찬란한 문명의 오늘이 오기 전의 그 동물적 조건을요.
그러다가 고독해져도 좋습니다. 이때에 당신의 눈빛은요.
짐승과 고독,
'늑대와 춤을'
영상(映像)의 한 컷 같지 않습니까.
당신도 제 우거(寓居) 초우재처럼, 아니 우리들의 옛날처럼 호롱불을 하나 마련해 보십시오. 그 어둠의 친족(親族)을요.

어지간히 할 일 없네 - 의 빈정거림은 이 시각에는 마땅치 않습니다.
사람 세계의 고운 냄새를 쉽게 맡을 수 있을지

누가 압니까.

草友齋 主人(1999년 2월 16일)

*졸저 '나폴레온 크라식에 빠지다'에서 뽑음

ㅆ ㅋ ㅇㅇㅇ 통신 (16)

# 쓰비쓰비쓰비쓰비

1

입춘(立春) 지나 보름이니 우수(雨水)입니다.
우수절(節)이라니요 그 24절기 중의 하나입니다.
대동강이 풀린다는 절기(節氣).
대동강이 풀리면 어떻게 되지요.
봄이 그만큼 가까이 오기 시작했다는 거지요.
어떻게 가까이 오고 있습니까.

세 번째
그를 만나는 날,
오늘 아침에
보았던 일을 물어야겠다.
햇빛이 긴 겨울잠을 누르면서
찬연한 오는 아침
산길에서 본, 그
반지름 1·2mm의
푸른 잎이, 이제 5mm의 높이로

솟구치는 것을, 저 2·3mm의
뿌리를 땅에, 그 영하 15°
겨울 추위의 흙의 표피에 서린
그 온기에서 어떻게 저리
푸른빛을 봄을 맞이할 수 있는지,
세 번째 만나는 날
그에게
물어보아야겠다.
아,
그가
엔타를 칠 수 있을까.
윈도우 95에서 마우스의 클릭처럼
그리
스스럼없는
그림으로
두들길 수 있을까.
이, 멍한
나에게.

입춘을 지나 우수절에 가까워 오자, 어떤 날은 영하 10도 가까이의 혹한의 날씨가 있지만, 그러나 햇빛 속에 때로 느끼는 봄빛은 어쩔 수 없음을 다들 말하지요. 이제부터 예민할 때입니다. 봄이 오는 길목에서 우리의 모든 감각을 동원해서 부지런해야 합니다. 사는 게, 행복이라는 게 이런 것 아니겠어요. 관념이나 지식에서가 아니라 이런 실제에서이지요. '봄이 왔다'가 아니라, 어떻게 오는가에 대한 관심, 이건 우리의 행복을 얻는 주요 세목(細目)입니다.

꽃등인 양 창 앞에 한 그루 피어 오른
살구꽃 연분홍 그늘 가지 새로
작은 멧새 하나 찾아와 무심히 놀다 가나니.

적막한 겨우내 들녘 끝 어디에서
작은 깃 얽고 다리 오그리고 지내다가
이 보오얀 봄길을 찾아 문안하여 나왔느뇨.

앉았다가 떠난 아름다운 그 자리 가지에 여운 남아
뉘도 모를 한 때를 아쉽게도 한들거리나니
꽃가지 그늘에서 그늘로 이어진 끝없이 작은 길이여.

〈유치환; 춘신(春信)〉

춘신(春信), 봄소식, 그러니까 봄이 오는 소식입니다.

어디서부터 오는지 그 오고 있는 길을 구체적으로 말해 봅시다. 시인은 자기 집 뜰의 살구나무 그늘 가지 새로 날아왔다가 날아가는 멧새의, '꽃가지 그늘에서 그늘로 이어진' 길을 봄이 오는 길로 보고 있지요. 그런데 '끝없이 작은 길'이어서 예민한 감각이나 마음이 아니면 보거나 느낄 수 없습니다. 그러니까 느닷없이 오늘부터 '완연(宛然)한' 봄이다, 이럴 수는 없습니다. 만약 그렇게 보아진다든지 느낀다면 그 '작은 길'의 끝만 보았지 그것이 어디서 시작되어 자기 앞을 지나가고 있는, 즉 멧새의 '앉았다가 떠난 아름다운 그 자리 가지에 여운 남아', '아쉽게도 한들거리'는 순간을 놓친 것이 됩니다. '뉘도 모를 한 때'를 정말로 당신이 몰랐던 것이지요. 한 계절이 처음 우리에게 올 때는 언제나 보일 둥 말 둥, 느꺼질 듯 말 듯 그리 옵니다. 당신이 둔감하면 그 끝없이 이어지는 봄이 오는 작은 길을 보는, 느끼는 그 기쁨, 즐거움, 행복은 누릴 수 없습니다. 그게 바로 가슴 두근거리는 행복입니다. 한 남자와 한 여자 사이에 싹트는 사랑도 그리 작은 길로 오고 그것을 보고 느낄 때 가슴이 두근거리지요.

어떤 분은 '제3연의 제1, 2행의 표현은 섬세하기로 실로 감각의 극치를(에) 이른 느낌이 들게 한다.'(김현승)고 감탄하고 있습니다. 시인은 우리들에게 잘 안 보이는 작은 봄길의 한 길목을 딱 잡아서 증거로 포착해서 이리 선명하게 보인 것이니까요. 역시 예민한 감각이 없으면 그것은 놓치기 십상입니다. 놓치면 우리들 삶에 대단한 손해입니다.

2

입춘 때부터인가요. 우거(寓居) 초우재 앞 울타리 언저리 산자락에서 까치나 꿩이나의 그런 큰 새들 말고, 겨울에 내내 들리지 않던 아주 작은 새들, 멧새들이 서너 마리 때로는 대여섯 마리들이 아주 가볍게 나목들의 가지와 가지로 이어진 끝없이 '작은 길'을 휘파람처럼 왔다가 사라지곤 합니다.

그런데 초우재 주인은 저 새들의 확실한 이름을 모릅니다. 누구에게 묻고 싶어도 그 '작은 길'의 아주 작은 나팔수 같은 그 소리를 내가 흉내낼 수가 없으니, 무어라고 말해야 될지, 요새 답답하기 이를 데 없습니다. 쓰비 쓰비 쓰비 쓰비, 그런 것도 아니고 쯔비 쯔비 쯔비 쯔비, 예민한 금속성으로 고 작은 부리에서 비집고 나오는 듯한, 비파(琵琶) 소리 같나요. 아 그런데 초우재 주인은 비파를 뜯는 소리를 잘 기억하지 못합니다.

기가 차내요. 그러면 무엇을 안다는 것인지, 아니 아는 게 무엇만인지 알 수가 없습니다.

초우재에 살게 되면서, 박물학(博物學)적 지식에 내가 예사로이 너무 굶주리고 왔음을 절감하고 있습니다. 풀이 많아 그것에 벗해서 산다는 뜻으로 초우재(草友齋)라 이름한 것인데, 어릴 때 그리 풀숲에서 자랐는데도 지금껏 알고 있는 풀이름은 몇 안 되니 이게 어찌된 일입니까. 그 세계에서 끝없이 멀어져버린 것, 그야말로 우리가 걱정할 심각한 치매현상입니다.

초우재 주인도 '어떤 잘 알려진 조류학자가 양주군 광릉을 비롯한 전국 각지를 돌아다니며 녹음한 철새 및 텃새의 울음소리를 담고 있'고 '새의 그림과 간단한 해설까지 곁들이고 있'다는 그 카세트를 어떡하든 구해서 돌려 보아야 되겠습니다. 그래서 입춘 즈음부터 봄이 오는 '작은 길'의 소식을 알리던, 다른 사람은 쉽게 아는, 그러나 놀랍게도 초우재 주인만 모를지 몰라서 안타까워하고 있는, 그 새들의 정체를 확인해 보아야겠습니다.

겨울의 무거운 옷을 벗고, 봄빛에 가장 예민한 버드나무 살갗에 물이 오르기 시작하는 우수(雨水)절입니다. 보름 뒤에는 개구리가 어쩐다는 아, 그 경칩(驚蟄)이고요. 이제 곧 '꽃가지 그늘에서 그늘로' 끝없이 이어진 '작은 길'의 끝에 이릅니다.

이래서 세상은 아름답습니다.

雨水節 草友齋 主人(1999년 2월 21일)

# 저 새벽 종소리

1

성불사(成佛寺) 깊은 밤에 그윽한 풍경소리
주승(主僧)은 잠이 들고 객(客)이 홀로 듣는구나
저손아 마자 잠들어 혼자 울게 하여라

이런 사람 - 풍경소리를 홀로 듣는 객(客) - 에겐 새벽 종소리, 범종(梵鐘)이 효과(?)가 있습니다.

댕그렁 울릴제면 또 울릴까 맘 졸이고
끊일젠 또 들릴까 소리나기 기다려서
새도록 풍경소리 더(데)리고 잠못 이뤄 하노라
(이은상; 成佛寺의 밤, 1935)

이 둘째 곡(曲)처럼 잠 못 이루는 사람이기 때문에 들을 수 있으니까요.

아, 그리고 '그윽한 풍경소리'지만 잠 못 이룰 제는 '맘 졸이고', 또 '들리리라' 기다리고 있으니까요.

이들의 새벽에 그 커다란 범종소리가 웁니다.
장엄하게 들리니까요.

2

당신은 범종소리를 그리, 그러니까 마음 졸이는 일로 잠을 못 이루고 전전반측(輾轉反側)하고 있을 때, 아니면 그냥 예사로운 다른 때라도 참 의미 있게 들어 본 일이 있는지요.

이 큰 종, 범종은 하루에 세 번 울린다고 합니다. 아침 예불, 재식(점심 마지), 저녁 예불 때입니다.

서른 세 번씩이나 울립니다. 서른 세 번째의 천상 세계, 하늘의 도솔천을 상징하여 그리 울린다는 것입니다. 그러므로 범종이라 부르는 큰 종을 '하늘의 소리'라고도 말하는 모양입니다.

그런데 나는 재식 때의 한낮에는 들어 본 적이 없습니다.

내 관심이 속사(俗事)에 너무 쏠려 있었거나, 새벽이나 저녁때와는 달리 공기가 들떠 있어 나에게까지 퍼져 오지 않고 빈 하늘로만 바로 올라가 버리는지 - 모르겠습니다.

대찰(大刹) 화엄사(華嚴寺)를 저녁 답에 찾았을 때입니다.

그때 막
저녁 예불(禮佛)
큰 종이 울리고 있었다.

산사(山寺)의 후원(後院)에서
스님 두 분이
빗줄기를
보고 있었다.

섬진강
강길의 질펀한
빗줄기

여인숙(旅人宿)
장독 새의
달빛이 나를
보고 있었다.
(무연(無緣))

후구(後句) 두 연은 화개(花開)마을로 향하던 그날 밤의 쏟아지던 빗길과, 그러자 곧 엉뚱하게도 빛나던, 어느 여숙(旅宿)에서의, 달빛의 빛줄에서였습니다.

스님 눈에 비친 빗발과,

내 눈에 비친 달빛 - 이

유연(有緣)함으로 비친 것은 그때 막 울리던 저녁 예불의 큰 종소리가, 그리고 그 여운이 내내 내 마음 속에서 잔잔한 물결로 퍼져 나가고 있었기에서이겠지요. 그런데도 제(題)하기를 '무연(無緣)'이라 한 것은 그 큰 종소리, 그 소리의 울림은 매사가 유·무로 끊어지지 않는 오묘함의 진제(眞諦)로 들렸기 때문인지 모르겠습니다.

3

요새 나는 행복하게도 새벽 큰 종소리를 들을 때가 있습니다. 네 시 다섯 시 그 즈음입니다. 내가 이리 그 시각을 확실하게 대지 못하는 것은 두 가지 때문입니다. 하나는, 깨어나 들을 때는 종이 처음 울리기 시작하는 때가 아니기 때문이고, 또 하나는 종이 끝나기 전에, 아니면 끝나고 난 뒤 나는 바로 잠들기 때문에 아침에 일어나면 이 일은 꿈속이요, 나는 어느새 무명(無明)의 세계로 돌아와서 이겠지요. 사실 언제 시작하고 언제 끝나는지 한 번도 그 서른세 번을 외워 본 적이 없습니다. 저의 무명은 이리 짙고 어둡습니다.

새벽의 그 종소리는 멀리서 은은히 울려오지만, 사실은 가까운 곳에서 퍼집니다. 초우재 마을의 나직한 언덕길을 넘으면 거의 같은 골짜기다 싶은 산자락의, 이름 있는 사찰(寺刹)에서 타종(打鐘)하는 소리입니다. 틀림없이 그럴 것입니다. 본디 이 절은 고찰(古刹)이었는데 요사채를 제외하고는 대웅전부터 수년 전의 화재로 신축, 중수해서 단청(丹靑)의 고색 창연함이 가셔 지금은 은은함이 줄어졌습니다. 그런데 연당(蓮塘)이며 그 가의 대숲, 그리고 그 근처의 종각(鐘閣)은 예스러움을 그대로 유지하고 있습니다.

이 종각의 큰 종이 울립니다.

새벽에요.

어떤 새벽인 줄 아십니까.

다들 잠자는, 짙은 잠에, 깊은 꿈결에 빠져 있을 때입니다.

아까의 '성불사의 밤'의 객(客) 말고는 다 잠든 시간입니다. 이런 시각에 깨어 있으면 우리 범부(凡夫)들은 대개의 경우, 초저녁이나 낮엔 예사롭던 일이, 갑작스레 커지면서 매우 걱정스러워지기 쉬울 때가 많지요.

요새 새벽에 큰 종소리를 들으면서 나는 그런 걱정에 하나 휩쓸릴 때가 있습니다. 은은한 소리가 더욱 은은해질수록 이 걱정은 더 커집니다.

저 종은 누가 치나, 누가 치고 있나, 앞으로 또 누가 치나 - 때문입니다. 스님이, 행자(行者)가, 사람이 쳐야 할 텐데 - 라는 걱정이 태산 같아집니다. 별 걱정 다 하고 있지요.

이 전자 시대에, 이 리모컨 세상에, 이 기계화 전성시대에 저것만은 예외일 수 있을까 - 라는 불안에서입니다.

아무리 세상이 바뀌어도 저건 교회의 종소리와 함께 신성(神聖)이요, 그래서 불가침(不可侵)입니다. 저 종소리가 신성불가침의 세계라면 그것을 타종(打鐘)하는 세계도 신성불가침의 영역이고요. 신(神)과 성(聖)을 받드는 일을 기계가 해서는 안 됩니다. 전자 머리로도요. 신도 대신할 수 없습니다. 신을 위해서 중생을 위해서 인간이 하는 일이지요.

저 타종을 신성을 떠나 하나의 사람의 행위로 규정하더라도, 저 행위, 새벽에 종을 치는 행위는, 기계와 과학이 대신할 수 없는, 때론 합리(合理)와 이성(理性)과 오성(悟性)마저 침입할 수 없는 인간본연(人間本然)의 꿈의 세계, 그래서 컴퓨터로 조작될 수 없는 예술, 그리고 사랑의 세계가 인간에게 있다는 상징이요, 아니 사람의 타고난 근원(根源), 원질(原質) 그 자체입니다.

내가 이리 흥분하는 것은, 안 쓰러지는 것, 침범되지 않는 세계가 어디 있던가요. 우리의 예상, 상상을 훨씬 뛰어넘고 있기 때문입니다.

어느 스님의 행자일기에서처럼

'새벽 숲을 일깨우는 저 종소리',

'종소리를 멀리 보내기 위해서 종은 더 아파야 한다'*는 저 종성(鐘聲)은, 사람의 세계의, 사람의 손이, 아니 사람의 가슴이 할 수 있는 마지막 보루(堡壘)입니다.

아, 내 얘기가 괜한 흥분이라고 생각되시면, 내일 새벽 저 은은한 종소리를 들어보십시오.

그것이 얼마만큼 우리들 사람다움의 진수(眞髓)인지,

그리고 이리 잔소리만 내내 하고 있지,

저 종소리의 사바(娑婆)세계로 퍼져 나가는 파장(波長)의 물결을,

그것이 우리들 마음속의 끊임없는 골짝에 어떻게 스며 오는지 - 전혀 가늠하지 못하고 있는 저를 이해할 수 있을 것입니다.

草友齋 主人(1999년 2월 24일)

*이문재의 시 '농담'에서의 인용

## 통신 (18)

# 뛰어들고 싶어라

1

개또랑 길섶에서 사랑에 열중할 때는 바로 아래서 흐르는 물이 틈틈이 여울처럼 들릴 때가 있지만, 숨넘어갔을 때는 하늘의 깜박거리기는 별들이 눈에 들어오기도 전에 그때 처음으로 질펀한 무논에서의 개구리들의 울음소리가 요란하게 들립니다. 들리는 것이 아니라 마구 쏟아지면서 쳐들어옵니다. 사랑에 나른한 선머슴애들은 그 소리에 그만 파묻힙니다. 그래서 그들에게 개구리의 울음소리는 그들 사랑의 절정이요, 이제는 지나간 그리움의 모두입니다.

2

여름 날, 설악산의 한계령(寒溪嶺)에서 넘어오다가 홍천(洪川) 벌 어디메선가에서 그 시끄러운 차를 세우고, 하루살이 뒤엉키는 두 줄기 헤드라이트의 불빛을 지우고 그리고 엔진을 끄고 창을 젖혔더니,

아, 과장(誇張)이 아니라 사실로, 폭풍우 날 밀물처럼 마구 쏟아져 들어왔습니다. 개구리 울음소리들이 칠흑의 어둠과 함께요. 바다처럼요.

3

임계에서, '정선 땅 임계(臨溪)에서' 들었습니다.

나는 임계(臨溪)를 임계(臨界)로 기억한다.
해발 육백여의 고지대(高地帶),
그래서 천상계(天上界)에
임(臨)했다는 착각이었을까.

요지는 평당 백오십이 넘는다는
순댓국 아주머니의 순대 솜씨에
취해서 취해서,

친구와 함께
고꾸라져버린

여관집 이층의 창 바깥엔
휘영청 달이 밝아
채소밭에 마늘이
독주(毒酒)처럼 익어 가는데

개구리 소리
아, 개구리 소리
그 울음소리만

천상천하유아독존(天上天下唯我獨存)
천상천하유아독존(天上天下唯我獨存)*
친구의 잠결도
천상계에 임한다.

* 獨尊을 짐짓 獨存으로 쓰다

'천상천하유아독존'의 이 개구리 울음 소리를 (언젠가 한 번 얘기했던 것처럼) 내 친구 안신부(安神父)에게 자랑해서 그 뒤 다시 갔습니다. 우리는 달빛에 마늘 익는 독주에 취했는데 그만 나는 잠들고 신부는 그 개구리 울음소리에 아니 내 코고는 소리에 그만 밀렸을 것입니다. 내 친구 안신부는 그 다음 다음해인가 천상계(天上界)로 갔습니다. 그 정선 땅 임계에 한 번 더 가고 싶은데 그 신부님 생각이 너무 날 것 같아 못 가고 있습니다.

이제 어디서 들을까요.
아,
밀려오는
해일(海溢)같이
밀물같이
밀려오는,

개구리 울음소리는
잘 밀었는데
우리는 엉뚱한

모래밭에 자갈밭에
떠밀려
얹혀버렸습니다.
우리는
그만 좌초(坐礁)되었습니다.

다시 목청을 울려, 밀어 주었으면 좋겠습니다. 출렁일 수 있게요.

나는 그때 개또랑 물에서도 출렁일 수 있었는데, 그 눅눅한 바람 속에서도요. 보리 서리, 그 연기에 물들었는데도요.

4

내 기억의 개구리의 울음소리처럼, 음악도 글도 영화도 연극도 그림, 술, 사랑이, 그리고 당신의 흐뭇한 애기가 우리를 출렁거리게 합니다.

그런데 정치가 - 가 한번도 거기 출렁이는 데에 밀어 올려 준 일은 없습니다. 당신은 있는지 몰라도 제 기억에는 뜨지 않습니다.

그들 때문에 한번도 내 가슴이, 쉽게쉽게 달아오르는 내 가슴이 찡해 본 일이 없습니다.

정치는 언제나 현실이라서인가요.

정치미학(政治美學)이란 건 없나요.

아, 차라리
뛰어들고 싶어라

뛰어들고 싶어라

- 의 그 열기와 분노와 때로는 좌절 속에는

그것이 있었는데, 최루탄의 연발 소리는 자욱한 안개 속에서 개구리 울음처럼 그들을 밀리게 밀게, 그리고 구경하면서 지나가는 우리들에게도 출렁이게 출렁거리게 했는데.

옛날에 중학교 때, 한 체육선생의 얘기 - 재미없었는데, 우리는 추운 바깥에서 뛰기 싫어서 열심히 들으려 했지. 그분은 우리보다 자기 얘기에 언제나 먼저 웃었다. 우리는 우습지 않았으나 그게 우스워 우리도 따라 함께 웃었다.

처럼,

대통령이 야당당수의 인격에 탄복했다든지,

야당 총재가 대통령의 무엇에 반했다 - 든지,

아, 이런 우스운 소리가 있어도 이제 우리는 재미를 잃었지만, 그래서 그게 우스워서 - 라도 우리는 짐짓 흔들리는 체하면서 크게 웃을 텐데, 그런 출렁거림이 없습니다.

5

나는 마지막 지하철을 타면서 전동차 실내의 흔들리는 빈손의 잡이를 보면서, 우리들 어디론가의 돌아감의 출렁거림에 나도 흔들렸는데, 요새는 그 손잡이마저 모두 딱 고정시켜버려서 그것도 나도 흔들리지 않습니다. 그래서 막차를 타는, 그리고 그것을 바라보는, 또 내가 출렁이는 재미를 잃었습니다.

미안하지만

방자야,

그네를 밀어라
춘향이가 출렁거리게.

개구리가 어떻게 한다는 驚蟄 즈음  草雨齋 主人(1999년 2월 25일)

## [illegible] 통신 (19)

# 여치가 스치네

1

그애네가 이사를 한다기에 거들까 해서 가 보았더니, 이삿짐센터의 일꾼들이 척척 잘들 하고 있었습니다. 할 일이 없어 차 속에 들어가서 그들의 손놀림처럼 나도 이것 저것 뒤직이는데, 어떤 팜플렛의 뒷표지 여백에 이런 낙서가 있어 의외였습니다. 메모 된 날짜로 보아 2년 전의 끄적거림입니다.

그애네 집의
아파트에 와서
그애가 없어
밤뜰에 서성이면서
고층(高層)의 높이를
불빛 창(窓)을 별 헤아리듯
헤아리며
헤아리는데

지하(地下)로 내려가는
지상(地上)으로 올라오는

차들의 가슴을 위해서
수평선 넘나드는
뱃고등 소리
부우자가 운다.

그 사이사이
웬 여치 한 마리가
스치네
시계를 찬 내
팔목에서

겨울 밤
수심에 찬
어머니가
무우 써는
소리
여치가
스치네.

(여치가 스치네)

그러니까 근처 어디 갔다가 귀로에 그냥 들렀더니 문이 잠겨 있어 아파트 뜰에서 그애 방에 불이 켜질 때까지 서성이었던 모양입니다.

주민들이 지하실 주차장을 이용할 때, 사고를 없앨 양으로 설치했을 부우자의 신호 소리는 외진 마을에서 온 나에게 낯설게 들렸던 기억이 어렴풋이 납니다.

그런데, 이 부우자 소리로 바닷가에서 흔하게 들을 수 있는 뱃고동 소리를 연상하는 것은 그럴 수 있으나, 여치 소리, 아니 '여치 스치는' 소리는 참 이상하지 않습니까. 이 대단지 아파트 밀집지대에서요. 그래서 내 딴엔 자세히 읽어 보니까,

시계를 찬 내
팔목에서

입니다. 손목에서인가요.

그러니까 시계의 초침 움직이는 소리가 진공 공간 같은 차 속이어서 들리고, 이에서 여치소리가 떠올랐는데 '예민히' 들어야 들리기에, 또 바늘의, 멈칫멈칫 조용조용한 움직임도 그렇고 해서 '여치가 스치네'로 했던 모양이지요. 그리고 서리 서린 짚단에 덮인 움막의 속 깊이에서 무를 끄집어 내어 우리들 꼬맹이들이 자는 머리맡에서 어머니가 썰던 겨울밤의 정경이 떠오르고요.

## 2

'옥수수밭은 일대(一大) 관병식(觀兵式)입니다. 바람이 불면 갑주(甲胄) 부딪치는 소리가 우수수 납니다.'로 착각(?)한 이상(李箱)은 같은 글 '산촌여정(山村餘情)'에서 다음과 같이 또 재미나는 연상(聯想)을 하고 있습니다.

> 객주집 방에는 석유 등잔을 켜 놓습니다. 그 도회지의 석간(夕刊)과도 같은 그윽한 냄새가 소년시대의 꿈을 부릅니다. 정(鄭)형! 그런 석유 등잔 밑에서 밤이 이슥하도록 '호까' - 연초갑지(煙草匣紙) - 붙이던 생각이 납니다. 베짱이가 한 마리 등잔에 올라 앉아서 그 연두빛 색채로 혼곤한 내 꿈에 마치 영어 '티'자를 쓰고 건너 긋듯이, 유다른 기억에다는 군데군데 언더라인을 하여

놓습니다. 슬퍼하는 것처럼 고개를 숙이고 도회의 여차장이 차표 찍는 소리 같은 그 성악(聲樂)을 가만히 듣습니다. 그러면 그것이 또 이발소 가위 소리와도 같아집니다. 나는 눈까지 감고 가만히 또 자세히 들어봅니다.

베짱이의 노래가 '도회의 여차장이 차표 찍는 소리', 우리 세대 사람들도 거의 졸면서 들었던 기억의 '이발소 가위 소리'로 떠오르는 것은 참 우리도 언더라인을 치고 싶을 만큼의 놀라운 대목입니다. 1930년대 그의 상상입니다.

여름날 도회의 골목마다에 팔려 다니면서 밀짚 우리 속에서 '찍찌르르 찌르릉' 운다는, 여치의 울음을 들으면서 '은은한 시냇물 소리'에 젖는 착각(?)에 사로잡히는 시인도 있습니다.

연상(聯想), 상상(想像)은 이리 재미있고, 이로 해서 사람은 때때로 행복합니다. 착각(錯覺)이 주는 행복인가요.

3

바닷가에 가면, 더욱 아침 파지장(波止場) 근처의 부둣가에 가면, 갈매기들의 물차며 떠드는 소리, 뱃고동 소리, 그리고 닻을 올리는 발동선(發動船)의 요란한 기관(機關) 소리 - 들은, 도시와 같은 타지에서 온 사람들의 귀에는, 참 그야말로 '신선한 충격'에 값하고도 남습니다.

J라는 친구, 이런 바닷가 소도시로 지난 가을 수구초심(首邱初心) 남향(南向)했습니다. 고깃마리 사들고 자전거 끌고 오는, 그의 아침마다를 상상하며 저는 요새 그를 부러워하고 있는데 부러워하는 것만으로도 설레지는 느낌입니다.

이제는 어느새 먼 옛날처럼 되어버렸습니다만, 제가 어느 곳의 직장에 있을 때의 일입니다. 이른바 연구실이라는 방에서 연구라는 건 게을리 하면서 어떤 착각에 열심히 사로잡힌 나날이 있었습니다.

하나는, 플라스틱 용기(容器)로 된 커피보틀에서, 한참 물이 끓을 때 나는 소리에서 들리는 착각, 아니 환청(幻聽)입니다. 이 소리에 반한 옆방 한 친구는 그런 걸 구하려 저에게 그 구매처를 여러 번 묻곤 했습니다. 그 한 소리는 코고는 소리입니다. 이 소리 때문에 나는 옛날의 내 아버지를 많이 떠올렸습니다. 대청마루 끝에 앉아서 듣던, 활짝 열린 방안에서 울리던 그 소리의 기억 때문입니다. 틈이 많은 마루판의 골을 타고 오는 그 파장(波長)은 내 엉덩이의 살갗에까지도 밀려 왔던 그 '대단한' 기억들의 소생입니다. 그러나 이 환청은 다분히 내 개인적인 사사(些事)에 속해서 다른 사람이 그리 반할(?) 만한 것이 못되지만, 사실 이보다 그 소리가 매우 환상적인 것은, 바닷가에서 듣는 파도 쳐오는 소리, 그리고 밀려가는 파도 소리입니다. 어떨 때는 그 용유도(龍游島)에서, 지금처럼 국제공항 신설 공사로 시끄러워지기 전의, 겨울밤 그 바닷가에서 들었던, 섬을 온통 삼킬 것 같은 대단한 파도 소리에 너무 외로워져 새벽 동이 트자 보따리를 싸들고 허겁지겁 섬을 떴던 기억의, 밀려오던 해조음(海潮音)의 그 위용도 들을 수 있었고요. 그런가 하면 내가 어릴 때 낙동강 하류 쪽의 강가에서 하루 종일 갈밭의 게들과 놀던 모래밭에 스미듯 왔다간 되돌아가던 그 잔잔한 물결 소리도 들을 수 있었습니다. 이런 여러 가지 소리의 환청이 가능한 것은, 그런 변화가 따뜻함(warm)과 뜨거움(boil)의 이쪽저쪽을 오가는 조절잡이가 놓이는 위치와 끓고 있는 물의 양(量)에 따랐기 때문입니다. 이 신기의 커피보틀은 지금도 소유하고 있지만 이 초우재에 와서는 아직 한 번도 그 환청 기회를 재가동하고 있지 않습니다. 산언저리에서 온갖 벌레 우는 소리, 새소리들에 빠지느라 미쳐 바닷가에까지 마음이 못 가고 있기 때문인지 모르겠습니다.

다른 하나는 통통배, 발동선의 기관 소리의 환청입니다. 더욱이 이 소리는 내가 강의에 지쳐 이 방에 돌아왔을 때, 또 내 이 직업이 따분하다는 생각에 빠질 때, 머얼리서, 그러나 느닷없이 들려 오는 것입니다. 내 고향 삼각주(三角洲)의 벌판에는 큰 강 못잖은 넓이의 샛강이 몇 줄기 흐릅니다. 이쪽저쪽 기슭의 우거진 갈대 숲이 강심(江心)의 흐름을 에워싸고 있는데, 아침 일찍, 때로는 어둑어둑해 오는 밤의 시작 시간에 빈 하늘에 통통 방아 찧는 소리 - 의 발동선이 방음림(防音林)처럼 우거진 갈숲의 키를 훨씬 뛰어넘으면서 우리들의 관심을 사로잡곤 했지요. 그런데 바다나 강과는 전혀 상관없는 이 곳에 이 소리가 들리는 것입니다.

그러나 연구실에서 듣는 이 통통배의 기관소리는 알고 보면 근처 대형건축 공사장의 지하, 지벽(地壁) 쇠말뚝 박는 발동기의 소리입니다. 이건 환청이 아니라, 착시(錯視)가 있듯 착청(錯聽)인가요.

그러나, 이리 착청의 근원을 알고난 뒤에도 여전히 내 귀에는 그것이, 그러니까 공사장에서 들려 오는 그 소음이 향수를 자아내는 것입니다.

4

지난 주말에 남해안의 통영(統營)에 갔다왔습니다. 우리 일행의 고정 여행길대로, 남원쪽에서 인월, 달궁을 거쳐 지리산을 횡단하여 구례에 이르러서는 섬진강 따라 화개, 하동으로의 지리산 남쪽자락을 돌아 산청 함양으로 북향해 오는 상례에서 벗어나서 더욱 남향한 것은 동행 중의 한 사람이 윤이상(尹伊桑)이 그리도 향수에 젖었다는 그의 고향의 바다가 보고 싶다기에 그리고 나는 바닷가에 가면 흔하게 통통배의 소리를 들을 수 있을 것 같애서였습니다.

그 바다에 이르자 아름다운 바다 경관에 다들 취했는데, 내 귀에는 윤이상의 어린, 그리고 젊은 날 그 즈음에 들었을 그 소리는 들리지 않고, 배들은 잔잔한 바다 위를 쉽게쉽게 오가고 있었습니다.

귀로(歸路)는 사천에서 함양으로 달리는 새 고속도로였는데 잔설(殘雪)을 이고 있는 지리산의 위용(偉容)이 서쪽 하늘에서 내내 우리와 함께 했습니다.

그러나 콘크리트 포장을 거침없이 스치며 달리는 자동차의 바퀴 구르는 소리는 환청, 착청을 좋아하는 나에게 아직 아무런 꿈을 주지는 못했습니다.

草友齋 主人(1999년 3월 2일)

## 통신 (20)

# 움메, 그 긴 울음소리

1

친구여, 요새 홍분할 일이 없나요.

물론 화났을, 또는 기분 나빴을 경우에서가 아니고, 기분 좋은 그리고 신나서 그리 될 때 말입니다.

우리가 무엇을 어떻게 하면 어떻게 될 것이다 - 라는 기대를 갖습니다. 세상 일은 그 기대치에 이르게 채워 주지 못할 경우가 항다반(恒茶飯)이지만 그러나 어떨 때에는, 그러니까 전혀 또는 별로 기대하지 않았는데 엉뚱하게 좋은 결과나, 그 이상의 그야말로 홍분을 부를 만큼 우리의 기분이나 느낌을 솟구치게 하는, 기대 반이 아니라 기대 배를 얻는 수가 있습니다.

이 나이 되어 심심해지기 쉬운 친구여,

혹시 좋은 연극을 보고, 아니면 영화를 보고, 그것도 아니면 만에 하나 누가 엄청(?)난 공짜의 돈을 갖다 주어서 홍분한 일은 없나요, 요새. 공짜의 돈은 경계해야 하지만, 아이고 세상에 절대로 대가성 없는 순수 공짜란 건, 받는 우리가 양심이 있는 한은 있을 수 없으니까요. 이 나이에 그런 부담 속에 놓인다는 건 피하는 게 상수이지요.

이 나이 되어 - 라고 내가 나이를 잘못 들먹거리는 것 같지요. 이 나이, 골든

이요 실버인데, 얼마나 아름답습니까. 저 노인, 헤밍웨이의 '노인과 바다'에서의 그도 좋고요. 세월에 패인 그 주름살 골짝의 얼굴을. 사실 젊은이의 얼굴은 젊다는 매력 외엔 아무것도 없지 않습니까.

이 나이 되어 심심하면, 우리의 얼굴이 싱거워집니다. 다만 심술만은 제외하고는 다양한 표정을 가져야 이 나이의 얼굴도 살아날 수가 있습니다.

내가 무엇을 가지면 행복해 질 것이다.

무엇을요.

계산대로 안 되니, 일단은 기대하지 말아야, 어쩌면 만의 하나인 그 예외를 누릴 수 있을지 모릅니다.

내가 친구인 당신에게 이리 편지질을 하게 된 시발이 그 고물 자전거가 초우재 뜰에 입성한 일로 해서라고 앞에서 얘기한 바 있지요. 그 헌 것이, 그리 나에게 비록 가벼우나 그리고 잔잔했으나 흥분을 줄 것이라는 기대는커녕 곧 뒤따를 고물 내지 폐물 치다꺼리에 시달릴 것이라는 기대(?)와는 전혀 반대로 나의 아침을 새롭게 열어 준 것입니다. 다시 말하거니와 그 헌, 누가 거리에 버린 고물 자전거가요.

그런데 그것이 열어 준 새로운 나날들은 또 엉뚱하게도 이리 초우재 통신의 시발을 갖게 했으니, 어떤 일은 어떤 일을 낳고, 잘 하면 일련의 기대반의 연속은 기대배의 연속으로 치달을 수도 있습니다. 이 나이에 가벼운 흥분들을 말입니다.

## 2

무엇 한다면 무엇이 올 것인가. 안 올 것인가. 이것부터 이 나이의 우리를 흥분케 합니다.

초우재 마당에 소가, 아니 송아지가 한 마리 있었으면, 이건 내가 초우재 뜰에 오기 전부터 갖고 있었던 오래된 꿈입니다. 서울을 떠났으면 이는 이루어졌을 것입니다.

초우재 근처의 산에 가면 으레 만나는 여름날의 그 싱싱한 잡초 더미의 길섶, 그리고 그것이 건초(乾草)로 시드는 가을날 이후의 양지바른 산비탈 - 을 보면서 내내 그런 생각에 사로잡히는 것입니다. 이 좋은 먹이들을 그냥 썩히다니, 아 나에게 소가, 아니 송아지가 한 마리 있었으면.

그러니까 저 풀들을 잘 드는 낫으로 쓱싹 베어서, 그리고 늦여름부터 베어 넘긴 잡초들을 말리면서 건초 더미를 그 우리 집 소에게 먹이면 얼마나 좋으랴 - 라는 것입니다. 그 풀들이 아까워서 이리 내 꿈이 시작되지만, 그래서 어쩌겠다는 것이죠.

그 울음소리를 듣고 싶은 것입니다.

이 시끄러운 도시의, 자동차, 공장, 잡소리마냥의 소음에 아랑곳하지 않는, 그 긴 순수 자연성(自然聲)을 울릴 것입니다. 긴 여운을 이 산자락에 깔면서, 끌면서요.

그러면 이 나이의 나는 대번에 그와 더불었던 어린 날로 돌아갈 것입니다. 이쯤 되면 친구인 당신도 잊을 것입니다.

아니면 소꿉장난의 어린 날로 함께 춤출 수 있을지도요.

친구인 당신도 어린 날 소에게 풀을 뜯겨 본 일이 있나요.

개울 둑 같은 언덕배기에서 좋은 풀을 만나면, 아니 그냥 풀을 만나면 얼마나 우리 집 소는 신나게, 그리고 끊임없이 꾸준히 잘 뜯어먹습니까.

아, 그런데 하루는 우리 집 소가 그 풀밭에서 여름날 오후의 여느 때 전혀 그렇질 않는 것입니다.

내가 소 곁에서 읽고 있던 소설 '청춘극장'의 그 감동적인 고비의 갈피를 덮고는 소 고삐를 잡고는 어떻게 한 줄 아십니까.

일단은 처박은 것입니다. 그의 입이 비록 풀을 뜯지는 않더라도 그것에서 꼼짝도 못하게요. 그러나 그 놈은 내 눈이 다시 그 소설의 그 장면으로 돌아가는가 하면 그만 입을 풀 속에서 떼는 것입니다. 그와 내가 그러기를 몇 번 하다가 끝내에는 내 감정이 어디까지 치받았는지요. 그 넓적하고 긴 그의 볼에 고삐를 한없이 휘두르는 것입니다.

나는 초우재 마당에서 그에게 이리 물을 것입니다.

그 때 네 그 커다란 눈에 왜 그리 눈물이 많았냐고요.

그런데도 나는 네 입이 달린 머리를 풀 속에 억지로 다시 파묻게 하고는 네 옆에서 씩씩거렸지. 아, 그런데 그때 그 벌판의 저 서녘 끝에서 노을과 함께 돌아오던 다른 소의 긴 울음소리가 멋쩍고 어색해진 우리들 사이를 가로질렀지. 그러자 그만 네가 어떻게 했지. 네 고개를 높이 쳐들고는 나까진 건 안중에 없는 것처럼

'움메',

그리 길게 그 울음에 화답(和答)했지.

너의 둘이, 그러니까 소들끼리 주고받은 그 울음의 의미가 무엇이었는지, 너에게 물을 거야.

나는 그 뒤 더 자라면서 그걸, 나는 사람으로 너는 짐승으로 태어나기 전에 있었을 우리들 생(生)의 본향(本鄕)에 대한 짙은 향수의 아우성일거라고 제법 내 딴에 지껄였는데,

그게 맞니 - 라고 물을 수 있을 텐데 말이야.

아니, 그보다 먼저 물어야 할 것이 있지.

왜 그때 풀을 안 뜯었지.

나는 네 배가 불룩하게 되어 집에 돌아가면 어른들로부터 칭찬받는 기쁨 외는 아무것도 그때 눈에 안 보였다 말이야. 이리 내 어리석음을 이야기할 수 있을 거야.

초우재 앞마당에서 그 향그러운 냄새 건초를 너에게 주면서.

너에게 물을 것이 또 있구나.

네 목에 달린 방울 소리 말이야. 네가 마구간에서 겨울날 일이 없어 한가한 날, 조을다시피 어쩌다가 긴 숨소리 끝에 잊은 듯 들리던 그 소리를 네가 들으면서, 불교에서 말하는 심우(尋牛)라, 어렴풋한 풍경(風磬)이었니.

여물을 먹고 난 뒤의 그 긴 새김질, 긴 오후의 반추(反芻), 눈을 감았다 떴다 하는 여유는 어디서 오지.

그러나 너는 여전히 말이 없구나.

이리 송아지와 나는 투르게네프의 산문시 '개'에서처럼, 초우재 뜰에서 서로의 마음이 오갈 것입니다.

3

내가 아무리 한 마리 송아지에 대한 열망으로 흥분하더라도, 도심 가까이의 이 초우재 뜰에서는 불가능한 일로 못박혀 있을 것입니다. 서울의 내곡동에 가면 소, 돼지, 양들의 축산 마을이 있지만 그곳은 이름 그대로 내곡(內谷)이어서 그게 가능한지 모르겠으나, 배설물 처리의 어려움 때문에 내 기이한 이 발상은 행정당국의 접수처에서부터 웃음거리가 될 것이고 더욱이나 그 이유들, 뒷산의 풀들이 아깝다든지 소의 그 긴 울음소리를 듣고 싶어서라든지 - 는 '할 일 없는 사람'의 정신이상으로 지탄받고도 남겠지요.

그리고 이웃에선 배설물 냄새를 감당키 어려워 아우성일 것입니다. 우리들에게 소똥 냄새가 역겨워진 것은 어느새 오래되었지요. 어릴 땐 마른 그것에 불붙여서 정월 대보름날의 달맞이 축제에 휩싸였는데도, 그리고 라다크 등지에서는 유일한 취사 연료 감이라던데요.

인간의 그것엔
고약한 냄새
그 먼 저편에는
죽음이,
존 버거는 그리고 말했지,
쇠똥이나 말똥은
발효하는 밀 냄새를
풍기면서
그 아득한 저편에는
건초와 풀이 있다네.

말라 가는 풀 냄새,
그 아득한 저편엔
고향이 있고
죽음마저 향그러워지는
그 풀 내음의
가을 앞에
우리가

선다.

(졸작 '아득한 저편에는'의 첫 연과 마지막 연)

프랑스 남부 알프스 계곡의 산촌에서 농사를 지으며 살고 있는 영국 출신의 시인인 존 버거(John Berger)의 수필 '똥 한 점'의 내용에서 얻은 시상(詩想)에서 이리 적어 본 것입니다.

나는 뒷산 그 흔한 마른풀을 보면서 해마다 그맘때쯤이면 안달이 납니다. 나에게 그 냄새는 신비의 약 이상이어서요.

마른 풀, 말라 가는 풀을
맡아 보았는가.

신발을 벗고 맨발로 맨살로
흙을 밟아 보았는가.
가슴이 죄어 오는 새벽
마른 풀 냄새를 생각한다.
시린 흙발을 생각한다.

(졸작; 새벽에)

내 이럴 수밖에 없네요.
그래서 소 울음소리는 나에겐 영원한 그리움이 되어 가고 있습니다.
해질 녘, 긴 여운을
고향 벌판에 깔면서, 끌면서 - 의,

그 순수 자연성(自然聲)이
말입니다.
내 이 그리움이 믿기지 않으시면
풀밭에서 놀던 친구들이여,

말라 가는 풀 내음을 맡아 보시지요.
이 나이에요.

草友齋 主人(1999년 3월 5일)

## 통신 (21)

# 신발이 젖었으니

1

> 육상(陸上)으로 수천 리를 돌아온 시절의 선물, 송이의 향기가 한꺼번에 가을을 실어왔다. 보낸 이의 마음씨를 갸륵히 여기고, 먼 강산(江山)의 시절을 그리워하면서, 나는 새삼스럽게 눈앞의 가을에 눈을 옮긴다.

이효석의 수필 '청포도의 사상'의 첫머리입니다. 이 대목이 떠오를 때가 가끔 있습니다. 멀리 있는 이로부터 선물, 특히 계절과 관계 있는 농어산물을 받고는 너무 고마웠을 때입니다. 어촌 가까이에 가 있던 제자가 얼마간의 멸치를 몇 년 전 가을에 보내왔을 때도 그랬고, 미국에 있는 남자 제자가 지난 설날 즈음 배 한 상자를, 물론 이럴 경우는 그곳 것이 아니고 한국의 산품을 보내왔지만 역시 그러했습니다.

그런데 며칠 전의 정월 대보름날에는 여러 콩이며 호두, 잣 등의 부럼이, 기가 차게도 민속풍(民俗風)이 역풍(逆風)을 만난 듯이 서양나라에서 이 한국의 저한테 국제우편으로 보내왔을 때도 역시 이 글이 떠올랐습니다. 수십년 전에 시작한 사제의 연(緣)이니 지금쯤 쉰을 넘어선, 미국에 오래 살고 있는 우경(雨逕)이라는 이름의 여자 제자에게서입니다. 우경은 중고등학교 다닐 때 배운 학생입니다.

졸업 후 곧 미국을 갔으니, 오랫동안 한 번도 못 보다가 한 5·6년 전엔가 있었던 졸업 30주년 기념행사, 이른바 홈커밍데이 때 반가이 만났습니다. 그러고 재작년엔가 다시 한국에 다니러왔을 때 서넛의 동창 친구들과 함께 고맙게도 내 누옥(陋屋)을 찾아 주었는데 이 때 조금 잊을 수 없는 일이 하나 생겼습니다. 우거(寓居) 초우재(草友齋)에서 옛날 얘기에 정신없이 젖어 있을 동안에 바깥에서는 이들의 신들이 어느새 뿌리기 시작한 봄비에 흠뻑 젖어버린 것입니다. 내 고무신과 함께 숙녀화 속에 물이 흥건할 정도로요. 초우재의 신발 벗는 축담은 한데여서 그럴 수밖에 없으나 커다란 창을 통해서 바깥이 훤히 들어와 있었고 또 그 예민한 지붕에서 빗소리의 연주가 있었을 텐데…. 보다도 세상에 아직 이렇게 살아가는 집채가 있다니! 그러나 우경은 이 일을 고향에서 있었던 어린 날의 옛 기억처럼 뒷날의 편지들에서 말하곤 했으니, 다행인가요.

2

이효석의 수필에서 말한 선물은 '육상으로 수천 리를 돌아온' 것인데 내가 지난 보름날 받은 것은 수만 리의 바다를 건너 왔습니다. 항공편이 아니고 '바다편'이었으니요. 그래서 이 선물에 대한 감회는 더 짙습니다. 우선 보낸 이의 갸륵한 마음이 벌써 달여 전에서부터 계속해 왔다는 느낌도 들고, 비행기의 하늘 높이로 쉽게 그냥 날아왔다는 상상은 그 이상의 다른 추측을 낳게 하지 않는데, 내내 바다로 오다니, 그 파도와 창공만 보이는 광활한 바다, 수평선, 갈매기와의 동행? 바다 물의 짠 냄새, 하늘의 구름, 선원들의 짙고 거친 대화, 이에 못지 않을 그들의 고독, 아니 권태 같은 것 … 이와 더분 화물 공간의 적막, 그 적막을 깨뜨리는 해조음(海潮音), 그리고 미국의 항구에서와 한국의 어느 부두에서의 하역(荷

役), 낯선 땅에서의 햇빛 … 등등 많은 것을 상상케 하고도 남음이 있으니까요.

그래서, 보낸 이에게 이 선물이 어느 항구에서 떴으며 어느 해상으로 얼마나 긴 날을 어떤 색조의 화물선에 실려 우리 나라의 어느 항구에 닿아서 내 손에 왔는지 궁금해 하고 싶으나, 참습니다. 내 짓이 우습기도 하지만 그러다간 그애(?)는 이를 나에게 알리기 위해서 본격적인 작업을 벌일 것이기 때문입니다.

나는 미국이 너무 광활해서 아는 이로부터의 편지나 직접 얘기를 통해 그들의 사는 도시나 지역을 들어도 도대체 감이 잡히지 않습니다. 이럴 경우 우리는 아는 이를 제대로 알지 못하지요. 옛날에는 친구를 기억해도 그 친구가 사는 마을, 골목, 그 집의 돌담, 대청마루의 넓이, 그 아래에서 서성대던 강아지의 눈빛, 그리고 그 친구의 방이며 부모님의 인자함 -등에 이르기까지 떠올리는 것입니다. 제자에게 이런 생각까지 말할 수는 없고 해서 네가 사는 곳이 미국의 동서남북 어디쯤인지 궁금하다고 했더니, 그녀는 놀랍게도 다섯 개의 지도와 하나의 약도까지 보내 왔습니다. 그리고 그것들에는 보는 순서 #1로부터 #6에 이르는 표시가 있었고요. 미국 전도(全圖)로 시작해서 남서부 주들(Southwestern States), 캘리포니아주, 한 국제공항으로부터 자기 동네에 이르는 70마일의 고속도로, 그리고 '캘리포니아주 안에 많은 county가 있는데 제가 있는 곳이 Orange county입니다. 그 안에 또 많은 위성도시들이 있는데 그 중에서 제가 사는 곳은 여기입니다'라는 안내와 함께 Orange county의 지도, 마지막으로는 고속도로에서 빠져 나와서 자기 집에 이르게 되는 약도였는데 이에는 교통신호등, 가까이의 산들, 길거리의 과일 가게까지 나타나 있었습니다.

나는 이렇게까지의 안내를 생각지 않았는데, 그래서 미안했는데, 그러나 그때서야 어느 중고등학교에서 가르쳤던 한 학생의, 30여년 넘어서의 오늘의 삶이 구체적인 모습으로 다가오기 시작하는 것입니다.

사람과 사람의 관계가 이러해야 한다고 나는 늘 생각하는데, 이러면 귀찮고 복잡합니까. 아니면 다른 이들은 대번에 그런 구체성을 쉬이 연상하는데 내가 지리적 감각에 아둔해서입니까. 찾아가기 위한 것도 아니면서 왜 그 많은 길목들을 요구하느냐-입니까.

아참, 내가 처음에 이 사실을 먼저 밝혀야 되는데 잊었네요. 나는 이 나이가 될 때까지 아직 한 번도 미국 땅을 밟지 못했습니다. 그러니 다른 사람들은 쉬이 떠오르는 미국 서부지역의 동서남북 방향감각도 나에게는 제대로 없지요.

3

우경이 보낸 정월 대보름의 부럼, 그 굵은 땅콩을 비롯해서 호두, 잣, 또 무슨 콩들을 먹으면서, 달나라에도 미국 성조기가 계수나무 가지에서 펄럭거리고 부럼도 이 미제를 먹으면서 … 나는 무엇을 꿈꾸어야 하는지 한참 생각합니다.

얼마 전의 어느 신문의 '파워우먼'이라는 고정란에 '영(英)언론 그룹 호령하는 영귀재'라는 제목에 마저리 스카디노라는, 영국이 자랑하는 언론제국 피어슨 그룹의 회장에 대한 얘기가 나와 있었습니다. 그것의 한 부분이 떠오르네요. 그녀는 '미국 남부 텍사스주(州) 출신. 뜨거운 햇볕과 광활한 땅, 거칠고 투박한 카우보이로 유명한 고향 땅에서 새우잡이와 로데오 경기를 즐기며 자라난 말괄량이였다'라는 대목입니다.

나는 한 번도 가 본 적이 없어 잘 모르는 미국의 넓디넓은 땅에서 자랐을, 내 제자가 보낸 정월 대보름의 부럼을 까먹으면서, 산비탈의 다랑이 논두렁에서 여름과 가을의 그 쨍쨍한 햇볕을 받아 영글어 가던 우리 옛날 콩들에 이들을 비교하면서, 또 스카디노여사가 어린 날과 젊은 날에 뛰어 놀던 구체적인 미대륙을 떠올리려 애쓰면서 여러 생각에 젖습니다.

당신도 대보름날 미제 부럼을 잡수어 보았는지요.
해상(海上)으로 수만 리를 돌아온 시절의 선물을요.

草友齋 主人(1999년 3월 11일)

## 통신 (22)

# 별 볼일 없는 별 보는 이

1

제자 우경의 부군(夫君)은 미서부 어느 대학의, 한국인 교수라고 합니다. 그런데 이분은 우경의 표현을 빌리면 재미나게도 '별 볼일 없는 별 보는 이'입니다. 별 볼일 없다는 건 한국적 겸사(謙辭)에서이고, '별 보는 이'란, 놀랍게도, 어릴 때 나 같은 시골 소년들이 한 번쯤은 꿈꾸었을 법한 천문학자(天文學者)라는 것입니다. 별을 열심히 헤아리다가 보면 '별헤는 밤'을 쓴 윤동주처럼 시인도 되고 또 내 제자의 그분처럼 망원경을 밤마다 하늘에다 갖다대는 전문가가 되는 모양이지요.

얼마 전에 한국신문을 읽다가 21세기에 남을 한국의 시 10편 중에 백석(白石, 1912 - ?)의 '남신의주 유동 박시봉방'이란 시가 있는 것을 보고 읽고 싶어졌어요.

ㅇㅎ선생(자기 부군)이 남신의주(南新義州) 유동(柳洞) 출신인데 그 사람 말에 의하면, 유동이 갈라져서 유상동(柳上洞) 유하동(柳下洞)으로 되었다고 하더군요.

우경이 정초에 보낸 편지의 한 사연입니다. 백석의 시에 붙은 재미나는 제목의 '박시봉방(朴時逢方)'이란, 시 속의 주인공 '나'가 박시봉이라는 어느 목수네 집에 '삳을 붙이었다'는 뜻이지요. 48년에 발표된 이 시는 부모처자와 헤어지고 집을 잃은 '나'가 바람 센 쓸쓸한 거리에서 헤매다가 이 집의 '헌 삳을 깐, 한 방'에 들어서 '디롱배기에 북덕불이라도 담겨 오면, 이것을 안고 손을 쬐며 재 우에 뜻없이 글자를 쓰기도 하며' 낮이나 밤이나 슬픔과 어리석음에 빠지다가, 나중에는 '내 뜻이며 힘으로 나를 이끌어 가는 것이 힘든 일인 것을 생각하고, 이것들보다 더 크고, 높은 것이 있어서, 나를 마음대로 굴려 가는 것을 생각하'게 되지요.

> 이렇게 하여 여러 날이 지나는 동안에,
> 내 어지러운 마음에는 슬픔이며, 한탄이며, 가라앉을 것은 차츰 앙금이 되어 가라앉고,
> 외로운 생각만이 드는 때쯤 해서는,
> 더러 나줏손에 쌀랑쌀랑 싸락눈이 와서 문창을 치기도 하는 때도 있는데,
> 나는 이런 저녁에는 화로를 더욱 다가 끼며, 무릎을 꿇어 보며
> 어니 먼 산 뒷옆에 바우 섶에 따로 외로이 서서,
> 어두어 오는데 하이야니 눈을 맞을, 그 마른 잎새에는,
> 쌀랑쌀랑 소리도 나며 눈을 맞을,
> 그 드물다는 굳고 정한 갈매나무라는 나무를 생각하는 것이었다.

한국적 '페시미즘의 절창(絶唱)'으로 '한국 최상의 시의 하나'라고 평가받기도 한 이 시를 재미(在美) 제자에게 보내기 위해 타이핑하면서, 이 시의 배경, 아니 무대인 남신의주 유동의 출신이라는 그, 그러니까 천문학자의 고향을 자꾸 상상했습니다. 이분이 옆에 있으면 '헌 삳'에서 삳이란 우리 남쪽 지방에서 말하는 갈

대로 엮은 '삿자리'인가요, 로부터 '디롱배기에 북덕불이라도 담겨 오면'에서 북덕불이란 '짚이나 풀의 뭉텅이'라는 뜻의 '북데기'에 붙인 불일 거라는 짐작은 가나, '디롱배기(딜옹배기)'란 '아주 작은 자배기'라고 하는데 맞는지, '쌀랑쌀랑 싸락눈'이 나리는 '나줏손'이란 그 곳의 언덕 이름인가 했는데 '저녁 무렵'이라면서요, 그리고 '그 드물다는 굳고 정한 갈매나무라는 나무'를 본 일이, 그 나무 가지 사이로 별을 쳐다본 일이 있는지요, 이리 여러 가지를 물었을 텐데 - 를 생각했습니다.

## 2

1936년에 나온 백석의 시집 '사슴'에 수록된 33편의 시의 무대는 내내 문명과는 등진 어느 산골인데 그곳의 민속, 무속, 식생활 등이 자세히(?) 등장합니다.

> 그곳에서는 아이가 태어날 때는
> '무명필에 이름을 써서 백지달어서 구신간시렁의 당즈께에 넣어 대감님께 수영을 들'이며
> '누가 죽이는듯이 무서운 밤 집뒤로는'
> '소를잡어먹는노나리꾼들이 도적놈들같이 쿵쿵 걸어다니'며,
> '벌개눞역에서 바리깨를 두드리는 쇠ㅅ소리가 나면
> 누가눈을 앓아서 부증이나서 찰거마리를 불으'는

그런 곳입니다. 그곳에는 현대문명을 상징하는 사물이 하나도 없고 모든 것은 '재래종(在來種)'뿐입니다.

'물코를 흘리며 무감자를 먹는'
'나는 똘나물김치에 백설기를 먹으며'
'나는 벌써 달디단 물구지우림 동굴네우림을 생각하고
아직멀은 도토리묵 도토리범벅까지도 그리워한다.'

음식은 풍족한 식생활을 할 수 없는, 그리고 별다른 오락이 없는 산골의 유일한 기쁨입니다.

시집 '사슴'에 나오는 음식 이름은

돌나물김치,백설기,제비꼬리마타리,쇠조지,가지취,고비,고사리,회순, 물구지우림, 동굴네우림, 도토리묵, 도토리범벅, 광살구, 찰숭아(가즈랑집), 인절미, 송구떡, 콩가루차떡, 두부, 콩나물, 도야지비게, 무이징게국(여우난곬族), 찹살탁주, 두부산적(고방), 니차떡, 청밀, 쇠든밤, 은행여름, 곰죽, 조개송편, 달송편, 죈두기송편, 콩가루소(古夜), 무감자, 시라리(初冬日), 개구리뒷다리, 날버들치(夏畓), 붕어곰(酒幕), 신살구, 미역국, 산국(寂境), 추탕(未明界), 노루고기(노루), 호박떡, 돌배(여우난곬).

(김윤식, 김현; 한국문학사, 217-9면에서)

이리 많고 특이합니다.

이들 무대와 배경이 바로 아까 그 시의 '남신의주 유동'인지, 아니면 그곳에 가까운 산골인지 - 를 나는 알 수 없습니다. 내 제자의 그분께 물어보면 쉬이 알 수 있을 텐데 라는 생각도 했습니다. 그런데 그분의 고향이 이런 마을이라면, 나의 관심이나 흥미는 더욱 배가(倍加)될 것입니다. 앞의 그 민속들, 무속, 토속

음식 – 들에 대한 기억이 있는지, 이런 산골에서 어떻게 탈출(?) 하여 미국에까지 이르렀는지, 아, 그리고 그리고 어떻게 '별 보는 천문학자'의 꿈을 가지게 되었는지, 미국에서 보아도 신의주 유동에서 보던 별 그대로인지, 경도(經度)와 위도(緯度)가 달라도, 즉 별을 바라보는 각도가 달라도 별은 우리에게 같은 느낌을 주는지요 – 등에 이르기까지 내 별 세계에 대한 모름은 너무 많은 것인데 말입니다.

3

그런데 내가 잘못 짚고 있는 것 같습니다. 시인 백석의 태어난 고향은 신의주보다는 남쪽으로 내려온 그 유명한 정주(定州)이고, '…박시봉방'이란 작품의 배경인 '남신의주 유동'은 시인의 한때의 유랑처였다는데, 이 시의 내용도 그렇고 또 그의 시집 속의 작품세계도 너무 비문명지대라는 느낌이 강해서 두 곳이 같거나 가까울 것이라는 생각을 하고 있네요.

그러나 신의주(新義州)는 평안북도의, 1시(市) 19군(郡) 중의 유일한 시로서 도청소재지였다지요. 그보다 그 유명한 경의선(京義線) 철도의 종착지이고, 이에서 압록강 하류를 건너 만주를 경유 중국, 유럽에 이르렀으니, 국제 교통로의 관문, 그러니까 옛날에는 덕국(德國; 독일)이나 불국(佛國; 불란서) 등지에 유학갈 때는 이 도시를 거쳤겠지요.

다만 '남신의주 유동'은 이 도시적인 분위기에서 어느 정도 멀었는지는 궁금하네요.

내 제자의 부군, 천문학 교수의 그곳에서의 생장이 국제적 관문의 도시적 상황에서였는지, 아니면 백석의 시집 '사슴' 속의 시들의 무대와 같이 산골에서였는지는 알 수 없으나, 혹시 그는 자기 고향을 제일 쉽게 가고 느낄 수 있는 길이 별 보는 이 길이라고 생각한 것이 아니었을까 하는 내 상상은 어느 쪽에든 가동(?)할 것 같네요.

초우재 뒷산의 등마루에 이은 언덕과 골짝의 숲길을 따라 내려가면 곧 한 대학 캠퍼스에 이릅니다. 거기 구내서점에 가서, 북쪽에서 활동한 시인이라는 이유로 분단 이후의 문학사에서 제대로 거론되지도 못하다가 80년대 후반에 와서야 해금(解禁)되어 지금은 빛을 보고 있는(?), 그러나 생존여부도 제대로 밝혀지지 않고 있는, 3·40년대에 벌써 주목받았던 시인 백석의 작품집을 찾으렵니다. 내가 얼마 전에 타이핑해서 보낸 시를 읽고는 먼 미국 땅에서 '별 보며' 북한 땅 신의주 유동의 고향을 그리워할, 내 제자 우경의 부군에게, 그 옆의 우체국에서 부치려고요.

그리고 북한의 지도, 큰 자세한 지도를 찾을 것입니다. 세상 사람들이 온통(?) 관동(關東) 지방의 금강산행에 들떠 있을 때, 나 혼자라도 신의주, 그러니까 토끼 모양의 콧등 부분인, 아 그것보다 그 유유한 압록강의 하구(河口)가 있는 관서(關西) 지방에 내 관심이 갑자기 가고 싶기 때문입니다. 거기서 백석의 시의 무대, '별 보는 이'의 향리(鄕里) 남신의주 유동을 찾을 수 있을는지요. 그리고 어느 분이 펬다는 관서방언(關西方言) 사전도 하나 사고요.

4

'고향의 봄을 서른세 번째 그리워하며 그 흔한 개나리도 없는 남가주 해안에서 저와는 친숙하지도 않고 이름도 모르는 식물 한 가지로 이곳의 봄 색깔을 보냅니다'면서 열 개 남짓의 팥알만한 꽃들을 달고 있는, 참새다리처럼 가늘은 작은 꽃나무 한 가지(枝)를 카드 속에 접어, 지지난 해 봄엔가 나에게 알려 온 사연은 이렇습니다.

> 저의 생활은 아주 단조롭고 절간보다 더 조용한 나날을 보냅니다. 어떤 때는 며칠이 지나도록 초인종도 전화도 한번 울리지 않을 때도 있지요. 이번 학기는 오랜만에 학교를 다니면서 천문학 강의를 들으며, 아마 이 일이 요사이 저의 머리 한복판을 차지하고 있지요.- 꽃잎 하나에도 팔만 사천 법문이 있다고 읽은 적이 있는데 천문학 강의를 듣노라면 더욱 진하게 느껴집니다.
>
> 선생님, 요새 혜성 Hale-Bopp을 보셨는지요? 위치가 조금씩 바뀌지만 서북 밤하늘에 8시경쯤부터 나타나는데 쌍안경으로 보니 꼬리가 신비스럽게 달려 있더군요. 서울 도시의 광해(光害) (Light pollution) 때문에… 그곳 사정은 모르겠어요. 잘 보일는지요.

우경의 표현을 한 번 더 빌리면, '별 보는 남자와 별 볼일 없는 여자', 이들 두 별이 가장 가까워지는 별자리를 보는 느낌입니다.

별 보는 사람,

그는 가장 향수(鄕愁)적인 사람, 또한 남을 가장 향수적이게 만드는 사람 같네요.

제 생각에서입니다.

草友齋 主人(1999년 3월 13일)

## 통신 (23)

# 그 자유에서

1

이런 얘기는 어떻게 시작할까요.

초우재 바로 뒷집에서 강아지가 낑낑거리는 소리가 아까부터 들리고 있습니다. 저 강아지가 풀려져 있을 때는 전혀 저런 소리를 내지 않는데 묶이기만 하면 저럽니다. 그런데 저것도 그리 멀지 않을 것입니다. 저 묶임에 익숙해지면요.

개를 묶어서 키운 일이 있습니다. 사납기도 하고 손님들에게 위협적이고 해서였는데 어떨 때는 그 묶인 것이 너무 안쓰러워 잠깐이나마 풀어 줍니다. 그러면 그야말로 환희작약(歡喜雀躍)하지요. 그러다가 다시 묶으려 들면 눈치를 채서인지 마당 이곳저곳으로 잽싸게 빠져나갑니다. 그러다가 끝내 붙잡히면 전혀 힘을 쓰려 하지 않고 대번에 순응해서 고개를 내 손안에 바치다시피 하는 꼴입니다. 그리고 묶이고 나면 안 붙잡히려고 펄펄 뛰던 조금 전의 기상(氣像)하고는 전혀 달리 완전히 풀이 꺾인 표정이 되어버립니다. 고양이도 그렇습니다. 오히려 묶은 나에게 기대면서 비비작거리며 정겨움(?)을 보입니다. 그러고는 얼마 전까지만 해도 나무 위며 울타리 등을 훨쩍 뛰어 오르고 넘고 하던 그 야성(野性) 같은 건 전혀 없었던 걸로 보아 달라는 몸짓입니다.

## 2

이제 사람 얘깁니다.

내 외종이 전혀 뜻밖의 선고를 받았습니다.

그래서 나쁜 부위를 하루 빨리 절개(切開)해 내야 한다고 부랴부랴 서둘러 입원을 하게 되고 이틀 뒤에 수술한다는 날짜까지 잡혔습니다.

이날, 그러니까 입원하던 그날입니다. 가족들이 입원수속을 밟고 있을 동안 외종과 나는 널찍한 대기실에서 서성이었는데, 그때 그곳을 지나가던 수술담당의 외과의사가 지나가자 나를 그에게 웃으며 소개시키기도 했습니다. 그리고 근처의 식당에서 점심도 맛있게 드는 여유가 있었습니다.

이 형은 참 여유가 많은 분입니다. 글쎄 이런 걸 사람에 따라서는 만용(?)이라고도 하겠지만 저에게는 늘 여유로만 비치었으니 저에겐 그런 기질이 없었기 때문이지 모르겠습니다.

예컨대 이런 걸 두고 한 얘기입니다.

이 세상에 태어나서 그는 한 번도 제 손으로 돈이란 걸 벌어 본 일이 없습니다. 유산으로 받은 재산은 일찍이 거덜났습니다. 이후 그에게는 때로 주머니에 아무것도 없을 때가 많습니다. 그럴 때도 그는 전혀 초조해 하지 않습니다. 누구에게도 손을 내밀지 않습니다. 어쩌다가 돈이 생기면 그것은 친구를 청해서 거나하게 한잔 하는 것으로 일관했습니다. 그래서 처자식들에게는 때로 많이 무책임했고요. 다른 일로는 나에게 핑그르 도는 눈물을 보일 때가 있었지만, 그러나 그들, 자기 처자식들을 생각해서 흘리는 눈물을 나에게 들킨 일은 없습니다. 태평하다 할까요. 낙천주의자라고 할까요. 모든 것에, 심지어 자기 인생에 대해서까지 무책임주의라고 할까요. 아니면 자기 문제나 자기 핏줄에 대한 것도 이웃의,

또는 모르는 다른 사람의 그것처럼, 그 이상은 괴로워하지 않는 평등, 박애(?) 주의자인지. 그는 가끔 빈 손의 자기 합리화처럼 '공수래 공수거(空手來空手去)' 얘기는 하곤 했습니다. 대개 술에 거나하게 취했을 때였지만요. 입원하기까지의 며칠간도 나날이 그는 취해 있었습니다.

그런데 이 형이 다음다음 날 대수술을 받기 위해서 입원을 한 것입니다. 입원실에 올라가기 직전에 그는 병원의 현관 바깥에 나와서는 맛있게 끽연을 하더니 담뱃갑과 라이터를 나에게 얼마 동안 보관(?)시키는 것입니다. 의사가 당장 피우지 말랬다면서요.

그리고 병실에 올라가서는 내내 걸치고 다니던 모자며 코오트며 양복이며를 벗고, 포켓 안의 소지품을 털어내고는 간호원이 가지고 온 환자복으로 갈아입었습니다. 그런데 내 눈에 그 환자복이 작아 보였습니다. 간호원은 지금 그것보다 큰 것을 준비할 수 없다고 하고요. 형의 늘씬한 체형이 왜소해진 느낌이었습니다. 작으면 어쩌랴 하면서 그걸 입은 형이 복도까지 따라나와 나를 전송했습니다. 승강기 문이 닫히면서 형의 두 눈만 보였을 때 이 여유만만해 보이던 형에게 얼핏 눈물 같은 게 핑그레 도는 느낌이었습니다. 조금 전에 나는 형에게 '화이팅!'이라고 말했고 형은 웃으면서 내 손을 잡았는데.

나는 병원을 나와 집으로 돌아오는 지하철 속에서 내내 그분을 생각했는데, 아 그 태평주의자가, 전혀 자기 인생 흘러가는 것에 거슬려고 하지 않던 그가, 언제 자기 삶이 다한다고 하더라도 대취(大醉) 대취의 리듬을 파괴하지 않을 것 같아서 걱정이던 그 형이, 그 그에겐 자연의 질서였던 그 세계에서, 그러니까 그 자유(!)에서 저리 용감히 벗어날 수 있는지… 나는 두고두고 생각에 헤매었습니다.

그렇지, 외과 수술실의 메스에 자기를 그냥(?) 맡기는 것도 어떻게 생각하면 그다운지 모르겠다, 라든지,

누구에게든지, 한 푼 없는 거지에게든, 고명한 철인에게든, 아흔 아홉의 수(壽)를 가질 만큼 가진 자에게든지 죽음의 선고는 역시 한번밖에 없는 그리고 난생(?) 처음 부딪히는 문제니까, 쉬이 풀리지 않는 수수께끼로. 이런 생각까지 하면서요.

그런데 형의 대수술일은 늦추어지고 있습니다. 더 조사할 게 생겨서요.

오늘 입원실에 그를 찾아갔습니다.

이런저런 얘기 끝에 그는 병실의 바깥 멀리(?)의 아파트군(群)의 취락(聚落)을 보면서 그리고 그 너머의 산들의 원경을 바라면서, 왜 병원을 이리 의욕적으로 터 잡으면서 온 둘레가 산만 보이는 곳으로 정하지 않았을까의 아쉬움을 말했습니다.

점점 이 형이 자기가 입고 있는 환자복에 익숙해져 가고 있다는 느낌이 들었습니다. 그리고 손목에는 이름이며 입원실 호수 등이 찍힌 비닐의 팔찌가 채워져 있는 것도 예사로이 나에게 보여 주었고요.

나는 오늘도 돌아오는 먼 귀로의 전철 속에서 내내 형의 일을, 아니 죽음의 문제를 풀리지 않는 수수께끼로 생각했습니다.

뭐가 자연의 질서이며 하늘의 섭리이며,

뭐가 자유이며 구속이며 - 를요.

뒷집 강아지가 이제 낑낑거리지 않습니다.

아직, 그리 저리 쉽게 벌써 익숙해지지는 않았을 텐데.

시끄러워서 그집 애들이 풀어 주었는지

모르겠네요.

草友齋 主人(1999년 3월 14일)

통신 (24)

## 그대 늙었을 때

1

한 평생을 살아가노라면 잊고 싶은 일도 있고 잊혀지지 않는 일이나 사연들도 있지요. 저도 오랫동안의 학생들과의 인연들에서 가끔 생각나는 일들이 있습니다. 세상의 포효(咆哮)하며 흘러가는 물결에 비하면, 어느 실개울의 잔잔한 여울에서입니다. 거기 길섶의 풀잎 하나 따서 던진 파장이지만 멍멍하지 않아 내 기억에 얌전히 자리잡고 있습니다.

2

그 하나는 내가 K 대학에 한 학기 동안 이른바 교류교수로 나가면서 그곳 1학년 머슴애들에게, 한 교양강좌를 맡고 있을 때입니다. 오랫동안 여자대학에만 처박혀(?) 있던 나로서는 그애들의 세계가 인상적이었는데, 그 중에는 군대를 갔다 왔다든가 아니면 다른 사정으로 휴학했다가 복학해서 이른바 새내기들과는 달리 나이가 조금은 지긋해 보이는 학생들도 있었습니다. 그런 늙은(?) 학생 중의 한 친구였는데, 경북 영주지방 쪽의 옛 문화에 대한 얘기들, 예컨대 풍기(豊基)에 있는 우리나라 최초의 서원인 소수서원(紹修書院)이나, 신라 때 의상(義

湘)이 창건했다는 부석사(浮石寺), 그리로 가는 포장 안 된 - 그때는 그러했음 - 길의 인상에 대한 얘기들 끝에, 자기 집이 그 근처 읍내의 어느 정미소라면서 그 쪽을 거치게 되면 꼭 한 번 들러 달라는 것입니다. 그러면서 정미소 소재지며 자기 이름이 적힌 명함을 주었습니다. 아마 그 일에 종사하다가 늦깎이로 서울에 공부하러 온 모양입니다. 나는 내내 이 명함을 잘 보관하고 있었는데 이 글을 쓰면서 찾아보니 어디 숨었는지 잘 나타나지 않습니다. 나는 그때 이후 십오 년이 지나는 동안 가끔 그쪽을 지나가면서도 그 친구를 찾질 않았습니다. 부담을 주어 그때의 그 순수했던 마음이 훼손될 수 있을 것 같다는 두려움도 작용했지만, 먼저 그가 거기 없을 것 같아서였습니다. 세상이 그 뒤 얼마나 변했는데 그를 그곳에, 그러니까 시골 정미소에 머물게 했을까 싶어서요. 그런데도 그 친구를 한 번 그 정미소에 가서 만나고 싶다는 바램은 지금도 남아 있습니다. 왜 잊혀지지 않을까요. 아마 이 시대의 도시적인 사람들과의 흔한 인연들과는 다른 느낌을 받았던 모양입니다. 아스팔트도 안 되고 그래서 자갈과 뽀오얀 먼지를 날리면서 시외버스를 타고 가면 만나는 먼 어느 소읍(小邑), 거기 발동기가 돌아가던 시골 정미소를 나는 연상하면서 그의 말이 따뜻하게 내 마음속에 있었던 모양입니다. 거기에다가 옛날에 정미소 옆에 살았던 내 시골집이 떠오르고 해서였겠지요.

그리고 그 즈음 이런 일도 있었습니다. 쌓이는 눈 때문에 '호롱불 여위어 가며'라는 시행(詩行)을 공부하면서 교실 가득한 수강생들에게 아직 전기가 안 들어 와 있는 시골에 고향집이 있는 사람이 있느냐고 물어 본 일이 있습니다. 백여 명 중에 딱 한 사람이 손을 들었는데 주왕산(周王山) 자락의 어느 오지(奧地)라면서 한 백 미터 앞의 방앗간까지는 와 있다고 했습니다. 이 얘기를 듣고는 많은 학생들이 신기해하면서 웃었을 텐데 나는 지금 그때 모두가 숙연해졌다고 기억하고 싶어지네요. 내 어릴 때도 그리 백미터 앞의 방앗간까지는 그 전기가 들어와 있었습니다.

3

자연으로 돌아가기 위해 귀향 연습을 하고 있는 지금의 나에게는 그 동안의 서울 생활이란 부질없이 허비해버린 세월처럼 여겨진다. 저 바다 앞에 서면, 궁극적으로는 내가 실패했음을 자인할 수밖에 없다. 내가 떠난 곳이 변경이 아니라 세계의 중심이라고 저 바다는 일깨워 준다. 나는 한시적이고, 저 바다는 영원한 것이므로. 그리하여 나는 그 영원한 말씀에 귀를 기울이기 위해 모태로 돌아가는 순환의 도정에 있는 것이다.

(현기영; 장편소설 '지상에 숟가락 하나'에서)

오늘 아침 신문지상에 나온, 제주도 출신 작가의 근작(近作)을 소개한 데서 읽었습니다. 그리고는 한 학생을 떠올립니다. 제주도, 현씨, 예술인… 이런 등속에서 그가 떠오른 것입니다.

나는 그의 이름까지를 알고 있습니다. 그것은 면지(面紙)에 그의 이름이 적혀 있는 한 책을 지금 펼쳐 놓고 있기 때문입니다. 그가 선물한 이 책은 제주 출신 여류 시인의, '초원의 의자'라는 시집인데, 저자 이름에다가 현 아무의 그림이라고 병기되어 있는 것처럼, 좋은 시에 어울리는 그림이 여러 면에 자주 나옵니다.

그 그림의 작가는 자기 아버지라고 나에게 말한 것 같습니다. 그분은 제주에서 과수원을 하고 있다는 얘기까지 들었는데, 이 책을 받으면서가 아니고, 받은 다음 학기에 안식년 혜택으로 내가 학교를 쉬고 있을 때였습니다. 밀린 책들을 읽느라고 이 시집을 펼치다가 그에게 고마운 생각이 들어서 주소를 알려고 그가 속한 학과 사무실에 전화를 했더니, 휴학했다면서 하숙집 전화를 가리켜 주어서, 통화했을 때 오간 얘기에서 그리 들었던 것 같습니다. 그리고 왜 제주로 내려가느냐고 물었더니, 어느새 그는 학교가 싫었는지, 뭍의 도시가 싫었는지, 분명히 그렇게는 말하진 않으면서 몸이 쉬고 싶다는 뜻이었지만 나에겐 그 중의 하나로만 들리지 않았던 기억입니다. 그 후 나도 얼마 안 있다가 이 학교를 떴고 그도 쉬이 올라오지 않았는지, 아니면 나를 학교에서 더 찾지를 않았는지 서로 못 만났습니다. 그곳을 고향으로 하고 있는 사람은 아까의 그 소설에서의 작가의 목소리처럼, 좀 특이하고 강한 향수 같은 것을 진하게 가지고 있을 거라는 생각이 나면서 이 학생이 떠오릅니다. 1학년 새내기 때 필수적으로 듣게 되어 있는 한국어문학 교양강좌에서의 수강생이었는데, 흔치않게도 한 학생을 기억하는 것은 물론 한 권의 시집을 나에게 갖다 주었기 때문에서이기도 하겠지만, 그때 이 학생과 몇 남학생들의 수강시의 모습은 띄엄띄엄 고도(孤島) 같아서, 그리고 그 외로운 섬에 깃발을 달아 주고 싶은 충동을 강의를 하면서 가끔 느꼈기 때문이기도 합니다. 내가 그를 기억하는 데에 이리 별스럽게 얘기하는 것은, 내내 여자전용이었던 그 대학이 갑작스레 남녀공학이 되면서 얼마 동안은 머슴애들의, 강의실에서의 포진(布陣)이 적적(寂寂)했기 때문입니다. 그리고 나로서는 한 십년 전의 K 대학에서 느꼈던, 머슴애들 세계에 대한 반가움이 되살아났고요. 나는 오랫동안 여자대학에 있으면서 그것에 맞게 잘도(?) 젖어 왔는데, 알고 보니 알게 모르게 그 세계가 주는 조심스러움 같은 것에 지쳐 있었던 모양입니다.

망망한 바다를 항해하다가 뜻밖에 만나게 되고 그러나 무심히 지나치기 쉬운 작은 섬들, 반가운 마음으로 깃발이라도 하나 펄럭이게 하고 싶었던 그 머슴애들에게 나는 그러지도 못하고 헤어졌는데, 지금 왜 그리움처럼 되살아나느냐고요.

이네들과 함께 공부하고 있었던 중간이었는지, 그 학기가 끝나는 종강(終講)

때였는지, 이 고도(孤島)들 중 하나가 복도에서 내민 종이 한 장 때문입니다. 제주도 출신의 그 친구라고 기억하는데 이 또한 확실치는 않습니다. 거기에는 그 유명한 W. B 예이츠의 시 한 편이 있었습니다. 너무 좋아서 여기 옮깁니다.

그대가 늙어 백발이 되고
잠이 많아져 벽난로 가에서 고개를 끄덕일 때
이 책을 꺼내어 천천히 읽으며
그대가 한 때 지녔던 부드러운 눈동자와
그 깊은 그림자를 꿈꾸어라
얼마나 많은 이들이 그대의 아름다움을
참사랑 거짓 사랑으로 사랑했으며
또 그대의 우아함을 찬양했는가를

그러나 오직 한 사람
그대 편력하는 영혼을 사랑했고
그대의 변해 가는 얼굴의 슬픔을
사랑했음을
달아오른 쇠살대에 몸을 구부리고서
어떻게 사랑이 산 위로 도망치듯 달아나
그 얼굴 무수한 별들 사이에 감추었는가를
조금 슬프게
나직이 말하여라 *

(W. B 예이츠; 그대가 늙었을 때)

* 원시와 다른 형태도 보이나 보낸 이의 그대로 옮겼음

사람과 사람과의 관계도 대개는 그러하거니와, 좋은 시는 처음부터 좋습니다. 나중에 이 시에 대한 몇 저작(著作)의 해설에 보니, 내가 처음에 느꼈던 것과는 달리 해석되고 있는 '시인의 의도'가 나를 방해했지만, 예컨대 시인의 나이 스물여섯 때의 것이라든지, 시인이 사랑했으나 잘 받아들여지지 않았던 한 미녀를 심중에 두고 썼다든지도 의외였고, 더욱이 '아름다움의 덧없음과 사랑의 허무함을 생각하면서 인생을 슬프게 여긴다.'라는 주제 설명은 내가 처음 느낀 것과는 전혀 달랐으니, 오히려 나에게는 늙음의, 늙어감의 아름다움 …. 이런 것으로 다가왔습니다.

그대 늙어 백발이 되었지만, 그리고 벽난로 가에서 졸고 있지만, 그대는 '한때 지녔던 부드러웠던 눈동자'를 꿈꿀 수 있고, 그대에게는 아름다움과 우아함이 있어 얼마나 많은 사람에게서 찬양함을 입었느뇨. 그대가 이제 늙어 그것을 잃어 간다 해도 '오직 한 사람, 그대 편력하는 영혼을' 그리고 그리 변해 늙어 가는 얼굴의 슬픔까지도 사랑해 온 이가 있으니, 아, 그러한 사랑들이 이제는 멀리 살아졌다 하더라도 '조금 슬프게 나직이 말하여라' - 이 또한 슬픔의 아름다움일지니, 아, 그대는 행복하여라 - 라고까지 내 딴엔 그리 읽은 것입니다.

내가 이 시를 좋아한 것은 내가 끝없이 지금 늙어 가고 있고, 이리 이 시 속의 그대처럼, 그리 늙어 가고 싶기 때문입니다. 나에게는 그대와 같은 아름다움이나 우아함도 없고, 내 편력하는 영혼을 그리고 내 얼굴의 슬픔을 사랑해 줄 이도 없겠지요. 그러나 그래도 그리 늙어 가고 싶은 것입니다. 이것이 내 노년의 꿈입니다. 이루어질 수 있을지는 나의 미래입니다. 그래서 나는 이 시를 읽으면서 행복해지는 느낌입니다. 한 때 늙어 가는 사람들이 많이 좋아했던 '머리를 드높여 희망이란 파도를 탈 수 있는 한, 그대는 팔십 세일지라도 영원한 청춘의 소유자일 것이다'로 끝나는 사무엘 울만의 시 '젊음'에서의 목소리는 어쩐지 허황한 느낌을 주지만, 예이츠의 이 시에서는 '늙음'의 아름다움을 찬양하고 있는 것 같은 느낌을 내가 받았다면, 이는 내 바램과 꿈에다 너무 견강부회(牽强附會)해서인가요.

나는 젊은 날부터, 거리를 지나다가 아름답게(!) 늙어 가고 있다고 느껴지는 노인을 만나면 그가 지나간 뒤의 뒷모습을 우두커니 우러르며 부러워했습니다.

4

며칠 전에 지하철에서였습니다. 차 칸에 들어가서 문 쪽에 서 있는데, 저쯤에 애기 둘을 양 옆에 끼고 앉아 가던 30대 초로 보이는 젊은 엄마가 작은 아이인 남아에게 나를 가리키며, 앉으실 수 있게 엄마 무릎에 앉을래? 하는 것입니다. 그 애가 순순히 그러자 나에게 그 빈자리를 권하는 것입니다. 나는 사양했으나 너무 그럴 수도 없어 그리 가서 앉았습니다. 몇 정거 역을 지나자 그들은 자리에서 일어났는데, 엄마가 아까 그 작은 아이를 안고 일어서서는 내 앞을 지나고 그 뒤를 큰 애인 여자 아이가 따랐는데, 앞섰던 엄마가 힐끗 그 애를 돌아보며 뭐라고 했는지, 아니면 눈짓을 했는지 나는 못 보았습니다만, 그래서 그 애가 절로 그랬는지는 이 역시 모르겠으나 어느 쪽이든 괜찮습니다. 나에게 목례(目禮), 가벼운 몸짓의 고개를 숙였다가 가는 것입니다. 오랫동안 자주 전철을 타고 다니면서 이리 아름다운 일은 처음입니다. 대여섯 살의 그 꼬맹이 여자애가 나에게 인사를 하고 간담!

이 애를 위해서도 나는 아름답게 늙어 가야 할 텐데,

그리고 제주도로 내려 간 그 친구를 이다음에 만나게 되었을 때, 늙은 내 모습이 그의 젊음의 바램처럼 되기 위해서도 그렇네요.

그런데, 이 또한 멋내느라고 그 유명한 낭만주의 시인 예이츠의 그 시에 짐짓 빠져만 있는 것은 아닌지 모르겠습니다.

草友齋 主人(1999년 3월 16일)

## 통신 (25)

# 우리들의 영혼

1

오늘은 저의 생각에 여러분이 굉장히 기 차 할 것입니다. 그걸 알면서도 이리 사연을 띄웁니다. 나이 들어 함부로 지껄이는 것도 점잖지 못하지만, 감추고 있는 건 자기 삶에 또한 친구들에게 정직하지 못합니다.

여기
실(線)이 있고,
그것의 시작이 있고
그리고 끝이 있고,

양쪽 기슭이 홍수에
쓸려간 다리(橋)에는
처음 이전에
끝 이후엔
아무 것도 이미 없다.

그 이전에 무어가 있지
그 이후에 무어가 있지,
그 없을 수 없음에 무엇이
있는지
내 머리엔
그게 떠오르지 않는다.
아, 그 한계의
앞뒤에 펼쳐지는 끝없는
심연의 '없음'이여.

(없음 1)

우리들의 몸체, 즉 육체가 시간적으로 유한하다는 생각엔 아무도 이의(異議)가 없습니다. 그런데 정신, 영혼의 문제에 대해서는 생각이 일치하지 않습니다. 육체가 생길 때 시작했다가 육체가 사그라질 때 그것도 함께 끝난다는 생각을 가지고 있는 사람들도 있고, 그것과는 달리 영원불멸하다, 즉 우리들의 몸은 그 영혼이 한때 머물었던 여숙(旅宿), 객관(客館)에 지나지 않으니, 우리들의 넋은 그 전에는 딴 데에서 머물다가 또 다른 곳으로 옮겨간다는 생각도 있습니다.

영혼, 또는 정신, 마음 이런 것이 육체의 수명과 같다고 볼 때는, 그것의 길이를 유형(有形)에다가, 예컨대 실(絲)에 비기면 짤막한 토막실과 같이 그릴 수 있겠고, 무한하다고 본다면 긴 긴 실의 연속선(連續線)을 생각할 수 있겠습니다.

그런데 아무리 긴 타래의 실이라도 그것의 실마리, 즉 시작은 있을 텐데, 그렇다면 내 영혼의 시작은 어떻게 되지? 그리고 끝은? 우리는, 아니 내 머리는 여기서 콱 막힙니다.

내 삶이란 이쪽 기슭에서 저쪽 기슭으로 건너가는 다리(橋梁)와 같다. 다리는 강 위에 걸쳐 있고 거기에 이르는 길이 있고 건너면 또 다른 곳으로 가는 길에 이어져 있다고 생각하면 될 텐데, 지금의 내 머리에는 '양쪽 기슭이 홍수에 쓸려 가'서 다리만 있습니다. 그러니까 다리의 이쪽저쪽을 잇는 길이 전혀 안 보이는 것입니다.

여러분들은 나에게 답답하다는 듯이, 다리란 처음 생길 때 이쪽 길과 저쪽 길에 연결되었을 게 아니냐, 왜 그 뻔한 이치를 당신은 모르느냐, 어째 그리 콱 막혔느냐 할 것입니다. 그 '없을 수 없음'은 있는 게 아니겠어? 아무리 당신이 호되게 나를 나무라도 '내 머리에는 그게 떠오르지 않는' 이 한계에 나는 갇혀 있습니다.

태어나기 전의 전생(前生)이 있고 이승(今生)이 있고 그리고 뒷날에 오는 저승(後生)이 있다는데, 이승의 내 처음과 끝의, 그 이전과 이후가 연결되지 않아 저는 답답한 것입니다.

- 그래서
무상(無常)으로
무명(無明)으로
덮어버렸다.

내 앞의 없음이여
내 뒤의 없음이여,

저 꿈벅거리는

황소의 눈 가에서
내 무심(無心)의
두려움이여.

(없음 2)

이 두려움은 내 영혼은 이승에서 끝난다는 생각에서 오는 허무함 때문이기도 하나, 사실은 이 영혼이 저승으로까지 이어진다고 다들(?) 말하는데 그것을 깨닫지 못하는 내 생각의 답답함에서도 오는지 모르겠습니다. 내 이런 답답함이나 두려움에 대해서 여러분은 역시 내 머리를 쥐어박으러 할 것이나, 더 계속하는 제 얘기에 그래도 참으셔야 합니다.

친구들은 가끔 이런 질문을 저에게 합니다. 나날을 어떻게 보내느냐는 것입니다. 백수건달격(?)인 저를 걱정해서이기도 하고 자기들 처지에서 생각해서도 그렇다는 것이겠지요. 한 번도 나날에 지루해 본 일은 없다고 답합니다. 우두커니 초우재에 앉아서 바깥 숲을 보는 것으로 내 하루가 족할 때가 많기 때문입니다.

다음은 그러다가 생긴(?) 일입니다.

창(窓) 너머
숲을 내내
보고 있으면

숲은
멀어지면서
내가

보인다.

창 속의
나를
바라고 있으면
나는
사라지고
내 영혼이
다가온다.

내 영혼의
창에
내내
빠져 있으면

너는
내가 아닌
남의
모습,

나는
너에게
닿지

않는다.

숲을 본다
숲만
본다.
(숲 1)

무신론자 같은 내 답답한 머리가 조금 깨어나는 것 같지 않습니까.

숲을 내내 바라고 있다가 제법 '내 영혼을 만났다'니요.

그러나 그것은 '너는 내가 아닌 남의 모습'으로 낯설어, 나와는 아직 인연이 멀어 보입니다.

그래서 '나는 너에게 닿지 않'습니다.

그리 쉬이 닿을 리가 있나요.

나에게 다가왔던 것처럼 느껴지던 그 '영혼'(?)도 순간이었고 어느새 보이지 않는데요. 그래도 그것을 만나려 하는지, 나의 나날은 '숲을 본다 숲만 본다'입니다.

2

오늘 집안의 한 악상(惡喪)의 빈소에 문상(問喪)을 갔다 왔습니다. 서른도 채우지도 못하고 세상을 떠난 망자(亡者)를 두고 다들 슬퍼하면서도, 간 사람은 편하게 갔고, 이제 남은 갓난아기와 신랑이 불쌍하다는 것입니다. 이 말 속에는 영혼은 다른 세상에, 그러니까 고해와 같은 이승의 괴로움에서 벗어나는 저승에 갔다는 뜻도 있겠지만, 다분히, 괴로워하던 마음도 이제는 아픈 육체와 함께 끝나버렸을 것이라는 일반론(?)이 깔려 있을 것입니다.

다른 세상으로 영혼은 간다, 그 곳에는 이승의 괴로움 같은 건 없다, 아, 그리 될 수 있을까요. 태어난 지 몇 달도 안 되는 그 혈육(血肉)을 이승에 두고 가는데, 그리고 그리도 서로 사랑하던 이를 떠나는데.

어떻게 생각하면 영혼, 혼백, 저승, 요단강 건너가는 곳 … 이런 영계(靈界)가 없으면 마음(?) 편하지 않을까요. 이승의 그 몹쓸 괴로움, 그게 저승으로 연결되지 않는다는 보장이 없는 한은요. 보장이 있으면 또 어찌 우리(?)가 그리 비정해질 수 있담. 저승으로 떠나면서 요단강을 건너면서 이승을 되돌아보지 않고 갈 수 있담. 되돌아보면 못 가지. 극락과 천당이 기다린다고 해도요.

물론 내 이런 얘기는 살아 있을 때의 이쪽 세계의, 콱 막힌 머리에서 나온 논리입니다.

저 포오레의 진혼곡(鎭魂曲)을 들어 보았는가,
영결종천(永訣終天)하면서
후생안락(後生安樂)의 독경(讀經)에 빠져 보았는가,

한더위에 쥘부채 몇 살만 펴고 부채질하고 있는 스스로에게 이리 물어 봅니다.

내 세계가 시원할 리 없습니다. 이놈의 부챗살이 활짝 펴지지 않아서요.
매우 종교적인 당신에겐 이번 통신은 건너뛰어야겠습니다.
아, 이리 답답한 친구와 생애를 더불었다니,
당신마저 답답해 할 것이 뻔해서입니다.

草友齋 主人(1999년 3월 23일)

## 씨ᄋᆞᆯ의 소리 통신 (26)

# 생명연습

1

알퐁스 도오테의 소설을 빌릴 필요도 없이 밤은 별들의 세계입니다. 초우재의 한밤은 시계의 아성(牙城)입니다. 시계 소리밖에 들리는 게 없으니까요. 손목 시계를 제외하고도 일곱 개나 됩니다. 내가 중학교에 다닐 때에는 별을 쳐다보며 학교로 가는 겨울날 새벽길에는 어머니의 정성이 우리 집 시간의 모두였습니다. 이제 시계가 한 방에 일곱 개라, 너무 많아 감회가 끼일 틈이 없네요.

둘은 쉬고 있고, 셋은 가고는 있으나 관심 밖의 존재이고, 그런데도 둘이 남지요. 이것들은 시계 역할을 제대로 하고 있습니다. 모양도 큰 것들이고 그에 어울리게 소리도 제법입니다.

고전적인 소리의 기둥시계는 벽에 걸려 있고 진자(振子)라고 하나요, 추(錘), 아니 우리 어릴 때에는 부잣집에 가면 점잖게 흔들리고 있던 그걸 시계 불알이라고 했지요, 그게 왔다갔다할 때마다 내는 소리, 그래서 나에게 그것은 모양새도 그렇거니와 소리가 매우(?) 고전적인 느낌마저 줍니다. 한 달에 한 번씩 태엽을 감아야 하는 유일무이(唯一無二)의 수동(手動)이어서 매우 경제적입니다. 요새도 부티(?)의 집에 가면 너무 일없이 커진, 금빛 요란히 권위로 버티어 선 게 있으나 그건 가는지 안 가는지 모르겠어요. 그게 흔들리고 있지 않으니까, 그래서 소리가 없습니다.

할 일이 별로 없는 사람, 밤에 잠들려 할 때 심심한 이, 돈은 없으면서도 옛것이나 고전적인 것을 좋아하는 사람, 아니 너무 촐랑대서 좀 느긋해지고 싶은 이들은 태엽의 이런 큰 기둥시계를 하나 마련하시면 어떨까요.

내 잠자리의 코 앞 쪽의 벽에 기대어 있는, 수박 둘레만한 크기의 노란 금테의 시계는 전자, 그러니까 밧데리의 힘으로 움직이는 것입니다. 빨간 초침이 움직일 때마다 큰 여치소리를 냅니다. 이 두 것이 밤중에 살아, 소리치는 것들입니다. 그래서 초우재의 한밤은 이들의 세계입니다.

앞의 기둥시계도 내력(來歷)이 있으나, 그보다는 뒤의 것인, 이 평범한 원형의 전자시계에 대해서는 그냥 넘어가기가 쉽지 않네요. 이것이 나에게까지 오게 된 것은 초우재 대들보(?)에 걸려 있는 수정(水晶) 모양 디자인의 등(燈)과 함께입니다. 우리 마을에서 오래 함께 지내던 내 지기의 한 분이 몇년 전에 서둘러 아파트로 이사가면서 그동안 살던 집을 한동안 비워 놓은 일이 있었는데, 그때 그집의 거실에 매달려 있던 조명등이 내 마음에 들 것이라면서 떼어 가라는 것입니다. 그리고는 열쇠 뭉치를 맡겨 놓고 간 일이 있습니다. 얼마 동안 이를 잊고 있다가 장마가 지루하게 계속되는 어느 날 감행했습니다. 남이 보면 도둑질하는 것 같아 묘한 기분으로 대문을 따고 잡풀이 마구 자란 뜰을 지나서 현관을 열쇠로 서툴게 열고는 음산한 빈집에 잠입하고는 거실에 들어가 그 작업을 시작하려 했습니다.

그런데 내 숨소리 말고 빈집의 어디서 유일하게 무슨 기척 같은 게 있는 것 같았습니다. 빗방울이 일정하게 어디를 두들기는 것 같기도 하고, 쥐들의 속삭임(?) 같기도 하고요. 그래서 가지고 있던 큰 드라이버를 꼭 쥐고는 복도를 지나면서 소리나는 쪽의 벽을 따라 가 보았습니다. 제일 안쪽의 방에까지 들어가서 내가 만난 것은, 그러니까 그 소리의 정체는 그야말로 '서일필(鼠一匹)'보다 미미한 존재, 저것이었지요.

아, 저게 일년 여의 그 빈집의 음산한 공간에서 혼자 어둠이며 적막을 지켜 온 것입니다. 그집 가족들이 수십년 동안 살다가 훌쩍 떠나버린 그 빈자리를 혼자 채우려 안간힘쓰고 있었던 것입니다. 벽에서 떼어서 뒤를 보았더니 손가락 굵기의 건전지 하나가 그 고투(孤鬪)를 버티게 한 힘의 모두였습니다. 나는 그때 저게 그리 안쓰러울 수가 없었지요. 그래서 동행(同行)하게 된 것입니다.

## 2

누구에게서나 또는 어디서나 선물로 받은 시계는 열어 보면 대개 살아서 움직이고 있습니다. 그걸 죽이기란 무엇해서 그냥 가게 둡니다. 그러나 이들에 대해서 일어나기 쉬운 우리들 잔인성 발휘의 계기는 언젠가는 있기 마련입니다.

여름 하루 긴 오후의 늦은 시각, 어떤 것은 벽에 걸려 있고, 어떤 것들은 어지러운 책장의 구석지에 박혀서 겨우 숨쉬고 있고, 한 놈은 피아노 걸상 위에서 졸다시피 하고 있는 것들, 조금은 권태롭기도 해서 따분하기도 했던 그 시각에, 참 난생 처음으로 이들 시침(時針) 분침(分針)들에게, 우연의 일치로 나의 일별(一瞥)이 스친 일이 있습니다.

아 그랬더니, 모두다, 일곱 개나 되는 모두다가 하나 빠짐없이 일곱 시의 3분 전, 그러니까 분침들이 57에 가서 막 서고 있는 중입니다.

다음은 그때 내 입에서 나온 첫 마디와 둘째 마디입니다.

'환장하겠네',

'제기랄',

그 한 치 오차의 빈틈도 없는 정확성, 네나내나의 일률성에 숨도 막히는 것 같고 겁도 나고 해서, 보다도 그야말로 초침을 다투는 경쟁의 가열함과 그 무의미성이, 아니, 교묘한 담합(談合)의 사기성(詐欺性)이 방안 가득한 것 같아서, 쉽게 에너지원(源)을 막을 수 있는 건, 다 그리 해버렸습니다. 좀 잔인했나요.

3

건전지(乾電池)가 다된
모양이지.
시계의 긴 바늘이 9에서
턱걸이를 하다가
그러다가
숨소리도 나지 않길래
구석에 팽개친,
사실 그건 일상(日常)의 사소사(些少事),
잊어버릴 것도 아무 일도 아니지.
그 일상을
돌아앉은
그 시계가, 그런데 지금
철버덕철버덕
소리를 내며
(나에게 들려 주기를)
사소사, 사소사,

죽은 건전지의
절로 우는 소리가
일상의, 그 무의미(無意味)를 나에게
흔들어 준다.

(사소사)

흔들어 준다? 무의미를, 그러니까 의미 있기를, 일상의 그 하잘 것 없는 사소사에서도.

그렇습니다. 하루에도 세 번씩이나 밥먹는 짓, 지하철 타는 것, 일터에서 거의 같은 일의 연속, 똑 같은 표정과 말씨의 노부모, 그렇고 그런 아내의 얼굴과 솜씨, 매일 다니는 골목, 그 얼굴에 그 얼굴인 이웃, 아, 이렇게 되면 매양 우러르는 하늘, 스치는 가로수, 저 즐비한 빌딩의 숲, 전동차가 땅위로 오르면 펼쳐지는 한강 물의 파장(波長) - 에 이르기까지의, 이 모든 것이 싱겁고 지루하고 따분하고, 무의미합니다.

이러기 쉬운 우리의 일상성에, 아 9의 고개를 넘지 못하던 탁상시계가 철버덕 철버덕, 사소사 사소사, 우리들의 무의미를 흔들어 줍니다.

내가 이리 의미를 붙이려고 애쓰고 있지만, 사실은, 그때 좀 나는 신기했습니다. 초우재 오기 전의, 35년 가까이 살던 집의 다락방에서, 잘 올라가지 않던 겨울 어느 날, 나는 거기서 아, 철버덕 그 소리를 들은 것입니다. 건전지가 다되어 '숨소리도 나지 않길래 구석에 팽개친' 지 몇달이나 되어 까맣게 잊고 있었던, 플라스틱 탁상시계, 아니 일상의 그 사소지사(些少之事)에서, 놀랍게도 '철버덕' - 나를 흔들어버리는 것입니다. 하늘이 잘 보이는 높은 다락방에서요. 내 이러다간 아무것도 아닌, 가벼운 플라스틱 조품(粗品)의 죽은 시계를 갖고 괜히 시지프스의 고역(?)과 그 의미까지도 들먹거리려 할지 모르겠네요. 분침이 아홉을 못 넘고 저승 행의 꿈결 속에서도 철버덕 철버덕 헤매고 있으니까요.

4

생명(生命)이고저.

어둠을 쪼고 있었다.
침묵에 저항하고
있었다.
좋게 말하면
후둑이는 빗방울이
함석지붕의 골에서,
아니면
한 마디 크레용 자락이
어디서 동강대듯이
두들기고
생명이고저
했다.

오줌이 마려워
어둔 방에서
잠을 설치는데

새벽빛이
창에 스미면서,
그건
여섯 시 5분 전에서
막 4분 전으로,
플라스틱 벽시계의
안간힘이었다.
다들 잠든 그 무연(無緣)
에서,
생명이고저
눈물이었다.

(無緣에서, 생명연습 1)

이 시(?)에 대해선 할 말이 없네요. 그대로니까요. 다만 이 느낌이 있었던 경황(景況)을 덧붙이자면 이렇습니다.

대전 서남쪽인가요. 대둔산 남녘 자락의 어느 민박(民泊)에서 하루를 묵으면서였습니다. 늦가을의 밤중에, 아니 새벽에 있었던 일입니다. 벽시계의 바늘이 '다들 잠든 무연에서', 나에겐 그것이 '생명이고저 눈물이었'습니다. 그리 들린 것입니다.

내 생각이 좀 무리(無理)인가요. 오줌만 안 마려웠으면 이런 무리는 없었을 텐데, 그러고 보니 오줌, 플라스틱 시계, 생명 - 이 또한 무연(無緣)입니다. 저는 여기서도 '눈물'을 보았으니,

내 혼자 그 새벽에 무연과 무연 사이에서 유연(有緣)했던 모양입니다.
그리고는 거창하게 '생명연습(生命練習)'이라 제(題)했네요.

草友齋 主人(1999년 3월 25일)

[illegible] 통신 (27)

# 우리 자유로울 수 있는가

## 1

호스피스를 한다면서요.

그것이 딱한 사람을 위한 일이란 것은, 당신의 근황에 대한 얘기 끝에 나온 용어이어서 어렴풋이 짐작은 가나 확실치 않아 사전을 뒤직여 보았습니다. 호스피스(hospice)는 호스피탈(hospital) 근처에 나오더군요. '순례자나 참배자를 숙박시키는 곳'이라는 뜻도 있지만, 당신의 경우는 '병자나 빈곤한 사람들의 수용소'와의 관계겠지요. 그러고 보니 내가 금방 '호스피스를 한다면서요'라는 표현은 잘못되었나요. 호스피스 일한다, 또는 호스피스 봉사원, 이리 말해야 되겠군요. 그 근처에 나오는 호스피털러(hospitaler)는 '종교 자선단체의 회원'이라고 되어 있네요. 그런 곳에서 전문적(?)으로 봉사하는 이, 지난번에 성인(聖人)으로 추앙된 테레사수녀는 너무 거룩해서 이 자리에서 피하더라도, 예컨대 수녀나 수사(修士), 비구니(比丘尼)들의, 천래(天來)(?)적인 분들 말입니다. 이들만이 아니라 세속 사람들 속에서도 거룩하게 그런 일에 종사하는 분도 있지요. 그것도 세상에 알려지기를 바라지 않으면서요.

우리 시대 가장 아름다운 말 가운데 하나는 '자원봉사(自願奉仕)' 같아요. 어떤 나라들에서는 이미 예사로운, 거의 당연하다시피의, 세상 살아가기처럼 되어 간다지요. 자원봉사의 일 가운데에서도 바깥에 드러나지 않고, 그리고 예사로운 마음으로는 그리 쉽지 않는, 그 어려운 일에 자기를 던지는 것, 이 표현이 알맞을지는 모르나, 던지지 않고는 어려울 같아서요, 그런 일에 봉사하는 분, 그런 분의 아름다운 마음 때문에 이승을 뜨면서도 어떤 이는 자기에게 차갑고 때로 잔인했던 이 세상을 그리 원망하지 않고, 한(恨) 서린 마음도 풀면서 고이 눈을 감게 되겠지요. 그리고 또 어떤 이는 그로해서 용기를 얻어 기적적으로 되살아나는 경우도 있겠고요.

호스피스에 가서 봉사하신다면서요.

요양원(療養院), 의지가지없는 노인들, 그 중에서도 병든 그들을 찾아가나요.

참 생각나는 내 제자가 있네요. 사회복지 재단의 양로원과 요양원을 운영하는, 그래서 언제나 너무 바쁜, 이제 그도 노년 초입의 여자 분입니다. 그를 찾았더니, 지난 주는 두 분이나 돌아가셔서 병원 응급실이며 영안실이며, 그리고 어떨 때는 그들을 염습(殮襲)하느라, 내가 그녀의 말 중간에 이 말에 놀라자, 그는 이제 그 일도 예사로워졌다는 것입니다. 급하면 할 수 없는 일이 없다고는 하지만, 죽은 이의 몸을 씻고 옷을 입히고 염포(殮布)로 묶는 - 일, 그 일에 뛰어든다(?)는 건 그리 쉽지 않지요.

나는 운명한 내 어버이의 시신을 집안 종가의 형이 염습할 때도, 분향(焚香)의 짙은 연기와 숨 가쁘게(?) 외던 형의 염불 소리 속에서 그냥 눈감고만 있었어요. 참 이 형, 내 종형은 지금도 팔순의 고령으로 생존해 있지만, 집안의 어른이 운명했다면 제일 먼저 달려와 염습의, 그 어려운 일을 마다하지 않았습니다.

나는, 주검을 만지는(?) 사람처럼 저 세상에 갈 때 복 받아야 할 사람은 없다는 생각을 합니다. 그분이 장의사(葬儀社)에서 일하는 직업인이든, 또는 묘지관리소에서 일하는, 그래서 날이 날마다 새 무덤의 평토(平土)에 '어어여라 달고'

질하는 분일지라도, 그리고 옛날 상여 행렬의 앞머리에서 선소리 그리 잘 치던 이까지, 요새는 화장막에서 유골을 나날이 만지는 분, 이 모두에게 저승은 복을 내릴 것입니다. 그리고 그들의 이 세상 하직은 아주 자연스레 쉽게쉽게 이루어질 것입니다. 언제나 죽음, 주검과 예사로이 그리고 가까이 했으니까요.

암병동(癌病棟)의 호스피스에도 가서, 일주일에 이틀씩이라면서요, 봉사, 자원봉사하신다면서요.

내가 물었을 때 당신은 웃기만 웃고 아무 말도 안 하셨어요.

사고무친(四顧無親)이고 간병원(看病員)도 없고, 그리고 말기환자이고, 물론 아무런 희망을 갖고 있지 않는 분,

그들에게 무슨 얘기를 들려주지요.

어떻게 해 드리면 그들도 웃는 순간을 가지나요.

그리고 그리고 말입니다,

당신은, 아니 우리들은 건강해서 그들에게 미안한 마음을

어떻게 감추고요.

2

"내가 그를 처음 본 것은 별관 57병동을 지나 본관 55병동에서 56병동을 건너는 암병동(癌病棟)에로의 구름다리 회랑에서였다. 92년 여름, '그 검푸른 얼굴은 말라 소년(少年)같이 적'*었지만, 그 두터운 안경 속의 눈빛에 압도되어 나는 그를, 휠체어를 (…)

내가 특히 병원의 복도에서 사물을 제대로 보지 못하는 것은, 행여 내 연민

의 표정이, 머리카락이 다 빠져나고 있고 노랗게 타들어 가고 있어 그리하여 머리통이 주먹만하게 줄여진 그 암환자들의 투병에 흔들림을 줄까 봐서이고, 아니, 그보다는 내 건강함이 오히려 미안해서이다.

(…)

그는 겉늙었을 뿐 젊은이였다,-라고 말할 수 있는 것은, 그의 입은 의지를 악물고 있었고 그의 두터운 안경의 테는 그의 눈빛으로 해서 마치 수숫대처럼 가볍게 보였기 때문이다.

그렇다.

그의 의지의 입과 빛나는 그래서 사나와 보이는 눈빛은 언제나 이렇게 외쳐대고 소리치고 있었다.

(…)

- 야 이놈들아, 그런 눈으로 그런 입으로 말하지 말고, 차라리 적의(敵意)의 발길질을 하라.

- 내 그러면 일어서리, 이 휠체어를 박차고 일어서리.

(후략)"

*유치환의 시 '수(首)'에서 따옴

92년인가에 나온 내 시문집(詩文集)에 들어 있는 것을 여기 끄집어냈습니다. 당신이 내내 말하지 않고 웃음만 띠고 있고, 나도 할 말을 잊은 것 같아서 이 글이 갑자기 떠오른 것입니다.

'존재의 가벼움'이라는 제목입니다.

55병동과 56병동에 이르는 암병동을

당신은 기억하지요.

그 길을, 긴 회랑에서 어떻게 우리
자유로울 수 있을까요.

草友齋 主人(1999년 3월 26일)

## 통신 (28)

# 마음 습하거든

1

형, 이런 때는
잠이 안 오고,
저 들녘 끝의 산,
그 산 너머에
내 또래의 소녀가
있을 것 같고,

야, 이 놈아,
잠이나 자거라,
네 만할 때는 다 그렇다,
잠이나 자거라.

내 외갓집 갈숲의 월포리(月浦里)에서 휘영청 밝은 달빛이 모기장 속까지 스며든 여름날 이슥한 밤,
누구나 좋아하는 외사촌, 형 곁에서 나는 그만 무안당했습니다.

달빛 때문에 더 빨개진 내 얼굴을 형은 보았을 텐데,
아마 혼자 웃었을 것입니다.

이 일이, 내 꿈이 멋쩍어진, 과장해서 말하면 아니 그때 그러니까 중학교 1·2학년 그 소년의 시기에는 사실로도 상처받은 첫 사건입니다. 그리도 언제나 내 꿈의 편이었던 대학생의 형에게서, 그랬으니.

2

애들아,

내가 교실에서 대학생인 너희들 앞에 서 있을 즈음, 나를 이 시대의 마지막 로맨티스트 - 라고 수군댔다면서? 이 얘기를 나는 그때 들으면서 너무 분에 넘치는 애칭(?)이어서 당황했지.

이른바 시투름 운트 드랑(Strum und Drang), 그 질풍노도(疾風怒濤)의 격정과 자유분망함이 나에게 어디 있니. 낭만주의자이기는커녕 나는 기껏해야

꽃이 피면
어쩌나
꽃이 지면
나는 어쩌나
가랑잎이 지면
너는 어쩌나

이런 류의 센치멘탈리스트, 아니 의감상주의자(擬感傷主義者)에 지나지 않았

으니,

내 어릴 때도 그랬고
지금도 그러하거늘
먼 훗날에도 그러하리라,

'어떠하리라?' 이리 물었지.

내가 처음, 그러니까 너희들이 대학생이 된 첫 학기 첫 시간쯤에 물었던 말, 말이야. 너희들은 별로 말이 없었고, 그래서 나는 초조해져서 더 근원적(?)으로 묻기 시작했지. 아 그런데 그 나이까지, 열여덟 열아홉의 그 나이까지 아직 무지개를 못 본 친구들이 있었지? 아니 워어즈워드의 '무지개를 볼 때마다 내 가슴은 뛰누나'의 이 시가 아니고 하늘에 뜨는 무지개의 실상을 못 보았다는 친구가 있었으니.

어릴 때야 말할 것 없고, 그야말로 칼 붓세의 '산너머 언덕너머'처럼 무지개를 따러 남 따라갔다가 '눈물 글썽글썽 되돌아왔네'의 소년의 시기에는 가슴이 다 뛰기 마련이니까. 그리고 지금 젊은 날에도 그러하거늘,

먼 훗날에도 그러하리라.

어떠하리라?

무지개를 바라볼 때마다 '가슴이 뛰리라'.

여기서의 '- 리라'는 먼 훗날 늙어서도 그렇게 하겠다는, 또 그렇게 되기를, 시인의 의지, 바램 아니겠어?

그런데 나의 경우는, 그러니까 워어즈워드식 화법(?)에 따라 말하면

내 어릴 때도 그랬고, 지금도 그러하거늘,

어떻게 하거늘? 여린 감상에 빠져 있거늘, 먼 훗날에 그러하리라.

내 경우의 '- 리라'는 그와 달리, 어쩔 수 없음의 필연, 그럴 수밖에 없을 것이다의 결과, 자신 없음의 체념에 지나지 않지.

3

'지난해까지는 봄이 오는 길목 이 즈음이면 가슴이 설레고, 그리고 때론 눈물이 핑그르 돌 때가 있었는데, 올해부터는 그렇지 않네요.'

이제 40대에 접어든 여자가 나에게 이리 말했습니다.

여자와 나는 그 두 것의, 그러니까 설렘과 슬픔의 관계가 정비례임부터 우선 확인했습니다. 설레지 않으면 그 가슴은 슬픔에도 둔하니까요.

여자는, 좋게 말하면 담담(淡淡)한 경지에 접어드는 조짐이 아니겠느냐고 짐짓 웃었습니다. 그리고는 건방진 자기를 욕하지 말라는 것입니다. 이 말은 바꾸어 말하면, 젊은 자기는 그런데 당신은 어떻냐의 물음을 해도 괜찮느냐 - 의 의도도 있는 것 같았습니다.

내 젊은 날에도 그랬고 먼 훗날에도 그러리라고 했던 것처럼, 내 여린 감성(感性)은 아직도 그 궤도에서 벗어나지 못한 것 같다면서, 나도 올 봄을 맞으면서 그 설렘과 슬픔들이, 역시 정비례의 비중은 여전하면서도

'그것들에 다른 것들이 얹혀지는 것 같다'고 했습니다.

여자는 나에게 무엇이 얹혀지느냐고 감히(?) 묻지는 않았으나, 나의 대답은 쉽게 나왔습니다. 여전히 설레고 또 그만치 가슴 아프지만, 거기에는 여태 못 느꼈던 늙음이라든지 죽음이라든지가 주는 또다른 설렘이, 슬픔이, 봄이 주는 창조성과 부활성의 그것을 더 다양(多樣)하게 변질시키는 것 같다고, 말했습니다.

나는 말을 끝내면서 제법 내가 말을 그럴 듯하게 한 것 같다고 생각했으나, 어떤 작가는 오늘 아침신문에서 이순(耳順)의 나이에 접어든 감회를 말하면서 '거미줄같이 미세하고 영롱했건 감성'이 어느덧 무디어졌다고 자인(?)하고 있음을 보면서, 나는 여전히 '먼 훗날에도 그러하리라'에 기대어, 자기를 잘못 알고 있는 게 아닌지 - 자문(自問)했습니다. 그리고 내 경우는 '무디어지는' 것이 오히려 건강한 정상(正常)으로 때늦게나마 진입하는 게 아니냐 - 라고 역시 또 '그럴 듯하게' 생각해 보려 했습니다.

4

나는 지난해에 심장 체크에 시달렸습니다. 병원의 적자 메우기의 효자는 각종 검사라는, 요새 시류(時流)의 유행 소문에 나도 걸려든 것인지, 아니면 첨단 의료기기에 의한 검사를 거치지 않고는 병의 유무 및 증상을 제대로 알 길이 없다는 현대의술의 흐름에 정확하게 내가 뛰어든 것인지 모르겠으나, 여하튼 그 검사, 검사, 검사 …의 고리에서 억지로라도 해방되기가 여간 어렵지 않은 그런 과정에 나도 남들처럼 한동안 허덕이었습니다.

그 전해 여름에 지리산을 오르내린 전력(前歷)이 거짓인 듯, 내 실력에 비겨 술을 조금 과음한다든지, 그렇게 매일이다시피 오르내리던 산길을 바로 오른다든지, 그러면 가슴이 죄어오는 듯한 불안감 그런 것이 심한 것 같아서 병원을 찾았더니, 그날로부터 검사 길에 들어선 것입니다. 처음에 가슴촬영, 혈액 및 요검사, 심전도 체크, 그리고 런닝머신이라고 하나요, 제 자리에서 15분간인가 연속으로 뛰면서 심장부하(負荷)검사. 이러다가 여태까지의 결과로는 '이상무'라면서 그러나 이것만으로는 정확성이 70%밖에 안 되니 심장단층 촬영을 한다는 것입니다. '할까요'라든지, 그 비싼 검사비를 감당할 수 있는 '능력이 있는지요'라든지의 중요(?) 절차는 뒷전이고, 아침부터 오후 네 시까지, 좋게 말하면 우주인의 무중력 상태 진입 연습용 캡슐에, 나쁘게(?) 얘기하면 연탄가스 사고자의 구조기기 홀(?)에 들어가듯이 하는 실험을 몇 번이나 거치는 수고를 겪게 하고는, 며칠 후의 담당의 면접시의 결과 언급은 딱 한 마디였습니다. '괜찮다'는 것입니다. 그리 많은 돈과 시간을 바쳤는데 결과의 보고서 한 장 없고 그냥 괜찮다는 것이니, 여하튼 괜찮다는 것이니 더 물을 수도 없었지요. 또 그 뒤의 혈액검사, 그리고 또 무슨 검사 있잖아요, 암 검사과정에서 으레 나오는 그것 무어지요, 아, 그렇지요, 초음파 검사를 해야 한다고, 간호원이 - 의사의 권위(?)는 나에게 그런 얘기를 직접 하지 않지요 - 하자는 것입니다. 나는 여기서 용감히 그 사슬을 끊고 빠져나왔지요. 나는 이 이야기를 그 뒤 친구들을 만날 때마다 무슨 모험담과 무용담을 펼치듯이 널어놓습니다. 거기서 뛰쳐나오는 것, 나로서는 큰 용기와 결단이었으니까요.

요새 내 심장에 자신이 생겼습니다.

내 심장이 어떤 심장인데 하고요.

한국동란 때, 남행열차의 종착역의 플랫폼에, 꼭 바닷가 부두에 나열되었던 어물 상자처럼의 그런 행렬, 전쟁터에서 실려 온 주검의, 그리고 죽어가는, 그래서 이래저래 비릿한 아우성의 아수라장 소용돌이 속에서도 내 심장은 대단하게 멎지 않았으니까요.

어머니가 숨을 거두었을 때도 내 심장은 여전히 뛰고 있었고요.

손을 씻어도

씻어도
개운치 않는
이런 시대(時代)에
이런 세상에
손이 있어
부끄럽구나.

(손을 씻어도)

그 어두웠던 80년대를 살아오면서도, 심지어 내 손 있음까지도 부끄러워하면서 이리 잘도 살아왔으니, 나도 남들처럼 대단한 심장의 소유자임에 틀림없을 것입니다.

5

마음 습하거든
뒷산에 가서
싱싱한 나무의
마른 껍질을
만져 보아라.

그래도
마음 습하거든
노송(老松)의
그 골 깊은
껍질에

손바닥 가득히
비비어 보라,
비비어 보라.
솔잎
바늘 끝에
이슬처럼 바람이
떨어지노니

마음
습한 날은
은사시나무 잎새를 지나서
자작나무 명주 결에
그대의 숨결을
골라 보아라.

(마음 습하거든)

마음 습하면, 가슴 아프면, 심장이 죄어 오면, 그리고 무지개 없이도 가슴이 너무 뛰면, 요새 나는 이리 지냅니다.

초우재 뒷산에 오릅니다.

그리고는 나무껍질에 손바닥을 비빕니다.

웃지 말고 거기 비벼 보십시오.

당신은 벌써 건초(乾草) 내음을 맡아 보았으니 이 감촉에 쉬 익숙해질 것입니다.

그리고 미안하지만, 시원찮으나마 졸작의 다음 시행(詩行)을 한 번쯤 음미해

주시고요.

우리들 삶의 종언(終焉)
그 명목(瞑目)이 어둑해 올수록
오롯한 별빛의 찬연한
맑음, 그 맑음의 첫머리에
오늘 아침, 나는
스스로와라, 스스로와라.

이 나이에 오면, 어둠과 맑음이 정비례한다고,
이 강변(強辯) 앞에서도 당신은 쉬이 동의자(同意者)가 될 수 있을 것 같아서 횡설수설했네요.

워어즈워드의 그 시 '내 가슴은 뛰누나'가 떠올라
이리, 스스로와라 스스로와라, 너무 떠들었습니다.

草友齋 主人(1999년 3월 28일)

통신 (29)

# 초우재 뒷길의 기억들

1

이 산골 비슷한 마을에 초우재가 둥지를 튼 지 햇수로는 어느새 3년째입니다. 이 동안 이 마을에는, 마을이라지만 집채라고는 너댓밖에 안 됩니다만, 별 변화는 없습니다.

참, 한 집은 이 마을에서 떴습니다. 세든 가정이었는데 지난 가을에 옮겨갔습니다. 신학(神學)을 공부하는 분이 바깥이었고, 딸 셋을 둔, 언제나 검정 치마 저고리 차림의 부인의 노력으로 살림을 꾸려간다고 알려진 세대(世帶)입니다. 하루는 산책길에서 돌아오는 나를 보자, 바깥 분이 한 잔 끽차(喫茶)라도 하자며 어렵사리 사는 자기집 공부방으로 끌기에 따라갔더니 그때 막 마쳤다는 석사학위 논문을 보여 주었는데 중국 산동성인가의 어느 지방에서 선교(宣教)를 한 한국의 어느 목사의 목회활동을 추적(?)한, 나 같은 문외한에게는 퍽 인상적인 주제였습니다. 이제는 박사과정 입학시험을 준비 중이라고, 자기 꿈을 말하던 기억이 있습니다. 전라도 어느 시골 태생 같았습니다. 어릴 때 그 마을에 교회가 있었든지 아니면 새로 생겼겠지요. 그 교회를 나가게 되고 나중에는 새벽기도에까지 매일 참례하게 되고, 목사님의 말씀 한 마디 한 마디에 자기 가슴이 뛰놀기 시작하고… 그래서 그런 목회자가 되는 꿈을 가졌겠지요. 그러나 가난해서 아니면 아버지의 강권으로 다른 길에 나섰다가 다시 고향처럼 그 세계에 대한 그리움으로, 비록 늦깎이의 고달픔일망정 돌아왔는지 모르겠네요. 그들 일가(一家)가 여기 살고 있을 때는 주일날에는 자주 찬송가가 그집 뜰에서 요란(?)하게 들려오곤 했습니다.

목사님 얘기가 나오니 잊어버린 듯 생각나는 이웃이 있습니다. 초우재에선 나무들 때문에 거의 안 보일 정도로 산 밑자락에, 초우재보다 더 납작하게 땅에 붙은(?) 단칸방의 조그마한 와옥(瓦屋)이 저기 있음이 떠오르네요. 밤에는 그 엎드린 집채에서 형광등의 불빛이 나뭇가지 사이로 비쳐 나와서 그제서야 거기 누가 있음을 생각게 해 주는데, 그리 언제나 조용합니다. 목사님 내외분께서 기도하는 곳이라고 들었습니다. 시내 한 교회의 담임목사로 그 세계에서 알려지신 분인 모양인데 뵙기는 내가 이곳으로 이사를 올 즈음 그쪽 마당 언저리에 서 계신 것만 한 번 얼핏 있었습니다. 회색 바지저고리에 검은 조끼의 모습이었던 같습니다. 가끔 새벽에 거기서 나오는 젊은이들의 그런 복장을 본 일도 있습니다. 있는 듯 없는 듯 그리 조용해서 흔히 생각되는 그쪽(?) 세계의 요란함(?)이 없어 때로는 선방(禪房)인 듯 착각을 가집니다. 그래서 한 번 가서 뵙고 싶으나 그 고요함에, 또 내 고요함에도 방해가 될지 몰라서 참고 있습니다. 그런데 목사님의 이 기도옥(祈禱屋)의 조용함을 방해하지 않는 분들이 밤에 그 근처의 산자락의 여기저기 몇 군데 있습니다. 철야를 하시는 분들입니다. 담요나 비닐 류로 추위나 빗발을 막으면서 나무 등걸 가에서 밤 내내 기도하는 분들입니다. 있는지 없는지 이 분들도 그리 조용합니다. 공통점은 역시 회색 바지저고리에 검정 조끼이고 여자 분들은 까만 저고리 치마인 것 같습니다. 이만치 저만치 서로 떨어져서 밤을 지새는 그분들에게 밤중의 내 코고는 소리가 거기까지 들리면 어쩌지 하는 지나가는 우스개 걱정도 합니다만, 여하튼 그들에 비해 내 삶은 본질적인 문제에 별

의문 없이 살아가는 것 같아서, 그들에겐 가장 큰 문제를 이리 빈둥빈둥 바라보고만 있어 내가 문제아가 아닌가 하는 생각도 조금은 해 볼 때가 있습니다.

## 2

한 쪽은 산자락에 접한, 이 골의 길은 겨우 자동차가 숲을 스치며 지나갈 정도의 폭이고 그것도 초우재 앞에 와서는 산으로 오르는 산책길로 갑작스레 더욱 좁아져버립니다. 이 골에 옮겨 와서 이 길에 나서면 여기서 노는 두 애를 나는 자주 만납니다. 초등학교 3·4학년쯤의 여자아이와 머슴아입니다. 이들은 오뉘, 누이와 오라비 사입니다. 그러니까 누이가 4학년, 남동생은 3학년생쯤의 연년생처럼 보입니다. 요새 그만 또래의 애들에게서 흔하게 보는 살이 포동포동하고 뽀오얀 살갗의, 그런 모습과는 애들 체질은 달라서 조금은 깡마른 듯, 피부 빛도 좀 어두운, 그래서 시골 애의 느낌을 주는 듯합니다.

이 골에는 같은 또래가 안 보여서 그런지 언제나 놀 때에는 이들 둘이서입니다. 작은 공 또는 축구용의 큰 공으로 놀 때도 있고, 셔틀콕을 라켓으로 주고받는 배드민턴 놀이에 둘이가 열중할 때도 있습니다. 그러나 별 요란하지 않고 조용한 편의 열중입니다. 여기서나, 근처의 내리막길 또는 오르막길의 학교 오가는 길에서 만나면 언제나 인사를 빠뜨리지 않습니다. 한두 번은 산길에서 둘이가 헤매는(?) 것을 본 일도 있습니다. 비가 오는 날은 우산을 각기 쓰고 함께 아랫마을에 있는 학교를 가는데 그 길이 그리 가깝지 않아서인지, 애들을 본 비탈길 근처 할머니들이 노파심으로 그 애들 손에 마을버스 요금을 억지로 쥐어 주려는 일도 있는 모양인데, 여하튼 학교 오가는 길에서도 언제나 이들은 오누이 행렬(?)의 둘입니다.

이들은 대체로 다정합니다. 그리 애틋하게 서로를 돌보는 것처럼은 보이지 않으나, 싸우는 것도 다투면서 토라지는 것도 그 동안 별로 눈에 띄지 않습니다. 또 이 오누이가 집에서 혼나는 것도 못 들은 것 같습니다.

그리고 집에는 고등학교를 다니는 자매가 있는데, 애들에게 언니와 누이가 됩니다. 이들 관계는 사촌입니다.

오뉘는 자기 집에서 지내는 것이 아니고 아버지의 형, 그러니까 큰아버지와 큰어머니에게서 자라고 있습니다. 언제부터인지는 잘 모르겠습니다. 얼핏 들은 바로는 아버지가 어머니와 헤어져서 큰댁에다 데려다 놓았다는 것입니다만 확실히는 모르고 있습니다. 우리나라에서는 그런 일들이 부끄러움으로 통하고 그래서 당사자인 애들의 기를 죽이는 큰 일로 알려지기 때문에 모르는 척하고 지내는 것이 오히려 자연스럽게 느껴지니까요.

그래서 나도 이 오뉘들에게 짐짓 무관심으로, 예사로이, 그러다가 너무 그리 신경을 써서 조금 냉랭했던 게 아닌가 싶습니다.

그런데 얼마 전에, 어느새 한 댓 달 되었나요. 어느 날 이후 그 오뉘의 모습이 이 골목에서 자취를 감추었습니다. 애들의 아버지가 안정이 되어 데리고 갔다는 것입니다. 어느 동리로 갔는지 모릅니다. 또 어느 골목에서 그리 오뉘가 놀고 있을는지, 아니면 이제는 비슷한 또래들이 있는 골목이어서 남녀가 나뉜 본격적(?)인 아이들의 세계에서 계집애답게 선머슴애마냥 신나게 놀고 있을지. 혹시 모르겠네요, 생소한 아파트 취락(聚落)에 가서 더욱 오뉘의 세계로 좁아져 가고 있는지도요.

그 애들이 살던, 그 애들의 큰댁은 이 골에서 가장 이 골의 집처럼의 바깥 분위기를 갖고 있습니다. 많은 나무 속에 조그마한 집채이고, 그리고 대문이 없는, 그 집으로 들어가는 돌층계에 위에는 아주 큰 소나무의 가지들이 휘어져 있습니다. 내 친구들이 초우재에 왔다가면서 한 마디씩 합니다. 저 집 팔지 않으냐고요. 그리 거부감을 주지 않는 자연스러움을 갖고 있어서인지, 쉬 자기 집들이 될 수 있을 거라는 느낌이 가서 그러는 모양입니다. 집 모양의 그런 자연성과 개방성처럼 그 집 젊은 주인들도 그 조카들을 기르는 데 넓은 마음을 보였겠지요. 그 애들과의 관계에 대한 아무런 뜬소문도, 그리고 울타리도 없어 쉽게 들을 수 있는 목소리에서도 그 애들과의 시끄러움은 전혀 안 들렸으니까요. 그런데 나는 그 집으로 오르는 층계를, 아니 이 동네 골목을 볼 때 가끔 그 오뉘들에 대한 그리움 비슷한 감정이 생길 때가 있습니다.

얘기를 하다가 보니, 한 인생을 무대에 올려놓은 기분이 드네요.

한 또는 두 인생의 유년기(幼年期), 그것도 어느 골목에서의 한 컷을 보이면서도, 묘하게도 인생의 온 주제를 올려놓는 것 같은 기분도 들고요. 그들 오뉘에겐 어쩌면 어린 날 꿈결같이 스친 일로 잊혀질지도 모를 일을 가지고요.

3

바로 이웃집의 L 교수와 나는 오랜 지기(知己)입니다. 나이는 10년 가까이의 차이가 있지만, 별 스스럼이 없습니다. 극작가인 그의 작품이 공연될 때마다 초대해 주었고, 바닷가 자기 고향의 별미식품이 생기면 그 맛을 나누어도 주고요. 그리고 한 오륙년 전까지만 해도 동리의 친구들과 함께 자주 설악산이며 지리산 산행(山行)도 더불었고요.

그런데 요새는 처지에 좀 변한 일이, 그러니까 내 쪽에서 생긴 일이 있습니다. 내가 어느새(?) 백수씨(白手氏)가 된 일 말입니다.

그래서 아침의 그의 출근길과, 내가 부지런 떤다고 일찍 아랫마을에 내려갔다가 되돌아오는 길목에서 마주칠 때가 있습니다. 그가 차를 세우고 창문을 엽니다. 학교 갔다 오겠다는 인사를 하기 위해서이겠지요. 그런데 그 말이 나오기 전에 내가 먼저 말하고는 그의 차로 하여금 비탈길로 내려가게 합니다.

무슨 말을 할까요.

서로 딱해 한다는 것입니다.

나는 그를, 그는 나를요.

지금 내려가면 시내 찻길의 교통 혼잡 속을 어떻게 뚫고 갈 것이며, 학생들 앞에서의 강의 준비는 어저께 밤에 그리 약주를 하고는 어떻게 되었지, 내 이 훌훌 털은, 이 홀가분함을 보아라. 입니다.

아이고, 지금 집에 들어가면 내가 학교에 가서 학생들과 신나게 그리 떠들고(?) 있을 동안에, 그리고 연구실에서 그리 연구에 파묻혀 있을 동안에 그 긴 시간을 당신은 어떻게 보내려고요. 이리 응수하는 것 같이요.

그런데 우리는 이리 서로 딱해 한다고 우리를 아는 누구라도 만나면 공개(?)하지만, 내심으로는 서로 부러워하고 있을지도 모르는데 서로는 아직 이를 공개할 의향은 없는 모양입니다.

그러나, 서서히 나와 이 L 교수와의 관계에서는 '딱해 한다'와 '부러워한다'는 말의 그 개념에 혼란이 오고 있는 중인지 모르겠습니다.

세상만사에 이 말에 혼란이 오면 인류는 그야말로 절로 행복해질 것 같은데 말입니다. 그렇게 부러워하던 권세가며 부귀가를 딱해 하고, 아, 역사의 어떤 길목의 한 국면의 순간에서는 그런 착각을 맛볼 때도 있지요. 그렇지만 못났고 힘도 없고 그런 사람을 부러워하는… 역사에서 있었나요. 신화에서나 있을 법한, 이 사고(思考)의 그야말로 코페르니쿠스적 전환이 말입니다.

## 4

어느 분의 화첩(畵帖)기행이라는 신문 연재물에 보니까요, 사후(死後) 더욱 화제의 여성이었던 한 분의, 생전 세계의 자취를 더듬으면서, 그녀가 독일에서 공부하며 방황할 때의 한 도시의 분위기를 말하는 대목에선가요, 뮌헨의 쉬바빙 거리였던가 싶습니다. 어스름 저녁 때 가로의 가스등에 점등(點燈)하는 거리의 모습이 나오던데 참 아름답다고 생각했습니다. 노인이 자전거를 타고 가면서 긴 막대기로 가로등마다에 불을 밝히는 것입니다.

초우재 뒷길에도 가로등들이, 아니 기찬 이름의 보안등(保安燈)들이 몇 군데 달려 있습니다. 전봇대에 매달린 쇠붙이 스위치 박스를 열고 그 속에 들어 있는 손잡이를 아래로 내리면 노란 불이 들어오게 되어 있습니다. 새벽에 산길에 오르는 분들이 소등(消燈)을 합니다. 그러나 점등은 대개의 경우 주민들이 하게 되지요. 나도 얼마의 몫을 합니다. 생각해 보면 내가 제일 적격인 것 같고요. 아니 그보다 어둑어둑해 오는 산길의 귀로(歸路)에 불을 밝힌다는 것도 참 좋은 일이고, 그리고 나같이 바쁘지 않는 이의 좋은, 하루 마무리 쉼표의 느낌도 될 것 같고요.

쉬바빙 거리에서 점등하는 그 노인처럼, 나에게도 비록 헌 것일지라도 자전거가 초우재 앞뜰에 대기하고 있습니다. 이 자전거가 이 골에 온 유래에 대해서는 당신은 익히 알고 있습니다. 이걸 타며 끌며, 긴 막대기로 까치 둥지 옆의 산행등(山行燈)에 불을 밝히는 - 환상에 자주 젖습니다.

그리고는 바깥에 나가 보안등 스위치의 손잡이를 올리고, 아니 내립니다.

참, 문화의 차이란 별 거가 아닌데 그 별 거 아닌 것이 실(實)은 대단한 별 거입니다.

좋은 문화에서 숨 쉰다는 거, 우리의 꿈이지요.

좋은 꿈을 가지시길….

草友齋 主人(1999년 4월 1일)

# 제2부

(2000년 9월~2003년 12월)

## 통신 (30)

# 취미의 풍령(風鈴)

K형,

FM에서 런던 BBC 심퍼니 오케스트라 연주의 베토벤 교향곡 7번을 들려줍니다. 다 듣고 난 후 지금은 푸시킨의 시 The Gypsies에 곡한 라흐마니노프의 오페라 한 막을 듣고 있습니다. K형 내외께서 지난여름 페테르부르크에 들렸을 때 저에게 사 주신 CD에서 입니다. 여름에는 자주 들었는데 가을에 들어서는 처음입니다. 푸시킨 시집이 가까이 없어서 그 시와 함께 하지 못해서 아쉬움이 있습니다만, 관현악기들의 좋은 연주와 등장인물들의 아름다운 목소리들은 이 가을밤에 저의 감수성을 더욱 부추기는 것 같습니다.

마음이 깊어서이겠지만 K형이 저에게 자주 선물해 주신 것들에는 한결같이 많은 생각이 담겨 있음을 느낍니다.

저의 집 뜰의 저쯤에 서 있는 감나무의 한 가지에 달려 있는, K형이 재작년 일본 여행에서 사 오신, 나그네길에선 무거웠을 장명등(長明燈) 모양의 풍령(風鈴)을 볼 때마다, 더욱이나 한밤중에 바깥에서 들려오는 그 소리가 제 무거운 잠을 가벼이 흔들어 줄 때는, 고마움에 앞서 그 좋은 선물에 눈이 간 고견(高見)에 감탄하곤 합니다. 그래서 한동안은 그 제품을 만든 일본 회사에게 편지를 내어, 저의 집 뜰의 한 모퉁이를 차지해서 바람에 자주 흔들리며 소리내고 있는 일본문화의 조그마한 식민성(植民性)의 영토에 대해서 제가 놀라고 있다고 말해 보고 싶었는데, 요새는 그보다 그 소리가 저에게 울려 주는, 우정(友情)이라는 영토에서 펄럭이는 깃발의 나부낌을 자주 듣게 해 줍니다.

그런데 그만 그 영토에 변화가 생겼습니다.

지난 한여름 때입니다. 비바람이 치고 한 날, 그래서 우거(寓居) 초우재(草友齋) 지붕에 은행(銀杏)이 가끔 떨어지기 시작한 무렵의 어느 날 아침에 제 귀보다 눈이 먼저 감나무 중간가지의 그 풍령에 갔을 때, 바람 속에서도 요란히 울지 않는 그 변화성에 놀랐습니다. 장명등 모양의 하단에 달린 밤톨만한 종(鐘)의 방울에 매달려 바람을 타면서 그네를 타던, 폭 3·4cm와 20cm 가까이 길이의 그 종이(紙) 흔들이의 반쯤이 없어진 것입니다. '趣味의 風鈴'이라는 자막(字幕)(?)에서 끝 두 글자의 부분이 찢기어 날아가 버린 것입니다. 그 근처 풀밭을 뒤직여 보았으나 찾아지지 않았습니다. 나는 이후 며칠 동안은, 흔들고는 있으나 아우성은 없는 헛바람만 본 셈이었어요.

그러다가 뒤이어 태풍이 휘몰아쳐 왔습니다. 아직 덜 여문 은행 알곡식들을 거의 다 떨어트리고 키 큰 나무들의 허리를 휘청거리게 했으니 그 풍령의 종이 흔들이의 나머지 자막 부분이 세찬 풍우(風雨)에 견디지 못하고 사라진 것입니다. 이제는 방울도 흔들리지 않으니 헛바람의 실체마저도 가늠하기 힘들어졌어요.

그래서 태풍(颱風) 후일(後日)의 정적을 흔들게 할 것처럼 새로 흔들이를 하나 매달았습니다. 책표지를 잘라서 만들었는데 본디 것과는 달리 이번에는 코팅된 것이었어요. 지지난 여름에 그 선물을 받고서 바깥뜰의 감나무에 매다는 멋을 부리면서 마음에 걸린 것이 코팅 안 된 종이 흔들이의 맨 살갗이 비바람을 어떻게 견딜까였는데, 그러나 코팅했을 때의 그 질감(質感)에 바람결이 미끄러지고 그러면 종의 금속성 방울의 흔들림에 예민성이 줄어질 것 - 이라는, 그래서 제조

회사에서 상품으로 세상에 내어놓을 때 코팅이라는 쉬운 과정을 배제한 것이 아닐까 라는 논의를 K형 하고 한 때 주고받은 일도 있었지요.

이런 데까지 마음 쓰는 내 좀스런 성격은 이웃의 한 후배친구로부터 '뭐 그런 데까지 신경 쓰느냐'는 핀잔을 자주 받습니다. 그럴 때마다 좀 민망하기도 하나 어떨 때에는 '그래 신경 안 쓰게 되었느냐'고 반격하기도 합니다.

그런데 새로 단 흔들이가 흔들리면서도 어쩐지 풍령이 우는소리가 요새 시원치않습니다.

더욱이나 한밤중에 일어나 듣는 소리의 리듬에서 전혀 다른 느낌을 받습니다. 그 차이를 쉽게 설명할 수는 없으나 요새의 소리는 별로 신명나서 우는 것이 아닌, 그래서 별스런 리듬을 못 느끼곤 합니다.

아무래도 코팅한 종이여서 미세한 바람결은 그냥 미끄러져서 종의 혀 놀림이 시원치 않은 게 아닌지 모르겠네요. 그리고 지난번보다 이 흔들이의 길이도 이번 것이 조금은 짧은 것 같기도 하고요. 요새는 뭐 때문인지 흔들이의 전신이 조금씩 말리어 활의 몸처럼 굽어져 가고 있으니 이 또한 영향을 주었는지 모르겠네요. 이러니 신경 안 쓸 수 없게 된 느낌을 요새 자주 갖습니다.

K형, 너무 풍령의 흔들이에 대한 얘기가 길어졌습니다. 아 참 이건 꼭 덧붙여야겠습니다. 그 새 흔들이 종이에는 물론 자막이 없습니다. '趣味노(의) 후우린(風鈴)'이라는 좋은 캐치프레이즈 말입니다.

지난여름은 너무 무덥고 그래서 지루했습니다.

그 여름 한 중간에 K형 내외는 러시아와 북구(北歐) 쪽에서 저는 영국에서 그곳 여름의 가을 같은 날씨의 청량(淸凉)에 한동안 서늘했으나 다시 한국의 찌는 더위에 갇힙니다.

이 날씨 때문이었는지 우리들 만남의 리듬도 파격(破格)을 맞았습니다.

풍령은 제 뜰에서 옛 리듬으로 소리 내지 못하고

사흘이 멀다 하던 우리들의 잦은 만남의 리듬도 헝클어졌네요.

풍령의 흔들이를 다시 바꾸어 보렵니다.

요새는 아침저녁으로 제법 서늘한 가을입니다.

우리들 사이에는 여름날의 풍우 같은 외난(外難)도 없었는데,

그러나 나는 요새 우리들 우정의 영토에 부는, 이 바람의 그 자의적(恣意的)이고 자연적인 조절성(調節性)을 아름답다고까지 애써 느끼려 합니다.

풍령이 어떤 사정으로 바람을 제대로 못 받아 울지 않는다는 얘기를 하다가 우리들 만남의 뜸함의 경지에까지 용훼(容喙)하게 되었네요.

두쪽 다 바람을 제대로 못 일으키는

제 탓을 흉보지 않고 되려 얼버무린 것 같아

K형, 미안합니다.

그냥 가을 편지의 서투른 사연으로

받아주십시오.

草友齋 主人(2000년 9월 24일)

통신 (31)

# 벽난로 가에서

L 형에게

그게 몇 년 만이었지요. 小都市 C에 있는 조그마한 여자대학에서 함께 지내다가 먼저 L형이 서울로 떠나고 그래서 좀처럼 다시 만날 기회가 없었는데, 얼마 전에 한 어떤 궁금증이 좀 쑤실 듯하다는 핑계로 제가 형의 西峴 東山房을 느닷없이 찾았던 것이.

거의 이십 년도 훌쩍 지난, 만남이었을 것입니다.

그런데 우리는 반가움의 인사를 주고받자 곧 벽난로 얘기에 빠져들었지요.

아직 수년이 남아있는 잔여(殘餘)연한이 지루해서 대학당국에 명예퇴직을 신청해 놓고는, 山村行 꿈에 사로잡히고 있다는 내외분의 근황을 듣고는 저도 질세라 하고 요즈음의 제 꿈 얘기를 끄집어내면서 벽난로 얘기가 시작되었을 것입니다.

> 그대가 늙어 백발이 되고
> 잠이 많아져 벽난로 가에서 고개를 끄덕일 때
> 이 책을 꺼내어 천천히 읽으며
> 그대가 한 때 지녔던 부드러운 눈동자와
> 그 깊은 그림자를 꿈꾸어라

(W. B 예이츠; '그대가 늙었을 때'의 첫연)

늙음, 잠, 책, 꿈 … 이런 것들과 벽난로가 참 어울린다는 생각을 한때 가져보았지만, 그러나 한국인의 가난한 삶에 오래 젖어온 우리들에게는 화롯불의 그것에 비해 이 꿈은 언제나 異國的 취향의 夢想으로만 스쳐갈 뿐이었지요.

그런데 이 벽난로에 어떻게 용감히(?) 꿈의 불을 지피게 되었는지, 아마 그때 제가 얘기했을 것입니다. 寓居 草友齋 앞뜰에 이어진 밋밋한 丘陵으로 된, Y대학 뒷산자락에 群集을 이루다시피 했던 키 큰 아카시아 나무들이 베어 넘어지면서부터입니다. 見物生心으로 나를 그것들은 가만 두지 않았어요. 앞뜰 가까이에 그것들은 세 뭉치로 조그마한 언덕들을 이루면서 나를 부추겼는데, 그것을 위한 실천의 내 횡보가 느리자, 그것들은 다른 데로 팔려가면서까지 위협을 주기 시작했어요. 한 덩어리는 가까이에 있는 움막집 기도실의 목사님이 자기 교회로 실어갔고, 또 하나는 어느 신학대학의 대학원 가난한 기숙실 땔 감으로 제 꿈이 잘려 나갔습니다.

아카시아 나무들이 땔 감으로 드러누운 것이 지난 해 초봄이었는데, 내가 움직이기 시작한 것은 지난 늦가을의 어느 날이었어요.

우연히 강남대로의 한 네거리를 지나치다가 본, 벽난로 전시 중이라는 현수막이 걸린 큰 빌딩의 2층을 친구 두 분과 함께 찾았던 것이 꿈을 이루려 애써보는 첫걸음이었습니다. 그러나 여기서의 시도는 실패했어요. 그쪽 거리에 걸맞게 전시되고 있는 매장의 화려함부터가 저희 노년을 어색케 했고, 일행이 생각했던 고전적인 느낌의 그것이 아니고, 그러니까 어릴 때 학교 교실이나 교무실에서 낯익었던 주물(鑄物) 난로들이 주던 그런 회고성과는 달리, 너무 매끈한 또 너무 모던한 강철제의 여러 모양이었어요.

어느 코너에는 주물의 것이 있었는지 우리는 제대로 물어보지도 못하고 서둘러 거기서 빠져 나왔어요. 마치 고흐나 고갱 등의 미술에 익숙했다가 피카소의 그림에 처음 접했던 당혹감 같은 그런 촌스러움(?)에서 그랬는지요. 아 그보다도 150만원에서 시작하는 그 고가(高價)성이, 소박한 욕심에서 출발한 나의 꿈과는 어울리지 않아서였을 것입니다. 좋은 건물의 저택 거실에서나 어울릴 것을 이 초라한 초우재 내 서옥(書屋)에서는 감히 생각할 수 없었으니까요. 우리 노년 셋은 지하철을 타고 취미탐색행의 방향을 돌리면서 그 제품들에 대해서는 아무도 묘하게도 입을 열지 않았는데 다른 분들도 아마 같은 생각이었겠지요. 우리는 전철을 몇 번 바꾸어 타고는 그날, 실은 처음으로 가고자 했던 강북의, 가난한 가게들이 줄지어 있는, 그러나 낡은 고물 제품들의 모든 것이 촘촘히 즐비해 있는 잡화의 거리를 찾아서는 한참 동안 돌아다녔습니다. 벽난로 감을 만나기 위해서입니다. 옛날 초등학교 교무실에서 보았던 주물제의 난로들은 발견했으나, 그리고 철판으로 접어서 만든 모난 몇 변형들의 조잡한 디자인의 신형 난로들을 만들어서 팔고 있는 가게들까지는 찾았으나, 역시 여기서도 내가 생각하는, '그대가 늙어 백발이 되고, 잠이 많아져 벽난로 가에서 고개를 끄떡일' 만한 분위기의 고물의 고전적인 느낌의 것은 없었습니다. 그 뒤 나는 한 번 더 이곳을 헤매었어요. 혼자서요. 처음에는 지치기도 했지만 나처럼 그리 절실하지 않았던 동행의 분들에게 미안해서 샅샅이 뒤직이지 못한 미련이 있었으니까요.

이 두 번째 날에는 한 골동품 가게의 깊숙한 구석에서 주인이 자랑스러이 보여주는, 그야말로 오래오래 된 주물제의 벽난로를 보는 반가움이 있었어요. 그러나 나는 그 골동품에서 내 꿈을 만나지 못했습니다. 너무 작았고 묘하게도 너무 초라하다는 생각도 들었고요. 우리들의 벽난로 꿈이 처음으로 싹튼 것은 대개의 경우 아마 서양 영화의 장면들에서였을 것입니다. 이른바 분위기 있는 씬의 연출에서입니다. 그래도 값을 물었더니 놀랍게도 이 역시 150만원을 호가하더군요. 이래서 두 번째 날도 무소득이었습니다.

앞의 이런 실천(?)적 과정에 앞서, 지난 이른가을 하루 양수리(兩水里) 쪽으로 나들이를 가다가 들판 한 길목에 장작난로 및 벽난로 전시 및 주문제작이라는 플래카아드 걸린 가건물의 천막을 본 일이 있어요. 그 근처에 촘촘히 들어서는 카페들의 겨울 분위기를 생각한 작전으로 보였으나, 아직 전시는 시작되기 전이었습니다.

어느새 겨울에 접어들었으니, 찾아갔어요. 거기 이르기 직전에 도로 가에 있는 몇 개의 난로들을 보았습니다. 그런데 여기서의 것은 아까 말한 고물 잡화시장에서 본 강철로 모나게 접어서 만든, 제 취향에는 당기지 않는 모양의, 변형 난로였어요. 그리고 초가을에 보았던 자리의 전시장에도 들렀는데, 역시 이런 난로들과, 가게 주인의 의욕이 보이는 시도(?)의 벽난로의 제작품이 한 둘 있었으나, 이 역시 매우 고가품이었고 주물제의 것이 아닌 모던한 취향의 것이었어요.

그런데 서울 강북의 고물, 골동시장에서나 양수리행 길의 이 두 가게에서 본 난로들은 모두 같은 공장의 제품들이었어요. 강철의 평면을 접어서 디자인한, 고구마를 굽게까지 장치한, 제 눈에는 조잡한 모양이었는데, 그 난로들의 한 부분에 제조공장의 전화번호가 있어 기억하고 왔지요. 그래서 하루는, 어느새 벌써 겨울이 깊어졌던, 경기도 어느 곳에 있는 그 공장을 헤매며 찾았지요. 공장 주인의 자세한 설명과 여러 제품들을 보았으나, 내가 생각하는 느낌을 주는 그런 벽난로는 찾아지지 않았습니다.

그렇다고 '내가 생각하는 느낌을 주는' 것이 어떤 것인지, 나는 그것을 구체적으로 말할 수도, 그릴 수 없었지요. 그래서 내 꿈을 좇느라 가을에서 구체적으로 시작한 이 과정은 별 성과도 없이, 그러나 여전히 꿍꿍거리고 있었으니, 겨울이 깊어지면서 벽난로에 대한 열망은 더 높아지고 그래서 책읽기에서도 멀어지면서, 설사 어떤 글을 읽어도 그것에 잘 빠지지 않고, 초우재에서 잠들 때도 창 너머의 바깥 산자락의 그것, 장작더미가 될 그것을 더욱이 환한 달빛에서 바라보게 되면 쉬이 잠에 떨어지지 않는 것입니다. 내가 생각해도 이즈음의 내 정신세계가 좀 이상했어요.

그런데 온통 그런 생각에 젖어 있었던 어느 날 늦은 밤에 얼핏 내 머리 속을 스쳐가는 어떤 환영 같은 것이 어렴풋이 잡혀 오는 게 있었어요. 한 2년 전에 어느 화가의 집에 잠깐 들렀던 일이 있었는데 그 댁 이층 베란다 한 구석에서 무엇을 본 느낌이 어설피 떠올라, 그것이 벽난로 같은 것이 아니었을까에까지 내 생각이 그리 몰아져 가는 거였어요. 다음날 전화를 했어요. 화가의 부인- 내 제자 -이 제 궁금증을 풀어주었는데, 맞다는 것입니다. 자기 집에 벽난로가 두 곳에 설치되어 있었는데 하나는 떼어서 그 베란다에 두고 있다는 것입니다. 어떻게 반가운지요. 그래서 내가 벽난로 꿈으로 들떠 있다는 얘기를 하면서 그게 어떤 모양인지를 자꾸 물었더니, 주물이라며 언제든지 와서 보라는 것입니다. 며칠 뒤에 북한산 자락의 그곳을 찾아갈 때까지 나는 내내 설렜어요. 심지어 잘하면 얻을 수 있을 것이라는 주제넘은 욕심에까지 사로잡히기도 하면서요.

좋은 벽난로였어요. 역시 주물이었고요. 벽에 매립하는 모양이 아니고 벽에서 좀 떨어지게 설치하는 노출형이었어요. 내가 그 동안 여러 곳을 다니면서 알았던 하나는 우리가 그동안 영화의 장면 같은 것에서 주로 본 것들은 매립형이고, 이 모양은 분위기 조성에는 강하나, 열량을 품는 그런 기능에서는 노출형이 훨씬 높다는 것, 그리고 매립형처럼 열린 화구에서는 장작이 쉬이 타버리고, 그래서 요새의 개량형에는 대개의 경우 문이나 유리 장치가 되어 있어서 열량 유지(?)율을 매우 높일 수 있다는 거였어요. 앞면에는 잡아당겨 여는 문짝이 있었고 이 문들에는 불꽃이 이글거리는 또는 날름거리는 것을 볼 수 있는 기름한 모양의 유리창이 달려 있었어요. 참 마음에 들었어요. 수입품이었고, 고전적인 느낌의 것이었어요. 어쩌다가 그렇게 되었는지, 윗부분이 금이 가서 제법 길게 벌어진 상처가 있었으나 그런 것은 아무것도 아니라고 욕심을 내었어요. 그러나 내 욕심과는 달리 이 벽난로는 화가의, 다른 곳에 있는 작업실에 옮겨갈 것이라는 거였어요. 나는 아래층의 거실에서 차를 마시다가, 부인에게 백지 몇 장과 연필과 자를 얻어서는 다시 그 베란다에 올라갔어요. 그리고 폭이며 높이며 깊이, 그리고 문짝의, 유리(투시창)의 크기 등을 재면서 기록하기 시작했어요. 내부의 구조며 또 연통이 연결될 부분에 있는 불꽃 조절 장치에 이르기까지 꼼꼼히 그리느라 내 손이며 옷소매는 검정 그을음에 범벅이 되었지요. 그래서 이날의 나들이에서는 소득이 많았던 기분이 들었습니다.

초우재에 돌아와서는 볼 박스의 두꺼운 종이로 마름질하면서 그 모형을 만들었는데, 기본적인 구조는 지키되 문짝이며 거기 달릴 투시유리창, 재받이와 공기 조절구 등의 모양이며 크기에는 변화를 주었어요. 그럴 수밖에 없었던 것은 주물 제와는 다른 작품으로 생각해야 되었으니까요.

나는 사실 이 모델을 만나기 전의 한동안은, 내가 벽을 뚫고 벽돌을 쌓고 해서 우리가 흔히 보아온 조금은 호화롭게 짓는다는 집의 거실에 설치해 놓은 사제(私製)(?) 벽난로를 흉내 내어 볼까 까지의 집념에 사로잡히곤 했어요. 그러나 이제 좋은 벽난로를 보았고, 이를 흉내 낸 모형까지 자세히 만들었으니, 얼마나 진전했어요. 이것을 승용차에 겨우 집어넣고는 나와 가까운 인연을 오래 유지해 온, 멀리 있는 공업사를 찾아갔지요. 그분은 그 모형을 만든 내 열정에 놀랐는지, 만들어 보겠다는 다짐을 대번에 보였어요. 그게 지난해의 세모 그 즈음이었는데, 새해맞이 이전에 완성시키겠다고 했어요. 그러나 나는 몇 번이나 말렸어요. 바쁘지 않으니 천천히 만들어 보라고요. 그 즈음 깊은 겨울의 혹한이 엄습하고 있었는데 왜 그랬는지 모르겠어요. 바쁘지 않다고요.

정초부터 눈발이 날리고, 이럴 때 벽난로에 불을 지피고 그리고 장작 타는 소리를 한가히 듣고 있으면, 예이츠의 그 시처럼, 그리고 또 내 50년대 대학 다닐 때의 겨울날들의 시절이 되살아날 텐데.

그 시절이란, 가난한 대학시절의 냉돌(冷堗)의 하숙방에서 어느 찻집에 들리면 거기 한가운데 난로가 있었고, 책을 읽으며 차를 마시면 다른 손님이라곤 거의 없는 한낮의 정적(靜寂), 그 정적을 흔드느라 난로 속의 장작이 타는 소리가 들리고, 아 그것은 지축(地軸)이 돌아가는 소리 - , 나는 처음으로 아니 그때 벌써 지구와 우주와 단독자(單獨者)인 나와의 외로운 만남을 겪었으니, 그리고는 수십 년이 지나는 동안 다시는 만나지 못했던 그 지축이 돌아가는 소리 - 를 들을 수 있을 텐데, 왜 서둘지 않았는지요.

L형, 그보다 왜 이리 내가 세상을 번거로이 어렵게 살아가지요?

봄에 꿈꾸었다가, 가을부터 움직이기 시작한 내 벽난로에의 나들이는 겨울이 깊었고, 아니 벌써 봄의 문턱입니다. 이 나들이에서 나는 많은 열정을 드러냈으며, 이를 꿈꾸느라 많은 시간과 생각을 소비했는지요. 젊은 날처럼 허구한 세월이 내 여생에 충만해 있는 것도 아닌, 그저 아쉬움만이 안개처럼 앞길엔 듯 서려 있는 요즈음인데 말입니다. 누가 알면 어지간히 번잡하게 그래서 할 일 없는 사람이라고 흉볼 것입니다.

L형, 그런데 나는 세상을 내내 이리 살아온 것 같네요.

나는 그 번거로움 속에서 숨쉬는 것이 훨씬 편하다. 지붕이 새어서 떨어지는 빗발에 대야를 받치고 나면, 지하실 양수펌프의 모터가 그대로 서버려서 빗소리는 더욱 요란해 지고 그래서 내 심장이 모터 대신 빨리빨리 돌아가고 있어도 나에게는 그것이 세상 돌아가는 소리, 내가 그 속에서 살아가는, 정상적인 소리로만 들리는 것이다.

세 마리 개들의 방뇨(放尿)의 치다꺼리를 하면서 내 표정이 아무리 찌푸려져도 그 찌푸림에서 또 비를 들고, 쓸어 낸 지 한 시간도 못되어 또 떨어져 어지럽힌 낙엽들을 다시 쓸어도, 그래서 이리 내 힘이 내 시간이 뺏기고 저리 잃고 해서, 내가 다른 이보다 책을 좀 덜 읽는다고 해서, 나는 책보다 개들의 똥들에서, 그리고 떨어진 낙엽에서 더 삶을 느끼게 된다면 이 잡답한 존재 또는 거치적거리는 사물과의 내가 만드는 유연(有緣)이, ....(중략)....나에겐 행복이어서 좋은 것이다.

(未刊의 제 산문집 2의 87-8쪽에서)

L형, 그날 고마웠어요.

형의 산촌행 이야기에 이어 내가 요즈음 빠진 벽난로 꿈을 털어놓자, 내외께서 나직한 산들에 둘러싸인 호수 가로 나를 데리고 가면서 그 근처에 있는 한 전통찻집에 들러 그집 황토 벽난로 앞에서 차를 대접해 준 것 참 잊혀지지 않습니다. 더욱이나 그 찻집 주인에게서 저 흙난로가 만들어지는 내력이며, 그날 피우고 있었던, 인도네시아 수입산인 숯의, 내내 오래가는 아늑한 열기(熱氣)에 대해서 알아주셨지요.

그 며칠 뒤에 나는 꿈결엔 듯, 이태 전의 어느 화가의 집 이층 베란다에서 보았던 그 주물제의 작품을 힘겹게 떠올린 것입니다.

어제, Y대학 구내 우체국에 가서 이상옥교수가 우리말로 옮긴 '기싱의 고백'을 L형 내외분께 부쳤습니다. 이 책을 벌써 읽은 한 분이 거기 벽난로 얘기가 자주 나온다고 알려왔기에입니다.

그리고 L형, 며칠 전에는 그 모형을 맡긴 공업사에서 전화가 오기를 다 완성이 되었는데, 앞문에 부착할 유리를 구하지 못하고 있다는 것입니다. 이글거리고 날름거릴 불꽃을 바라볼 수 있는 투시창(透視窓) 말입니다. 이것은 내화성(耐火性)의 것이어야 합니다. 초우재에서는 멀지만 L형의 東山房이 있는 西峴 마을을 넘어서 있는 그 난로제작공장에 다시 가서 구해 와서 어저께 공업사에다 그 크기와 두께의 치수를 전화로 알렸습니다. 이는 초우재에서 부착하자고. 마치 점안(點眼)의 의식을 치르자는 듯이 되었네요.

그러면서 이렇게 덧붙였습니다.

지난번의 폭설의 잔설(殘雪)로 초우재에 오르는 가파른 비탈길에 얼마동안은 벽난로를 싣고 올라올 수 없을 것이라고 말입니다.

그래서 제 요란한 벽난로의 꿈은 아직 미완임을 L형 내외분에게 알립니다.

지루한 이야기 들어주어서 고맙습니다.

辛巳年 雨水節 가까이 草友齋 主人

### 통신 (32)

# 여기 아무개가 누워 있다

## 1

친구들 대여섯이 당신의 地上의 집을 찾아간 것이, 저 아래 남빈(南濱)에서는 매화 소식이 시작될 때였으나 중부지방 당신의 鄕里 B邑까지에는 花信이 닿지 않을 즈음이었습니다.

그런데 당신의 幽宅(유택)에 당신은 있는 기척이 없는 듯했어요. 당신이 거기 향리 가까이의 先塋(선영)에 잠든 것이 지난해의 가을이었지요. 그러니까 그 가을과 겨울을 막 지나고 있었으니 잔디들도 띠집을 이루지 못하고 그래서 당신의 유택은 아직 안온한 느낌이 덜했습니다. 우리는 준비해 간 하얀 국화 몇 송이를 놓고는 당신이 이리 귀향해 올 때 輓章(만장)이라도 들고 따르지 못한 죄를 씻을 양으로 당신에게 엎드렸으나 당신은 기척이 없었어요.

그 靜寂 때문이었는지, 당신 유택 자락에 있는 소나무 높이에 바람이 감기는 소리가 들리는 듯했어요. 그래서 소나무 아래(松下)로 시작되던 그 詩想의 五言絶句가 그때 마음에 떠올랐는지 모르겠네요. 詩題가 심은자불우(尋隱者不遇)라고 하는 그 唐詩 말입니다.

松下問童子　言師採藥去　只在此山中　雲深不知處

소나무 아래서 童子에게 물으니, 말하길 스승은 약을 캐러 가셨습니다. 다만, 山中에 계시지만 구름이 깊어서 계신 곳을 알지 못합니다.

우리도 당신을 오늘 찾아왔는데 당신이 거기 유택에 있다는 기척이 없으니, 누구에게 물어야 할지, 동자 대신에 저 松籟(송뢰)가 이리 말하는 것 같습니다. 당신은 분명히 여기 영 돌아왔으니, 향리에 계시지만 다만 계신 곳을 알지 못합니다.

당신의 고향에는 들판이 있고 그리고 그 한가운데는 白馬江이 흐르고, 그 강의 기슭에는 모래사장과 扶蘇山이 있습니다. 우리는 이 古都까지 온 김에라고는 말했으나 마음 밑바닥에는 여기까지 왔는데도 당신을 대하지 못하는 아쉬움에서였을 것입니다. 우리는 부소산에 오르고 여기저기 몇 遺蹟址로 향하는 갈림길에서 머뭇거리다가 간이휴게소 비슷한 데서 차도 마시며 이 유서 깊은 百濟古都와 당신 家門의 오랜 만남에 대해서도 얘기하면서 이곳저곳을 헤맸을 당신의 젊은 날들을 떠올리곤 했습니다. 부소산 자락과 백마강의 기슭이 급하게 만난 곳에 고란사(皐蘭寺)가 있습니다.

> "지금 백마강은 고요히 흐른다. 이따금 고기들이 뛰노는 소리만 털부덩 난다. 한편 언덕에는 빈 배가 매여 있고, 그 옆에는 한 늙은이가 낚싯대를 들고 앉아 있다. 그리고 두어 帆船(범선)은 느릿느릿 浮山(부산) 모롱이를 지나간다."

가람이 그 옛날에 보았던 부소산 자락을 적시며 흐르는 백마강의 풍경입니다.

우리들은 고란사 가까이서 승객을 기다리는 유람선에 올랐습니다. 배의 온몸이 발동 기관의 진동으로 쉴 새 없이 또 빈틈없이 떨고 있습니다. 뱃전에 부딪쳐오는 물결 소리도 들을 수 없습니다.

浮山 모롱이를 지나자 江岸(강안)에 모래밭이 보였어요.

2

"그날 나는 장화를 신고 江邊에 나가 보았다. 소나기가 후리고 간 산·들·밀밭·보리밭을 초여름의 透明한 햇빛이 영롱하게 비춰주고 있었다. 한 길씩 되는 호밀밭 사이를 걸어가자니 아랫도리는 물에 빠진 사람 모양 흠뻑 젖어 버렸다. 눈에 보이지는 않았지만 江 언덕 쪽에서는 굵은 남자들 목소리며 아해들, 그리고 아낙네들의 수런대는 소리들이 점점 가까이 들려오고 있었다. 호밀밭이 다하고 드디어 江 언덕에 나섰다. 많은 사람들이 江 언덕에 서 있었다. 正服 경관의 帽子에 붙은 모표가 화사한 햇빛을 反射하고 있었다. 江 위에선 아직도 대여섯 척의 배들이 물 속을 뒤지며 오락가락하고 있는데, 이쪽 모래밭에선 많은 사람들이 둘러서서 무엇인가를 내려다보고 있었다. 나는 그리로 갔다. 둘러서 있는 사람들 사이에 끼여 보았다. 축축한 모래밭에 거적대기를 깔고 그 위에 그 열여덟살짜리 女僧(여승)의 시체를 눕혀 놓고 있었다."

그곳 B읍 출신 申東曄(신동엽) 시인의 글입니다. 장편서사시 '錦江'을 세상에 내어놓기 전의 1963년에 쓴 '錦江雜記'라는 수필의 일단입니다. 시인은 69년에 작고했었지요.

"몇해 전 錦江 沿邊(연변)에 있는 古都 B邑에서 일어났던 일이다. …… 세 사람의 女僧이 조약돌이 가득 담긴 바랑들을 허리·어깨에 졸라매고 나란히 서서 江 속으로 걸어 들어가 죽었다는 것이다."

3

"이승 저켠 彼岸(피안)의 世界에 무엇을 보았길래 그들은 세 사람이 同時에 西쪽 하늘을 향해 合掌(합장)하고 行列(행렬)지어 한 가닥 미련 없이 점점 깊어지는 물 속으로 걸어 들어갈 수 있었을까. 무엇이 그들로 하여금 멀고 먼 그 겨냥을 향해 아무 잡티 없이 달려가는 빠른 화살이 되게 했을까."

詩人의 이 말대로, 此岸(차안)에서 彼岸으로 간 것입니다.

건너편 모래사장을 보면서 오래 전에 읽었던 이 작품에 한참 빠졌어요. 그러는 사이 錦江은 우리가 탄 유람선의 向(향)을 거스르면서 흐르고 있었고요.

시외버스 터미널로 가는 길에 들어서려면 내려야 한다는 한 船艙(선창)에서 내렸습니다. 그리고는 돌아서서 강줄기를 다시 보았습니다. 그런데 저쪽 그러니까 對岸(대안)에 있어야 할 扶蘇山이 보이지 않는 것입니다. 나만 그랬던 것이 아니고 몇 친구들도 함께 그랬어요. 지나가던 한 분이 우리의 착각을 바로잡아 주었어요. 고란사 앞에서 출발한 유람선이 부소산 기슭을 떠나 강으로 흘렀지만, 우리가 닿은 곳은 對岸이 아니라 같은 쪽의 기슭이라는 것입니다.

배를 타면 의례 건너간다는 우리의 통념을 무시해 버린 그런 뱃길에 그만 우리의 생각이 얹혔던 모양입니다.

그러니까 어떻게 되나요.

此岸에서 차안으로 돌아왔다는 것입니까.

彼岸에서 피안으로 돌아갔다는 것입니까.

그날 白馬江 강가와 이 古都에는 바람이 많이 불었습니다.

날아가 버리려는 모자를 누르고 휘날리는 옷자락을 다잡으며, 시외버스 터미널로 향하는 제법 먼 길을 걸으면서 나는 이 혼돈에서 오랫동안 헤맸습니다.

4

요새 내가 읽은 한 冊에서 무덤은 평화롭고 안온하다고 했습니다. 당신은 古都에서, 그리고 鄕里에 또 先塋(선영) 자락에 地上의 마지막 흔적을 남겼습니다.

> "그 어떤 존엄함도 죽음의 존엄함에 비할 만한 것은 없다. 가장 고귀한 인간들이 일찍이 걸어갔던 길을 이들은 뒤쫓아간 것이다. 모든 살아 있는 사람들에게 요구되는 최상의 과업을 이들은 성취한 셈이다. 그러므로 내가 이들 때문에 슬퍼할 수는 없지만, 이들의 삶이 이 세상에서 사라진 것을 생각하면 따뜻한 우애를 느낀다. 나뭇잎 우거진 묘역의 이 적막함 속에서 이미 죽은 사람들이 아직 죽을 운명이 되지 않아 세상에서 머뭇거리고 있는 사람들에게 격려의 말을 속삭이고 있는 듯하다. '그대 또한 우리처럼 되리라. 그러니 우리가 누리고 있는 이 고요함을 바라보시라!'" (이상옥 옮김, '기싱의 고백'에서)

이 '고요함'에서, 아직 '머뭇거리고 있는' 우리들에게 '속삭이고' 있었던 당신의 '격려의 말'을, 그러니까 우리들은 못 들은 것입니다.

'구름이 깊어서' 당신을 찾을 수 없었던 것이 아니라, 안온하게 편안하게 거기 당신이 있었는데, 우리는 들판의 바람 속에서, 扶蘇山에서, 白馬江에서, 또 모래사장에서 당신을 찾아 헤맸네요.

돌아오는 밤 車窓에 빗줄기가 보였어요,

그래서인지 우리도 안온해졌어요.

올 閏四月(윤사월)에 '여기 아무개가 누워 있다'라는 묘비명이 잔디로 띠집을 이룰 당신의 지상의 幽宅에 세워질 것입니다.

잘 있어요,

彼岸의 친구여.

辛巳年 寒食·淸明 날에 草友齋 主人(2001년 4월 5일)

통신 (33)

# 낙화송(落花頌)

1

N 선생,

당신이 60년대 유럽 쪽에 유학길에 올랐을 때, 뱃길로 갔지요. 바다 航路(항로)에서 몇 철을 넘기는 기분이었다면서요. 그래서 遊學(유학)으로도 적나요. 요새는 열 시간 남짓이면 도착 전화가 걸려 오는데 말입니다. 서울에 유학 온 저 남단의 시골 학생이 방학이 되어 歸省(귀성)하는 기찻길, 5·60년대 완행열차에 실려 가는 시간보다 빠른 셈입니다. 같은 선로 위를 지금은 네 시간 남짓이면 달립니다. 이도 지루하다, 시간 낭비라 해서 고속화 철도를 깐다고 야단입니다. 열두 시간쯤 기차를 타고 갈 때는 우리 국토가 그리 좁다고 생각하지 않는, 그래도 천리 길 旅程(여정)의 느낌이었는데 이제 곧 한 시간대로 좁아지겠어요.

2

지금 저는 당신에게 편지, 그러니까 草友齋 通信(초우재 통신) 부치러 구내에 우체국이 있는 Y대학으로 향하고 있습니다. 운동화를 신고요. 초우재 뒷골목 좁은 山行(산행) 길에 나서면 대학 캠퍼스의 후면 북동쪽에 簡易門(간이문) 비슷한 데가 있습니다. 산길에 오르내리는 散策客(산책객)들이 이 문을 거칩니다. 여기서 대학 건물들이 즐비한 캠퍼스 중심에 이르는 뒤안길은 참 인상적입니다. 제법 깊은 느낌을 주는 골짝을 옆으로 끼고 가는 산길인데, 소나무 숲이 능선을 이루면서 이 길에 그늘을 드리우며 내내 함께 합니다. 나무들이 너무 촘촘해서 지난겨울에는 눈이 녹지 않는 미끄럼판으로 한동안 대단했습니다. 요새는 비집고 들어온 햇살 때문에 바닥길이 때로 얼룩진 느낌을 줍니다. 그리고 떨어진 솔가리들로 해서 제법 푹신거립니다.

나는 겨울 새벽의 어둠 속에서도 이 길, 소나무 숲을 빠져나가 본 일이 있습니다만 오늘은 느긋한 마음으로 천천히 걸어갑니다. 이 능선이 끝나는 곳에서 만나는 교내 幹線路(간선로) 섶에는 개나리 숲이 黃色一陣(황색일진)을 이루었습니다. 그러나 그 기세는 벌써 신록의 잎들 차지입니다. 벚꽃들도 그 화사함의 고비를 막 넘고 있는 紛紛(분분), 散華(산화)의 흩날림입니다. 스무날 전까지만 해도 이 길에 눈발이 저랬는데, 분간이 잘 안 되네요. 그때의 그 눈발, 오늘의 이 벚꽃들의 흩날림이 말입니다.

묻혀서 사는 이의
고운 마음을

아는 이 있을까
저허하노니

꽃이 지는 아침은

울고 싶어라

55년 전에 나온 三人詩集 靑鹿集(청록집, 1946)에 수록된 조지훈의 '落花(낙화)'의 후반입니다. 전반은 '꽃이 지기로소니\ 바람을 탓하랴'로 시작됩니다.

오늘 제 앞길에서 벌어지는 落花頌(낙화송)은 白晝大路(백주대로)에서입니다. 달리는 자동차와 짜장면을 급속히 나르는 오토바이의 무한질주가 일으키는 매캐한 바람의 騷擾(소요)에서입니다.

곧 聽松臺(청송대)입니다.

외솔과 한결 선생의 胸像(흉상)이 가까이에 있는, 이 Y대학 캠퍼스에 어째 한때는 白楊路(백양로)라는 길 이름, 그리고 요새는 솔숲에 이 聽松臺라는 非(비)고유어 이름 붙이기가 가능했는지 신기하네요. 커다란 바위에 한자로 새겨진 命名(명명)이 그래서 더욱 인상적입니다. 참 백양로 시절의 이 대학, 그리고 윤동주가 다니던 전문학교 시대의 이 대학 캠퍼스를 기억하실 수, 아니면 상상할 수 있는지요.

그리 크지 않던 白楊, 그 이름 때문이었는지 자작나무의 살결을 연상시키는 버드나무의 堵列(도열)이 지금 느낌으로는 시골 신작로 넓잇 길의 양 섶에 있었고, 그 끝에서 만나는 古色蒼然(고색창연)의 언더우드館(관)과 아펜젤라館, 지금은 거의 검은빛인 石壁(석벽)에는 담쟁이 넝쿨이 長年(장년)의 팔뚝 굵기의 억센 힘으로 그야말로 용트림의 역사를 펼칩니다.

그러나 이제는, 여유 있기로 유명했던 이 대학의 캠퍼스도 현대식 건물들이 빽빽이 들어섬으로써 3·40년대 이 대학에 교수로 있을 때였던 李敭河(이양하)의 '新綠禮讚(신록예찬)'의 글쓰기 같은 한가로움은 期待難(기대난)입니다. 내 친구 H씨는 이 자기 모교 앞을 지나며 방직공장 같은 건물이 들어서고 있다고 한때 야단이었어요.

聽松(청송)이란, 소나무 소리 그러니까 소나무 잎에 바람이 감기며 나는 소리, 즉 松籟(송뢰)를 듣는다의 뜻, 그런 곳 청송대입니다. 내가 한편의 장편소설을 쓸 수 있었다면 아마 여기 청송대의 한 바위에 앉아서 그 첫 구상을 시작했을 것입니다.

아까 내가 걸어온 숲의 소나무들에 비해 여기 것은 巨樹(거수)요, 큰 황새들이 가지에 앉아서 한껏 여유를 부리며 흰 새똥이라도 길게 갈길 만합니다. 그러니까 촘촘하지 않고 境域(경역)도 넓어서 가운데에 흐르는 실개천이 그런 대로 어울립니다. 내가 빠져나온 뒤안 숲속을 빼고는 Y대학 이름난 캠퍼스의 유일하게 남은 空閑地(공한지), 그 여유처럼 보입니다.

거기 청송대의 風物(풍물)에 남녀 학생들의 사물놀이 風樂(풍악)이 오늘은 어울리지 않았어요. 징소리가 바람 몰이하면서 솔잎 새를 스쳐나가는, 꽹과리의 요란이 솔방울을 흔드는, 장고의 장단이 파르르 솔잎 끝에 얹히는, 松鶴(송학)의 날개를 펄럭이게 둥둥 북소리가 날파람을 불러들이는 소리, 그 소리들의 흥겨운 어울림이 오늘은 보이지 않습니다.

지금은 바이올린 음률이 한 소나무 밑 바위 가에서 들려옵니다. 두 사람이 지켜보고 있고 한 사람이 서서 켜고 있네요. 셋 모두가 흰 블라우스와 긴 검은 치마의 연주복을 입었으니, 혹시 오늘 저녁에는 저기 鐵骨(철골)의 시원한 美學(미학), 이 대학의 명물 야외시설인 露天劇場(노천극장)의 舞臺(무대)에서 저 우리들 대학 다닐 때 5·60년대의 감수성에 마치 수천의 명주실을 함께 뽑아내고 있던 것 같은 如蠶吐絲(여잠토사)의 앙상블, 그 유명한 만토바니 오케스트라와 같은 연주에 열중할지 모르겠습니다.

나는 교내 뒷길에서 이 대학 역사의 상징적이고 오리지널한 작품, 한 세기의 요람인 그 언더우드와 아펜젤라관 앞으로 나섭니다. 온통 진달래 축제의 마당입니다. 더욱이 잊혀 가는 이름 그 백양로에 들어서니 왼쪽 길섶의 언덕배기는 온통 길 솟은 무더기 꽃숲, 진달래의 향연입니다. 그 앞에서 젊은이들이 깃발처럼 펄럭거립니다. 꿀을 탐해서 덤벼드는 벌떼 이상의 온몸 飛翔(비상)으로 남녀가 스스럼없이 젊음을 연기하고 있습니다. 잘못(?)하다간 김유정의 동백꽃 마지막 절정, 나와 점순이와의 '알싸한' 내음이, 구경하고 있는 저들 친구의 코끝에 확 끼얹힐 것 같아, 노옹(老翁)인 내가 괜히 조마조마해지네요.

나는 어느새 사람 숲에 들어섰습니다.

젊음의 숲을 헤치면, 때론 遊泳(유영)하는 즐거움과 어려움이 있습니다.

3

대학구내 우체국입니다.

나는 天秤(천칭)에, 아니 전자저울에 당신에게 보낼 편지를 올려놓습니다. 빠른 우편이 아니라고 했더니 190원이랍니다. 너무 싸지 않습니까. A4용지 다섯하고 여섯, 그러니까 열한 장으로 흰 봉투의 배가 불룩할 정도인데도 말입니다. 그리고 또 하나는 8백 원입니다. 외국 가는 항공우편입니다. 미국에 가서 공부하고 있는 친구 아들에게 입니다. 친구는 작년에 작고했어요. 두 장의 우표를 받아서는 각각의 봉투 오른 쪽 위에 단정히 붙입니다. 50대 중엽의 한 제자는 우편물을 보낼 때는 이렇게 나처럼 단 한 장으로 치장하지 않고 소포의 경우에는 때로는 스무 장 이상을 진열시키곤 합니다.

그것도 같은 우표가 아니고 여러 그림의 것을 어울려서요. 그래서 외국에서 보내오는 그녀의 편지를 받으면 우선 앞면의 우표란의 아름다운 구조와 그 전시에 반하게 됩니다. 나는 한 봉투에 달랑 이리 한 장씩을 붙였으니 받는 이의 느낌은 좀 싱거울 수 있을 것입니다. 싱겁다니요. 우표가 안 붙은 편지 봉투를 생각해 보면 알 것입니다.

나는 편지를 부치고 몇 장의 우표를 삽니다. 임시정부 수립, 삼일운동과 독립선언, 또 안익태와 애국가, 김구와 백범일지 그리고 아, 이 대학 캠퍼스에 그의 詩碑(시비)가 있는 윤동주의 언제나의 교복 입은 모습 - 의 기념우표들입니다. 이 다섯 종류의 우표는 누군가 받아보는 편지의 皮封(피봉)에 얹혀져 그를 행복하게 할는지, 그것이 어느새 나를 조금은 들뜨게 합니다.

4

Y대학 우체국 옆에는 커다란 서점이 있습니다. 나는 이 책방에서 체 게바라평전도 기싱의 고백도 백석의 시집도 구했고 그리고 몇 달 전에 어느새 고인이 된 내 제자 젊은 여류시인의 시집 '생일'도 그녀와 영결하기 얼마 전에 샀어요. 우표 스무 장만 내 손에 들린 홀가분한 기분에 오늘도 여기를 들립니다. 그리고는 묘하게도 불란서 사람이 쓴 '느리게 산다는 것의 의미'란 책을 고릅니다. 느리게 산다, 느리게. '아주 느린 시간'이라는 국내 작가의 소설은 이 책을 읽고 난 뒤에 또 우체국에 들릴 때 사야겠다고 미룹니다. 묘하게도 느리게 느리게들 입니다.

한 일주일 전에 草友齋 앞뜰에 살구꽃과 앵두꽃이 갑자기, 한 순간(!)에 피던, 꽃잎을 벌이던 순간들이 지금 우체국에서 돌아오는 길에서 떠오릅니다.

갑자기 더운 날이었지요.

예년 같으면 開花(개화)의 순간순간이 포착 안 되는, 초고속 촬영이 아니면

잡히지 않는, 그 창조의 움직임이 그날은 예사로운 우리들의 視野(시야)에 확연(?)히 보였어요.

암실의 印畵紙(인화지)에 순간순간 그 비밀의 천연색 무늬가 신기하게 살아 떠오르는 그런 속도감으로,

하루에 꽃들이 그리 피워버렸어요.

너무 빨리, 빨리요.

N선생,

오늘은 내내 당신에게 긴 사연을 띄우는 기분입니다.

草友齋 오후는 나비가 흰 송이 낙화인 양 날고 있습니다.

아 참, 잊을 번했네요.

'落花'의 나머지입니다.

주렴 밖에 성긴 별이
하나 둘 스러지고

귀촉도 우름 뒤에
머언 산이 닥아선다.

초 ㅅ 불을 꺼야하리
꽃이 지는데

꽃지는 그림자
뜰에 어리어

하이얀 미닫이가
우련 붉어라.

辛巳年 穀雨節　草友齋 主人(2001년 4월 20일)

## 통신 (34)

# 너에게는 21번이

S형,

그녀가 어째서 모차르트 피아노 협주곡 22, 23번을 나에게 보내 주었는지, 얼핏 떠오르지 않네요.

그녀는 몇 년 전에 寓居(우거) 草友齋(초우재)로 날 찾아왔다가 落水(낙수)에 신발을 적신 두서넛의 일행 중 한 제자입니다.

그녀가 모차르트곡에 앞서 파가니니의 바이올린과 기타를 위한 루카 소나타(Lucca Sonatas)를 보내 온 것은, 미국에 있는 친구, 그러니까 寓居를 방문해서 반가운 얘기들에 빠져 비 나리는 것도 몰라서 처마 끝 아래 축담에 벗어놓은 신발들을 봄비에 적신 일행 중 다른 하나였던 雨逕(우경)이라는 친구가, 그 뒤에 다시 한국에 왔을 때 자기 집에 한 달 가까이 머물면서 둘이서 함께 빠져들었다 … 는 緣由(연유)에서였는데.

아, 그게 그렇게 되었네요. 내가 요새 네가 보낸 루카 소나타에 한껏 젖어 있다고 했더니, 자기는 미쯔꼬(Mitsuko Uchida)의 피아노 협주의 모차르트 22, 23번에 며칠간 들떠 있었다고 하면서 너무 좋아 나에게 우편으로 그 CD를 부쳤다는, 아 그래서 보내 왔어요.

S형, 그 즈음에 우리가 만났습니다. 郊外(교외) 도시의 C형 집에서 고등학교 동기의 다른 친구 둘하고 함께요. 디스크 수집과 그 감상벽으로 유명한 집주인이

어린 날을 추억하면서 마음 놓고 음악이나 실컷 듣자는 생각에서 우리를 불러 주었지요. 그 자리에서 내가 전문가인 S형에게 미쯔꼬의 피아노 연주에 대해서 물으면서 이 피아니스트 협주의 모차르트의 그 곡, 22, 23번이 있으면 들려 달라고 했지요. C형이 그것을 수천 장이 소장된 진열장에서 찾고 있는 동안, 형은 나에게 이리 말했어요.

"그게 말이다. 미쯔꼬 협주의 그것도 좋지만, 바렌보임이 연주한 20, 21번을 들어보아라, 너에게는 그게 더욱 좋을 것이다. 특히 21번의 느린 악장을 듣노라면 어떨 때는 눈물이 핑 돌기까지 하니 말이다. 너에게는 …"

나는 형의 이 말을 참 인상적으로 또 깊은 느낌으로 들었어요. 그건 미쯔꼬라는 일본 출신의 피아니스트에 대해서도 그러하지만 유태인계의, 그리고 지휘까지 했다는, 나에게는 그리 익숙지 않은 바렌보임이라는 이름 때문이기도 하고, 그가 연주한 모차르트 곡을, 형이 두 번이나 '너에게는'

권하고 싶다는 얘기에서 더욱 그랬을 것입니다.

S형, 왜 나에게는 - 했지요.

이후 바렌보임의 이 연주를 빨리 듣고 싶었습니다.

나를, 또는 나 같은 유형의 성격을 형은 어떻게 보고 있을까. 어떻게 이해하고 있을까. 알고 있더라도 그런 성격 유형의 인물과 그 21번의 느린 악장의 곡과 그것을 연주한 바렌보임이라는 협주자의 곡 해석과는 어떻게 연결될 수, 또는 연결할 수 있을까.

그보다는 얼핏 보면, 남과의 관계에서 건성을 잘 피우듯 하는 형의 보통 때의 태도에서 나를 어떻게 알고 있다는 것일까.

알고 있겠지.

그 서럽던 작은 江마을
大渚面 新蘆田의 새빨간 노을은
서녘에서 그때 사라졌지만
회다지 노래의 선소리 되어
넉넉한 강물 되어
오늘도 쓸쓸히 흐르고 있다 ('저녁노을'에서)

S형의, 앤솔러지 '뜨거운 노래'에 실은 '부산 이야기'들 중에서입니다. 부산 서북쪽의 S형 집에서 '서쪽으로 고개 하나 넘어 지치도록 걸어가면' 洛東江(낙동강)의 河口(하구) 下端(하단)이 있고 여기서 나룻배를 건너면 金海平野(김해평야)의 東端(동단) 자락, 新蘆田(신노전)은 형의 外家(외가) 동리이고 내 고향마을은 거기서 시오리 위쪽의 같은 大渚面(대저면)이었으니.

큰 흐름의 하구에 떠 있었던 乙淑島(을숙도)보다 샛강의 갈밭섬으로 더 유명했던 新蘆田, 내 마을 저쯤의 그 갈대숲 '새빨간 노을'까지 형이 노래하고 있을 때, 나는 그저 벌판의 끊임없는 바람을 맞든지 요란한 개구리 울음소리에만 흔들리고 있었으니.

산기슭의
목조 이층 교실에서 내려다보면
거기 멀리 五六島가 있었다.
난바다에는 늘
音樂 같은 것이 있어서
바람과 함께

뭍으로 뭍으로 밀려왔다.
五六島와 이층 교실 사이에는
그래서 노상 꿈이 넘실거리고
우리는 거기서 자랐다.

송영택; p중학교

동창회보에서 형의 이 글을 읽고, 내가 앞바다에 다섯 여섯으로 떠 있던 그 섬이 목조건물 그 2층교실에서 정말 보였느냐고 물었지요. 형의 窓(창)가 자리에서는 보였는데 같은 교실에서 공부한 나는 어째 본 기억이 없을까. 그 얘기를 듣고는 詩人(시인)의 눈은 어릴 때부터 달라서인가, 아니면 그 섬이 형을 어릴 때부터 시인으로 불러들였을까를 생각했어요. 형이 2층 교실에서 오륙도쪽 바다로부터 바람과 함께 밀려오던 '音樂(음악) 같은 것'을 들으면서 노상 넘실거리는 꿈에 빠지고 있을 때, 나는 친구에게서나 아니면 때로는 폭군 같았던 선생님이나 상급생에게서 억울함을 당하면 운동장 끝에서 바다를 굽어보며 '나는 詩人이 될 거란 말이야'라고 외치며 눈물만 겨우 달래고 있었으니.

S형, 내가 너무 길게 얘길하고 있네요. 고등학교 시절 한때 우리가 학교를 박차고 나왔을 때, 나도 어려운 공부보다 일렁이는 갈밭이라든가 보리밭의 물결에 흔들렸는데, 그러다가 어떻게 하다 보니 나도 형이 다니는 대학에 같이 가 있었고, 당신이 헷세와 릴케의 독일어 원작에 열을 올릴 때 나는 실속 없이 허우적거렸음을.

바렌보임의 그 연주가 '너에게는' 좋을 것이다. 이 '너에게'에 대해서 너무 많은 말을 널어놓았네요. 오늘 아침에 통화하면서 21번 2악장의 바렌보임의 연주가 더욱 그렇느냐고 물었을 때,

'그게 말이다. 다른 연주도 눈물나게 하지만, 아 그 친구 연주는 유독히 눈물을 질금질금 흐르게 하니까.'

형의 이 대답은 오직 '나에게'만이 아니라 '우리에게'로 바뀌어져 있음 - 을, 그렇겠지, '우리에게' 이겠지, 더욱 당신에게, S형에게 - 이겠다는 생각으로 한 순간에 바꾸어 놓습니다.

허리를 다쳐 스무날 가까이 在家僧(재가승)처럼 되어 있다는 형에게, 당신은 음악을 들을 수 있어 고행이 덜할 거라고 했더니, 형은 놀랍게도 한 2년 동안 그 듣기를 멀리하고 있다고, 그 이유를 묻는 나에게 머뭇거리며 말하려 하지 않았지만, 이제는 눈물이 너무 나서 두려워서인가요.

> 예술도시 베를린에는 실로 수많은 공연장과 연주장 그리고 박물관과 미술관, 극장과 화랑들이 자리하고 있습니다. 특히 음악적인 면면이 화려합니다.
>
> 유명한 레코드회사 텔덱(TELDEC)과 그라마폰이 있고 카라얀이 지휘했던 세계 최고의 베를린 필하모닉 오케스트라와 블라디미르 아쉬케나지나 켄트 나가노 같은 사람의 이름이 걸린 도이치 심포니 오케스트라가 있습니다.
>
> 서울대에서 경제학을 공부하고 베를린에 와서 전공을 바꾸어 '텔덱'에서 다니엘 바렌보임의 오케스트라 녹음을 담당했던 음향학자 이두현은 "베를린의 거대한 음악적 분위기에 빠져 정신을 차릴 수 없었고, 어느날 보니 경제학을 전공했던 내가 텔덱의 음실에 있었다"며 웃었습니다.
>
> (김병종의 신화첩기행 29, 재독 작곡가 진은숙을 말하는 글에서, 2001년 4월 25일자 조선일보)

S형,

다니엘 바렌보임이 베를린 필하모닉 오케스트라와 협연한, 텔덱版(판)의 모차르트의 피아노협주곡 20, 21번의 CD가 어제 나에게 왔습니다. 그리고 21번 느린 악장의 몇 소절이 내내 背音(배음)으로 반복되는 영화 엘비라 마디간(Elvira Madigan)의 비디오 필름도 함께요. 제자 雨逕이 보내주었습니다. 寓居에서 빗물이 흥건히 고인 저들 숙녀화 속을 보고는 오히려 깔깔대던 그애(?)들이 미대륙 서해안쪽에 살고 있는 친구의 집에 모여서 떠들석하다기에 '너희들에게'도 눈물이 핑 돌게 하는지 들어보아라 - 라고, 내 근황 얘기 끝에 이리 덧붙였는데, 엘비라 마디간에 얽힌 얘기가 그 答信(답신)처럼 필름과 함께 人便(인편)으로 따라왔어요. 이 영화를 60년대 중엽에 보았는데, 미국에 건너가서 막 이민 신접살이를 어렵게 꾸려갈 때, 가난과 사랑, 그리고 아름다운 자연과 죽음에 얽힌 그 아름답고 슬픈 映像(영상)에 울먹였던 기억, 그래서 모차르트 21번의 느린 악장만 들으면, 그 감동이 언제나 되살아난다 - 는 그녀의 사연과 함께 CD와 필름이 나에게 전해져 왔어요. 강남 어느 전문 대형매장이나 아마존인가의 인터넷 시장에서 구입할 수 있으련만, 이런 거래에 어두워, 내가 인사동 나들이길, 그쪽 지하철역 구내 CD가게에서 들리는 음악 소리에 반해, 어쩌다가 들르는 그 가게에다 구해 달라는 부탁만 해놓고 머뭇거리는 사이에, 또 이리 멀리 미국에서 건너 와버렸어요.

엘비라 마디간, 그녀와 사랑에 빠진 빛나는 경력의 장교 식스텐은 군직책을 이탈, 아내와 애까지 버리는(abandons his wife and children) 도덕적 불륜을 뛰어넘어, 그들의 사랑 자체는 너무 아름답습니다. 가난, 빈 털털이, 쫓김 - 시시로 조여오는 그런 절박함 속에서도 자연은 아름답고 풍성하고, 그래서 꽃처럼 나비처럼, 그러나 그들의 젊음이 한순간에 시들어버리는, 그 느린 악장의 피아노의 背音으로 해서 애잔함이 더욱 우릴 울게 합니다.

눈물이 나느냐, '나에게' 묻습니다. 그것도 S형처럼 '질금질금'까지 나느냐고 묻습니다. 21번의 CD를 틀어놓고요. 왜 당신이 음악을 갑자기 멀리하고 있는지. 파가니니의 루카 소나타가 어째서 50대 중반을 넘어선 내 제자들을 꼼짝 못하게 묶을 수 있었는지. 영화 글루미 선데이에서 남주인공이 레스토랑에서 피아노로 연주하면서 여주인공에게 헌정하는 그 곡이 온 세상 사람의 가슴을 적시는 것을 보면서 사랑하는 이를 위하여 작품을 바친다는 것의 아름다움과 멋스러움을 부러워했는데, 루카 소나타는 나폴레온 왕자비와 마담 프라셍 등 몇 여인에게 헌정하는 곡들이었어요. 아 그러니까 아까의 그들 50대 여인들도 그 곡을 헌정받는 그런 감격에서였던가 …. 이런저런 사념들이 나를 더욱 어제부터 그 연주에 묶어버리는 게 아닌지.

S형, 내가 지금도 듣고 있는 모차르트 피아노 콘첼토 20, 21번은 그 C형이 나에게 선물한 오디오 세트의 플레이어에서 연주되고 있습니다. 며칠 전에 이란 영화 '천국의 어린이'를 보았어요. 거기 가난한 어린이 오누이의 모든 희망이었던 한 켤레 운동화처럼, 한 장의 디스크는 나를 지금 저 음악에 젖게 합니다.

S형,

위에 단정히 붙입니다. 50대 중엽의 한 제자는 우편물을 보낼 때는 이렇게 나처럼 단 한 장으로 치장하지 않고 소포의 경우에는 때로는 스무 장 이상, 당신은 어떤 사정으로 4·5천장의 CD에서 손을 털어 빈손이 되었고, 나는 누구누구들의 布施(보시)로 이제 몇 장의 판들이 내 책장의 서권(書卷) 옆을 비집고 있으니, '너에게'만이 아니라 '나에게'도 그 느린 악장은 더욱 눈물을 핑 돌게 하는 것 - 아닌지요.

아니지, 모차르트가, 바렌보임이, 베를린 필이, 텔덱이 그리고 그 영화가, 아니면 우리들의 나이가, 제대로 조절이 안 되는 老年(노년)의 淚腺(누선) 신경이 우리를 울리는 것입니다.

草友齋 主人(2001년 음력 4월 초팔일)

## 통신 (35)

### 맥문동 화동(花洞)

친구야,

여름 무더위에 기분이 그렇네요.

끼니를 차려 줄 노처(老妻)는 어디를 갔을까.

어저께, 아니 그저께부터 원두 가배(咖啡) 통도 바닥이 났고,

여자의 아름다운 손가락처럼 그 가늘고 긴 마약 같은 버어지나 슬림스의 담배 한 대도 찾을 수 없으니,

옳지,

가난한 내 뜰이나 바라야지.

누가 짓궂게 꽃잎에 먹물 방울을

저리 흔하게 뿌렸지.

허기야 휘일 듯이, 아니 더 휘일 수 없이

뒤로 잦힌 꽃잎들의 완벽한 원형(圓形), 그 곡예(曲藝)에 뿌린 손뼉 소리 같은 아우성의 흔적이겠다.

열없게도 키 큰 이 참나리꽃들의,

육칠월 폭염의 한 더위 속의 개화는 이제 꽃들의 시절이

다 지나가고 있음을 강하게 점찍고 있는 느낌이었는데,

그래서, 그 옆에 원추리가 그 열기를 돋구고 있었지.

'모란이 지고 나면 내 한 해는 다 가고 말아'는 시인의 눈에 비치는 세월의 흐름이고, 내 뜰에서는 이들 원추리와 참나리들의 낙화들이 나에게 그리 비칠 번했는데,

아, 지금 그 뜰을 바라니,
바로 창 앞에 빨간 장미 작은 송이가 피었네.
그리고 저기 감나무 그늘 바닥에는
맥문동(麥門冬)이,
어째서 이 이름에는 한여름과 겨울이 문(門) 앞뒤에서
서로 만나고 있지.
그 맥문동이 숱하게 꽃총, 화동(花洞)을 이루었구나.
담자색(淡紫色)이라니.

햇빛이 못 들어오는 나무 그늘에서나
겨울의 스산한 공원의 나목(裸木)들 아래서 풀 한 점 없이 텅빈 바닥이라도 감출 양으로만 보여, 생각이 별로 머물러 하지 않던, 그래서 저 무명(無名)에 가까웠던 것들이
촘촘한 잎들 사이에서 제법 훤칠하게 꽃대를 세우고, 그 꽃대 줄기 모두에 조그마한 꽃잎들을 다닥 발랐네.
보라, 보랏빛 아니 담자색의 무리가
화총(花叢)을 이루고,
아, 저 꽃 동리(洞里)가 간밤의 구름 새로 나온 밝은 달빛의 조명을 받고 있었

다 말인가.

그 위의 감나무 잎들도 흔들지 않고 그리고 모기장 속에 잠든
초우재(草友齋) 거사(居士)도 깨우지 않은 채.

그러고 보니,
가난한 내 뜰에 저리 이름 없는 꽃들이 아직 피고 있으니
내 한 해는 다 가고 말았다고 아쉬워하지 말지어라.

친구야
오늘은 그리 기분이 좋질 않았다.
가배의 원두 향도 맡을 수 없고, 하루 한 모금만 넘기고 싶은 궐련(卷煙) 한 가치도 없으니.
그런데 감나무 밑자락,
풍령(風鈴)의 방울이 흔들리는 조그마한 경역(境域)에서
담자색 화신(花信)이
날 반기니,

친구야,
무명이
날 반기니.

辛巳年 孟夏 草友齋 主人

통신 (36)

# 한복을 입고 오실래요

1

한복을 입고 오실래요.

나는 당신에게 대한 기억이 한복을 입은 당신으로만 남아 있습니다.

그래서 수십 년만에 당신을 번잡한 서울 거리에서 찾으려면 어릴 때의 옷 그대로 차려입은 당신이라야 되겠기 때문이기도 합니다.

지하철 2호선 강변역 1번 출구 앞에서 만나기로 했지요. 당신이 내 이름을 더듬거리며 전화로 찾아 주었을 때, 우리는 그 혼잡한 대도시 사람들 속에서 어린 날의 기억만으로 어떻게 서로를 이날 알아볼 수 있을까 - 라는 생각이 앞섰고, 그래서 그 출구를 나오는 많은 사람들 속에서 하얀 늙은이가 보이면 그게 나일 것이라고 내가 지레 말했지요. 그러나 나는 당신에게 당신을 어떻게 알아맞힐 수 있을까를 묻지 않았습니다. 그건 소학교 한 교실에서 또 운동장에서 그리고 신작로 동리 어귀에서 무명의 흰 저고리와 까만 치마를 입은 당신을, 이와는 다른 모습의 당신을 생각할 수 없기 때문입니다.

소학교 높은 학년일 때였을 것입니다.

내가 당신 집을 찾아간 일이 있지요.

내가 부급장이던 당신을 만나러 가는 것으로 내 마음에는 이유를 만들었을 것입니다. 그러나 그런 일이라면 학교에서도 의논할 수 있었을 텐데, 지금 생각하면 더욱 그러하지만 그때도 어쩐지 그게 마음에 차지는 않았으나, 이를 억누를 용기가 있었던 모양입니다. 학교에서 내 집으로 가는 동쪽으로 난 신작로 길과는 다른 서쪽 방향의 당신 마을로 찾아가는 길은 참 낯설었어요. 처음 지나가게 되는 들판 길과 마을들을 거쳐서 나는 실개천 같은 샛강을 만나게 되고, 그리고 그 강을 건넜지요. 나룻배나 거룻배 같은 것이 있었는지, 얕아서 신발을 벗고 바짓가랑이를 걷어올리고 철벅거리며 저쪽 기슭에 갔는지 지금은 떠오르지 않네요. 당신을 만나면 이 대목도 확인하고 싶습니다.

그 샛강의 건너 기슭에 외딴 한 채가 당신 집이었던 것으로 기억하고 있습니다. 오막살이였고요. 내가 그때 얼마나 감탄했는지 모릅니다. 이 멀리 그리고 저 외딴 집의 오막살이에서 어찌 그리 예쁘고 공부를 잘하는 당신이 있을 수 있는지 하고요.

나는 그때 당신의 집에서 또는 집 마당에서 아니면 갈대숲이 우거졌을 그 샛강의 기슭에서 당신을 만났는지, 만났다면 무슨 말을 몇 마디 주고받을 수 있었는지, 까마득한 기억이네요.

그러나 이후, 당신을 찾아갔던 이 기억을 떠올릴 때가 있으면 당신은 언제나 무명의 하얀 저고리와 까만 치마를 입은 소녀의 영상으로만 보였어요.

한복을 입고 오시지요.

수십 년 전의 소학교 친구 소년을 만나러 오면서, 서울의 딸네 집에 온 당신이 이 옷 저 옷 입어 보는 신식 할머니 옷들을 챙기러 애쓰지 말고, 한복을 입고 오세요. 누비이불 자락 같은 개량의 것이나 아니면 제비가 물찬 듯한 가볍고 화려한 물색의 화사한 한복 말고요.

아, 있을까요.

그 무명의 한복이요. 광목이었는지 옥양목이었는지.

그리고 그 까만 책보가 있을는지요. 머슴애들은 등에 대각선으로 여자애들은 허리에 매여 찼던 책보자기를 기억하지요.

그 까만 보자기를 핸드백 대신에 들고 오시지요.

그래야 그 혼잡한 지하철역에서 당신을 완벽하게 찾을 수 있을 것 같네요.

어릴 때 우리들의 꿈이 쌓인 보자기를 펼치면, 우리들 백발의 은빛이 요술쟁이 재주를 만날 수 있을는지 누가 압니까.

2

당신도 한복을 입고 올래요.

당신도 한복의 모습으로만 떠오릅니다.

우리는 한 마을에 살았지요.

내 집은 동리의 앞쪽, 신작로 가까운 데 있었고, 당신 집은 뒤쪽이었지요. 우리 동네에서 가장 오래된 집이었어요. 낙동강 강둑이 홍수에 무너지면서 강물이 온 동리를 휩쓸어 갔다는데 어째서 당신이 자란 그 집은 크고 오래된 풍모를 그대로 지닐 수 있었는지.

참 당신 집은 다락도 있었어요. 대청마루 끝에 있었는데 우리 고모가 그 집을 당신 부모님에게 넘기고는 떠날 때 그 다락의 난간을 붙잡고 울던 모습이 아주 어릴 때의 내 기억에 남아 있네요.

그리고 당신 집 뒤에는 아주 오래된 그리고 큰 나무들이 있는 대숲의 언덕이 있었어요. 그 숲 바로 뒤에는 논밭이 펼쳐지고 그리고 샛강의 흔적 비슷한 물의 흐름이 있었어요.

이 물을 건너면 아주 오래된 공동묘지가 옛날부터의 보금자리처럼 우릴 맞았고 그 사이로 난 모래밭 길을 지나면 고옥(古屋)의 기와집이며 돌담들이 조용했던, 아주 오래된 옛 마을에 들어서게 되고 그 끝에 우리들의 학교가 보였어요. 운동장 끝 서쪽에는 아름드리 고목들이 석양을 가리곤 했어요. 학교가 파하고 그 공동묘지 사잇길의, 한낮의 태양으로 달구어진 그래서 너무 뜨거웠던 모래밭을 빠져나오면 아까의 그 물을 만나는 기쁨이 기다립니다. 우리는 의례히 거기에서 놀다가는 고무신 속에 올챙이를 물과 함께 출렁이게 하면서 집으로 돌아갑니다.

겨울날의 그곳은 언제나 바람이 불고 있었어요.

언 샛강에서 앉은뱅이 썰매를 타다가 집으로 돌아갈 때는 세찬 들바람을 만났는데, 우리 마을과는 아무 인연이 없이 지나가고만 있었던 전봇대와 전선을 휘감는 바람소리는 들판을 소리치면서 '말을 달리고' 있었지요.

당신 집의 뒤곁 대숲은 마을 뒤에서 불어오는 이 바람들을 막고 있었던 듯했어요. 대숲의 자락에는 죽순들이 자라면서 벗어놓은 누런 빛 껍질들과 바람에 떨어진 댓잎들이 쌓이고 있었는데, 당신 몰래 장난꾸러기 동네 머슴애들은 숨바꼭질하면서 당신을 염탐했을 겁니다.

중학생이 되어 내가 대처로 나가게 되고, 당신은 그 대숲이 있는 집에서 소녀의 티를 벗어나고 있을 무렵의 한 기억이 지금 떠오릅니다.

여름방학 때였는지 밤 들길에서 당신을 만났습니다. 우리는 논들로 이어지는 수로의 도랑가의 풀밭에 앉았고, 진학을 하지 않고 울타리 안에서 대숲에 불어오는 바람소리, 그리고 댓잎이 갈리는 스산한 소리를 듣는 아픔 같은 것을 당신은 나에게 들려주었어요. 나는 내가 나간 대도시의 항구 풍경을 얘기했고요. 산 중턱의 학교 운동장에까지 들려오던, 기선이나 배들이 부두에 드나들면서 울리는 고동소리의 그 이국(異國)적 내음이며, 하숙집 동네에 가까웠던 바닷가의 방파

제(防波堤)를 거닐며 보았던 갈매기들의 요란한 울음, 그리고 발밑에 부딪쳐 오던 파도소리들에 대해서 말했어요.

우리들의 얘기가 끝나 잠깐 멈칫했을 때 어느새 밤은 이슥해지고, 그런데 갑자기 여름날 논들에서 들려오는 개구리 울음 소리들이 몰려왔어요. 그리고 여태 듣지 못했던 발밑의 도랑물 소리도 들려오고요. 아까 당신의 아픔 같은 것 외로움 같은 것을 말할 때는 내 귀에는 당신 집 대숲의 바람소리며 댓잎에 갈리는 스산한 소리만 들렸는데, 그리고 내 얘기를 했을 때 뱃고동 소리, 통통배의 기관소리, 갈매기 울음에 쌓인 파도 소리만이 우리 귀에 가득했을 텐데, 그리고 온 들판에 가득한 개구리 소리들, 우리들이 앉아서 꼼짝 않던 풀섶 바로 거기서 도랑물 소리가 들렸을 텐데, 아 그때서야 들리기 시작했지요. 일어서면서 우러렀던 밤하늘에 별들의 빛도 이 갑작스러운 개구리 울음소리에 조용해진 것 같았어요.

이후 나는 당신을 처음 만납니다.

내일 전철역 출구의 혼잡 속에서 당신을 맞습니다.

바쁜 사람들의 일상의 신발 끄는 소리, 그리고 전동차의 멀어져 가는 소리, 바깥에 나가면 끊임없는 자동차의 질주하는 소리들,

이제 당신이 어떤 이야기를 들려주면 그리고 무슨 말로 내가 거기 화답(和答)을 하면, 저 소음들에서 멀어지면서 우리들 어린 날의 그 소리들에 젖을 수 있을까요.

아, 그날 밤 당신은 저고리와 치마를 입고 있었어요.

당신의 얘기에 당신이 시름겨워 할 때는 옷고름 끝을 말면서 말했으니까요.

당신도 한복을 입고 와야겠네요.

당신을 그날 밤 당신 집 가까이 데려다 주러 갔을 때 어느 집에서 들려오던 다듬이 소리가 떠오릅니다.

옥양목의 향기로운 빛,

간단없던 다듬이질의 절주(節奏),

그 속에서 어린 날의 당신을 그리고 나를 떠올리고 싶어서입니다.

3

이리 얘기하다 보니 갑자기 조심스러워지네요.

잘못하면, 서로를 찾지 못할 수도,

우리는 만날 수는 있어도

그 애들을 보지 못할지,

아니, 그 애들이

우리가 아닐지…,

그렇네요.

辛巳年 初秋　草友齋 主人(2001년 10월)

## [illegible] 통신 (37)

# 세상에 순한 당신에게

아, 당신이었어요.

드디어 당신과 통화가 되었네요.

그래서 그 목소리를 들을 수 있었어요.

토요일 오후, 비닐봉지에 달랑 단감 넷을 쥐어주고는 그게 너무 미안해서 내내 전화했으나, 당신의 휴대폰은 꺼져 있었지요. 당신의 전화번호를 당신이 종사하는 회사의 한 동료를 통해서 반갑게 알아내고서 처음 전화했을 때는 녹음은 가능했어요. 거기 내 전화번호와 내 집에 아무도 쓰지 않아 그냥 놓여있는 휴대폰의 번호까지 남겼어요. 그리고 외출하면서는 전화기를 주머니에 넣어 다녔지요. 나는 늙은이가 어둔 귀로 길거리에서 애써 통화를 하고 있는 광경에 내 눈길이 가는 것을 아주 싫어하는데도 그날은 내 포켓에서 당신이 보내는 벨이 울리기를 바랐어요. 그리고 일요일과 어제 월요일에도 당신 휴대 전화는 불통이었는데, 그리고 오늘 오전에는 신호는 갔으나 받지는 않더니, 아 드디어 통화가 되었어요.

나는 당신에게 나를 이리 설명했어요.

토요일 이 높은 데까지 짐을 실어다 주었는데, 감 네 개만 달랑 주었던 사람이라고요. 당신은 왜 그런가 해서인지 내 말에 대한 대꾸가 멈칫했어요.

사실 당신에게 자주 통화를 시도하면서 그럴 때마다 당신이 전화를 받으면, 때로 정신없이 바쁠 당신에게 내가 전화하는 용건이 무엇인지를 어떻게, 아니 어떤 순서로 짧게 이야기할 수 있을까 -를 걱정했어요.

지금도 아마 두서없이 얘기했을 거예요.

그때 수고했다는 얘기부터 인사했나요.

그날 토요일 오전에 당신에게서 전화 받을 때까지 나는 며칠 동안 나를 애태우게 한 당신 회사의, 내 고향에서 올라오는 쌀 열 포대의 배달 능력을 욕하고 있었어요. 나는 외출도 못하고 이른바 택배(宅配)를 기다렸으니까요. 요새 어떤 사정으로 낮에는 나 혼자만 집에 남아 있는데 당신 회사에서 도착할 것이라고 알려준 날에는 짐을 기다려야 되지요. 짐에 묻어 올 고향의 가을 소식을 마중하는 것 같은 기다림이 나흘이나 계속되어 나는 화가 좀 나있었지요. 그런데 당신은 이런 내 기분을 좀 흩으려 놓는 것 같았어요. 짐을 싣고 오면서 집의 위치를 묻는 당신 목소리는 아주 순한 사람이 나에게 다가오고 있다는 예감을 주었어요. 서울에 아니 요새의 세상에 사람과의 관계에서의 이런 느낌은 참 의외이고 예외입니다.

내 집에 오르는 자동차 길은 참 가파르지요. 당신의 조그마한 운반차 다마쯔는 올라오다가 그만 서버리고, 다시 시도했으나 서버리고 그래서 당신은 차의 뒷문을 열고는, 다른 곳에 갈 무거운 몇 개의 보따리와 아주 큰 호박덩이와 내 것 세 포대를 길거리에 풀어놓기까지 했으나 여전히 힘을 못 썼지요. 그래서 내가 뛰어가 내 차를 몰고 와서 두 포대를 넘겨받았더니 그제서야 당신의 차는 말을 듣기 시작했어요. 아무리 작기로서니 여기를 못 올라오다니, 아침나절에 노새 같은 작은 말을 너무 혹사했던 게 아니냐 라는 우스갯소리도 떠올랐으나 참았어요.

참 지난 이른 봄에 이런 비슷한 일이 또 한번 있었어요. 내 컴퓨터의 프린터에 이상이 있어 A·S를 받았는데 그 기기(機器)를 실어가고 오는, 배달하는 이와의 이야기입니다. 싣고 갈 때는 내리막길이니 별일 없었는데 고쳐서 되싣고 올 때에는 당신이 겪은 그런 일이 벌어졌어요. 언덕길에 나갔더니 가장 가파른 대목에서 애쓰고 있는 것입니다. 이분의 말은 오토바이입니다.

제법 큰 그것이 미끄러져 내려가는 것을 막느라 산길 축대에 꽁무니를 붙여 놓고는, 그는 땀을 훔치고 있었어요. 나는 그의 짐들에서 내 것을 인수받고는 그에게 미안하다는 인사를 진심으로 했더니 그는 정말로 고맙다는 말을 남기고 갔어요. 이 산길이 가파르기는 하지만 짐을 많이 실은 화물차도 올라오는데 오토바이는 평지에서의 질주와는 달리 이런 비탈에서는 탄력을 잃는 모양입니다.

그는 당신과는 외모도 많이 달랐어요. 나이도 중년이었고요. 몸도 얼굴도 컸어요. 나는 그분을 보내 놓고 내 집으로 올라오면서 얼핏 쟌파노를 떠올렸어요. 당신 같은 젊은이는 볼 기회가 없었을지 모르나 오래된 영화 중에 젤소미나라는 여주인공과 열연을 보였던, 힘이 좋으면서 우둔, 우직한 인상의 배우, 안소니 퀸을 연상케 했어요. '길'이라는 이 영화에서 쟌파노는 삼륜의 짐차에 떠돌이 차력놀이의 온갖 잡것을 싣고는 서커스단 출신의 어벙한 여주인공과 내내 유랑하는데, 약삭빠르지 못하고 선량한 연기였어요. 나에게 그 오토바이 배달원은 이 쟌파노를 떠올리게 했으니.

당신에게서는 누구를 떠올릴까.

당신은 그냥 당신인 것 같아요.

내 차 안의 두 포대도 현관으로 옮겨 주면서 느슨해져 있는 묶음은 다잡아 꼭 조여서 날랐지요. 저 아래 잠시 내려놓았던 세 포대의 것을 싣고 왔을 때 남의 다른 짐도 그대로 있더냐고 물었더니 '호박이 무거워서 못 가지고 간다'는 단순 이유만을 대었어요.

이렇게 그날 당신이 수고했다는 말을 새삼, 아까의 통화에서 말했나요.

아니면, 그날의 내 지갑 얘기부터 먼저 했나요.

그 감, 넷은 어떻게 했지요.

당신은 비록 실소(失笑)는 했을지 몰라도 버리지는 않았을 것 같습니다.

내가 그것을, 당신이 내 집 앞에서 떠나려고 다마쯔의 운전석에 올랐을 때 급히 내밀었어요. 그 봉지를 받아서는 옆의 조수석에 놓는데 거기 먼저 있었던 다른 짐들 때문에 바닥으로 미끄러져 내렸지요. 당신은 그것을 주워서

제자리에 올려놓으면서 인사했어요. 그때 당신의 맑은 눈길은 아직도 나를 당황케 합니다.

아참 그러기 전에 내가 그걸 건네면서 성급히 했던 말을 기억하나요.

“이거 서너 개밖에 안 되지만 내 집 앞뜰에 있는 나무에 매달린 감인데, 먹어보아요” 아마 이랬을 것입니다.

그런데 이 대목에는 사실이 아닌 말이 들어있어요.

뜰에서 열 몇 그루의 감나무를 즐기고 있는 남쪽 고향친구, 그래서 내가 시남(柿南)이라고 부르는 그가 보내 준 감이었어요.

그때 내 지갑의 묘한 사정이 그랬고, 그래서 허둥지둥 이 감을 찾았지요. 그것이 종이상자 속에 남아있었던 모두였어요.

내 뜰에도 감나무가 한 그루 있고 까치들이 와서 쪼아 먹어도 많은 감이 남아있어요. 그것은 높이 매달려 있고, 그보다 그건 단감이 아니라 아직은 떫은 홍시였으니, 이 나무 아래에서 허둥댈 수 없었지요.

아니, 그보다 친구가 보내준 그 감이 나에겐 소중한 의미가 되고 있었으니까요.

너무도 바쁠 당신에게 내가 너무 길게, 그리고 가을날 감빛이며… 하면서 꿈

같은 사설을 늘어놓았네요.

다음 내 얘기는 바쁘지 않을 때 들어볼래요.

그 친구도 당신보다 나이가 더 들었던 것 같았어요. 30대 후반이나 마흔대에 들어선 정도로 보였어요.

내 집 뜰 우물가에는 오래된 세탁기가 서 있는데, A·S를 받아야 될 일이 있었어요. 그래서 늦은 봄날 낮에 그가 찾아왔어요.

예사로이 세탁기는 손보아졌고, 그 업(業)은 대수로운 재주가 아닌 양, 그의 처세(處世)는 뜰에 자라고 피는 초목들에 어느새 가 있었어요. 손바닥만한 텃밭 비슷한 곳의 언저리에 피고 있는, 아니 벌써 이운, 또 피려는 꽃들과 망울을 손가락으로 가리키며, 접시꽃 얘기, 부용, 봉숭아, 생강나무… 얘기들을 펼치는 것입니다.

그에게서 무엇이 살아나고 있는 듯했어요, 감쪽같이 잊었던 고향 같은 것이 한 순간예요. 드라이버와 전선 테이프 대신에 그의 순수(?) 실력이 실로 오랜만에 주인 만난 듯 비집고 나왔어요. 그의 눈은, 처마 아래 빗방울 떨어지는 곳에 흙이 패이지 않도록 깔아놓은 자갈들을 헤치고 총생(叢生)하며 군락을 이룬 제비꽃 마당으로 갔어요. 그 보랏빛은 벌써 이울었는데 아름답던 꽃들 자리에 맺힌 열매에 그의 손이 갔어요. 조금 전에 세탁기의 부분 나사며 전기 줄을 만지던 그 손가락이 말입니다. 속의 여러 칸에 많은 씨가 들어있다며, 그것의 껍질을 터뜨리고는 거기 가득한 알들, 까만 씨와 흰 씨를 가리키면서 소꿉놀이에서의 흰쌀 까만 쌀에 얽힌 그의 유년 시절을 들추어내는 것입니다. 그의 손끝에서 마구 어린 시절이 묻어 나오고 있었어요. 아, 이분에게 고향이 있구나 - 라는 어떻게 생각하면 너무 뻔한 사실에 새삼 나는 놀라고 있었고요.

그의 꿈은 어디에든 조그마한 텃밭을 마련하는 것이라고 했어요. 자기 집의 꼬맹이들과 거기를 찾아가는 일이 꿈이라고 하고는, 우물가에 잊은 듯 펼쳐 놓았던 공구 상자의 뚜껑을 닫고는 쫓기듯 나갔어요. 문 밖 골목길에 서 있던 그의 소형 오토바이에 공구통을 싣고는 비탈길로 내려갔어요. 그 조그마한 노새의 등에서 그의 고향이 매달려 가고 있는 느낌으로 그날 나는 그를 전송했어요.

그제 어제, 늦가을 그리고 흐린 날씨 탓인지 아니면 나이 탓인지 마음이 좀 우울한 듯 쓸쓸한 듯했어요. 이제 당신 목소릴 듣고 나니까 좀 달라지네요.

고향 들판의 조카가 또 잡곡(雜穀)의 얼마를 부치겠다고 연락이 왔어요. 이번에도 당신이 그 언덕길로 노새 같은 작은 차를 몰고 올래요.

또 감을,
이번에는 우리 집 뜰의
홍시(紅柿)를 드릴까요.
세상에, 순한
당신에게.

草友齋 主人(2001년 11월 27일)

통신 (38)

# 촌내기의 오랜오랜 떨림

1

매이(梅伊)에게

요새 초우재 근처의 절간에서는 한낮에 영산재(靈山齋)를 올리고 있습니다. 오늘은 거기를 들렀어요. 뜨거운 햇살 속에서라 스님들의 열연(?)에 미안해하다가, 경내에 있는 인등소(引燈所)에서 어느 영혼을 밝히고 있는지도 모르면서 그 호롱불 크기의 수많은 불꽃들에 삼배(三拜)를 했어요.

집에 오니, 매이의 메일이 기다리고 있습니다.

'싸이폰' 이야기이네요.

며칠 전에 전화 목소리 속에서, 내 글 '커피커어피'를 읽었다면서 매이가 싸이폰 이야기를 말하기 시작했을 때, 그리고 나에게 그것을 아느냐라고 물었을 때, 나는 그게 '폰'이어서 휴대전화류의 전자통신기기, 아니면 싸이판 군도(群島) - 등을 얼핏 떠올렸으니.

"몸 한켠에 화인처럼 'RoseBud'란 브랜드 로고가 찍히지 않았다면 더 좋았을 이 싸이폰은 주인을 찾은 것 같습니다. 간편성에 미혹되어 커피메이커나 인스턴트커피를 선호하는 저하고는 '잘못된 만남'이 될 공산이 클 터이니까요. 갓 볶아낸 커피콩을 작고 앙증맞은 원두밀(Mill)에서 갈아 넣고는, 알콜 램프에 불을 지펴 눈길을 주고 있노라면 열탕(熱湯)에서 비등하는 물길이 솟구쳐 유리탕관 속의 커피가루에 잦아들던 그 광경에, 갓 상경한 촌내기는 호기심을 넘어선 황홀함을 느꼈던 기억이 납니다."

매이,

한 달포 전에 대학가의 어느 찻집에서 나오는데, 길가에 버려진 반쯤은 구겨진 커다란, 낯익은 한 그림을 만났어요. 물론 그건 영인판이지만 놀랍게도 반 고흐의 '밤의 카페'였어요. 원화보다는 조금 작은 이 대단한 작품을 들고 와서 한쪽 벽에 세워놓고는, 밤하늘에는 별이 보이는 거리의 카페 분위기에 요새 자주 젖습니다.

이 여름에 쓸모없이 된 벽난로 위에다가, 미국에 있는 한 제자가 보내준 여류 G.오키프 화집 속의 한 그림, '빨간 칸나'를 올려놓았더니 꽃잎이 불길의 강렬함으로 다가오는데, 다른 이가 파리의 올세이 미술관 관광 길에서 보내온 그림 모네의 '수련(睡蓮)'에 칸나의 저 불꽃은 이제 피해야겠어요. 매이는 오스트리아의 요절한 천재화가 에곤 쉴레의 그림에 경도되어 있다면서요. 이 작가의 '적나라하다 못해 일견 추해 보일 수도 있는' 몇 점 그림을 보면서 '즈음'의 어려움을 견뎌내고 있다니.

2

요새, 여름에 들어와서는 초우재에서의 내 꿈길은 모기장 속에서 열립니다.

아이고, 서울에서 모기장이라니 하겠지만, 이 우거진 풀들과 숲에서의 안전지대는 이 세계밖에 없으니까요. 나는 때로는, 자기 집 조그마한 뜰에 텐트를 쳐놓고 재미있어 하는 어린애들의 소꿉놀이처럼 모기장 속에서의 여름나기를 즐깁니다.

어둠은 더욱 그렇겠지만 달빛이 스스럼없이 스며듭니다. 그러나 그 빛은 여과되어 들어오는, 세상먼지를 걸러내고 스며온 느낌입니다.

매이, 모기장 속에서 음악을 들어본 일이 있나요. 묘하게도 그 소리도 모기장의 자상한 그물에 걸러서 들어온, 그래서 그것은 수천의 명주실의 섬세함으로 귀에 스며와요. 어저께 밤에는 여의도 홀에서 물결쳐오는 드볼작 9번의 KBS 교향악단 연주를 들었어요. 그 2악장의 흐름이 모기장 속으로 스며드느라 더욱 여울처럼, 그래서 내가 놀랍게도 찔끔거렸나요. 내년에는 저기 앞뜰 끝의 산자락에 옥수수와 수숫대를 세워야겠어요. 모기장 속에서 그것들을 적시고 있는 달빛을 보아야 내 여름이 '꿈속에 그려라'의 제 격이 될 것 같아서입니다.

'이제 초우재의 한켠에서 은은한 커피 향을 피워 올리는, 하여 어느 한 때 커피에 대한 뜨거운 열정 때문에 수십 리 시골길을 오갔던' 나의 '추억을 되살리는 작은 소임을 맡는 기분'으로, 매이는 고맙게도 그 싸이폰을 나에게 부친다고 했네요.

알콜 램프에 불을 지펴 눈길을 주고 있노라면, 비등하는 물길이 솟구쳐 로즈바드(장미 봉오리) 유리관(罐)속의 커피가루에 잦아든다는 싸이폰의 그 열정(熱情)을, 이제 초우재의 모기장 안에서 아니 내 '밤의 카페'에서 연출해 볼께요.

그 첫잔을 고흐에게, 모네에게, 오키프에게, 쉴레에게 그리고 매이에게 채워야겠습니다. 이 촌내기의 오랜오랜 떨림으로요.

草友齋 主人

### 통신 (39)

## 내 소꿉놀이 주방의 분위기

茶罐器(다관기) 싸이폰을 남향 책상에 이은 옆자리 간이탁상(簡易卓上)에서 西窓 자락으로 옮겼다. 南窓 아래 있을 때는 그 너머의 바깥뜰의 前景이, 아래의 熱湯(열탕)에서 치솟아 올라온 물줄기로 해서 원두가루가 젖어지면서 고운 茶色을 풀어내기 시작하는 로즈버드 모양의 琉璃湯罐(유리탕관)에 모여지더니, 이제 그 풍경은 담겨지지 않는다.

작고 앙증맞은 원두커피밀(Mill; 분쇄기)이 잠자코 있는 이 자리에는 갓을 쓴 백열등의 은은한 불빛의 몇 점이 내려와서 머물기도 한다. 높이 70센티 폭 2미터 가까이의 투명의 西窓은 老木 銀杏樹의 밑둥을 바라보게 하는 한 폭의 部分畵가 되어 심심할 때의 나에게는 더욱 유용하다. 며칠 전까지만 해도 그 畵幅의 아랫도리는 대나무 잎들의 녹색 휘장으로 둘러쳐져 있었는데, 용감히 그 숲을 낫으로 베어 넘겼더니, 저쯤의 은행나무의 아름드리 밑둥에서부터 이 그루터기의 나지막한 언덕으로 내 눈길은 자주 비비대어 온다.

이 遠景(?) 앞에서 오늘 아침 끽차를 하고 난 뒤, 매매 맑게 씻긴 싸이폰을 이 西窓 자락으로 옮겨 놓은 것이다. 이 자그마한 移徙(이사)가 내 소꿉놀이 주방의 분위기를 새삼 바꾸어 놓는다.

아까의 원두 밀에다가 어디 廢船의 기관실에서나 떼어옴직한 뿌연 燈皮(등피)의 조명등은 해거름녘이 되면서, 아무렇게나 찻잔들이 어지러이 흩어져 있어 언제나 어수선하기만 한 거기 내 茶廚房(차주방)의 映像을 싸이폰과 함께 西窓에 달리 띄우는 것이다.

내 書屋의 다른 것들도, 새 세상으로 살아나는 느낌이다.

이 기분이 며칠이나 가랴 싶지만, 그리 되면

> 내 골방의 커튼을 걷고
> 정성된 마음으로 황혼을 맞아들이노니

로 열리는 陸史의 '黃昏'을 이 西窓 아래 불러들이면 되지.

草友齋 主人(2002년 7월 14일)

## 통신 (40)

# S역에 가보아라

1

대학마을 S촌에 가 보아라,

교외선 S역의 역사(驛舍)를 보아라,

그건 광증(狂症)처럼 치솟으며 길길이 날뛰면서 날이 날마다 탈바꿈하는 요새 세상에, 아 이 무슨 고집이지, 저리 옛 고전의 모습으로 버티고 있는 건.

그리고 그 근처의 어느 이층에 있는 찻집 C에 가 보아라.

음악이 배음(背音)처럼 잔잔히 흐른다. 인형무대만한 북창(北窓)에는 가끔 S역에 닿고 떠나는 교외선 열차가 석양빛을 받아, 물고기 지느러미처럼 얼른얼른 유영(遊泳)해 나간다.

널찍한 남창 너머에는 대낮에도 촛불이 하늘거리고 있다.

날이 갑자기 흐려지면 그들도 처마 밑으로 빗방울을 피한다.

내가 이 C찻집을 자주 찾는 것은, 이 남창 너머 저쯤에 바람벽 높이로 쌓여 있는 고목(枯木)의 토막들 때문이기도 하다. 장작더미가 제때를 놓쳐버린 것 같은, 그래서 그건 도심에서도 전혀 초조하지 않고 느긋하다.

'이리 늙은이가 들어와도 괜찮으냐'고 나는 새삼스러이, 정중히 묻는다. 차를 따르면서 그애들도 매양 정색으로 '그러믄요'라고 답한다.

젊은이들이 우글거리는 대학가에선 나이 지긋한 이의 숨쉬기가 때로 조심스럽다.

2

젊은이들의 문화와 숨결로 가득 찬 이 대학가에서 노인들이 유일하게 숨쉴 수 있는 고도(孤島)와 같은 이색지대(異色地帶)의 공간, Y라는 찻집이 있다.

비가 오는 어느 날, 대학생으로 보이는 한 젊은이가 거기 들어온다.

대개 이런 경우, 다른 애들은 그 침잠(沈潛)한 백색지대 - 가을날 갈대들은 그 머리에 유백색의 갈꽃을 달고 바람에 흔들리며 서걱인다 - 에 엉뚱해 하며 돌아서게 마련이다. 그런데 이 젊은이는, 말없이 굳은 표정으로 아까부터 앉아 있는 창가의 두 노인에게로 간다.

참 묘한 일이다.

그 젊은이가 지팡이를 잡고 있는 노인에게

'할아버지!'

하면서 울먹거리며, 빗물로 젖은 맨바닥에 무릎을 꿇으며, 긴 큰절을 올리는 것이다. 그리고는 쉽게 일어나지 않는다. 할아버지 노인도, 그리고 접은 우산을 짚고 있는 그 옆의 노인도 그 애가 일어날 때까지 아무 말이 없다. 이를 지켜보는 이웃자리의 다른 노인들도 말을 잃는다.

나는 이 진풍경(珍風景)에 가슴이 찡해 옴을 느낀다.

3

왜 저러지, 왜 울먹거리지, 왜 그리 큰절을 올리고 한동안 꿇어앉아 있지! 할

아버지는, 그 옆의 노인은 왜 그를 일으켜 세우지 않지?

80년대까지만 했더라도 이 궁금증에 대한 우리들의 상상은, '쫓겨다니는' 그를 생각했을 것이다. 아니면 비록 막 풀려는 났으나, 학교에서 이미 제적당하고 영 오갈 데 없는 앞날이 캄캄한 한 젊음을 떠올렸을 것이다.

은빛들로 빛나는 이색지역의 찻집에서 젊은이는 왜 그랬을까.

사랑 때문이었을까,

고아였고 학교도 제대로 못 다닌 한 '볼품없는' 여자와의 사랑 때문인가, 아니면 술 마시며 담배 피우며 그리고 남의 아이까지 가진 한 '신식' 여성에게 자기의 '동정'의 모두를 바쳤기에서일까. 그래서 친구에게서, 멀리 시골의 본가에서 종적을 감추고, 그리 빠져버렸을까.

아니면, 그건 혈안(血眼)일 터,
젊음은 모르는 것, 그건 영원한 빠짐, 끊임없는 집념, 솟구치는 미침,
그리고 그리고 한량없는 취(醉)함.

취하라, 미쳐라,
빠져라,
집념하라,
스며라, 가슴.

4

나를 느긋하게, 때로는 이리 들뜨게 하던 공간, C와 Y 두 찻집은 어김없이 사

라졌다. 교외선 기차역의 왜소해진 역사(驛舍)와 헐렁한 대합실만 대학마을 S촌에 그런 대로 남아 있다.

우리를 이미 떠난 세월이, 당신을 아는 체할지 모르지 않는가, 친구여 거기 가보아라.

플랫폼의 차단한 불빛을 떠올릴 수 있다면서야.

손수건까지는 아니더라도, 긴 머풀러라도 휘날리며

바람에 휘날리며.

草友齋 主人(2001년 11월)

## 통신 (41)

# 물 가의 산양(山羊)

내 팔월의 三日記(삼일기)

지난 21일 갑자기 南行(남행) 길에 올랐어요. 찝차를 타고.

첫날은 충무의, 파도소리가 들리는 바로 바닷가에서 一泊(일박)하고 다음날 아침은 그곳의 달아공원이라는 산길을 따르면서 주마(走馬)했는데, 그야말로 지용의 多島海紀行(다도해 기행)에 나오는 詩行(시행) 그대로 저 아래 바다에서는 많은 작은 섬들이 '오요요 강아지'처럼 내내 따라왔으니, 해마다 閑麗水道(한려수도)를 기웃거리면서도 제대로 빠지지 않았음이 후회되었어요. 거기 '산양'이라는 마을 이름은 山羊을 바닷가에서 떠올리게 해서 인상적이었어요.

충무에서 순천으로 해서 2번 국도를 내내, 그러니까 벌교- 소설 태백산맥의 주 인물 빨치산 염상진의 목이 매달렸던 역전 광장의 -, 보성, 장흥, 모란의 시인의 고향 강진을 거쳐 목포 옆으로 해서 務安(무안) 벌판 한가운데를 찾았어요.

거기 며칠 전에 있었던 연꽃 축제의 현장에 갔는데, 10만평에 이르는 蓮池(연지)가 참 광활하게 빗속에 펼쳐져 있었어요. 벌써 蓮花(연화)는 거의 다 졌지만 축제의 이벤트가 대단하고 그리고 전혀 촌(?)스럽지 않았음이 잔치뒷마당에서도 느낄 정도였고, 또 못의 가장자리에서 조용히 펼치고 있는 睡蓮(수련)들의 花宴(화연)도 인상적이었어요. 한 열흘 전에 북한강 주변에 있는 서울종합촬영소 구내의 전통한옥 雲堂(운당) 뜰에서 대구계명문화대학의 어느 교수가 선보인 世

界睡蓮展을 보고 온 뒤라서 낯익은 기분이 들어서 더욱 반가웠어요. 이 연꽃축제에는 다음이라도 한번 가 볼 만할 것 같아요.

한창 꽃이 피는 壯觀(장관)일 때는 그야말로 觀香(관향)의 경지에 절로 취할 터이니.

연꽃 말고 수련은 나도 한 종류 갖고 있어 올해도 초우재 뜰의 돌확에서 고운 꽃을 피우고 있는데, 원산지가 한국인 '애기 수련(Infant water lily)'이라는 이름의 것임을 이번에 제대로 확인했어요. 인상파 클로드 모네의 그림엣 것은 그냥 睡蓮(water lily)이라는 분류였어요.

務安에서 어두워오는 저녁을 빗속에서 맞았는데 그 길로 서해안 고속도로를 타고 夜行(야행)하다가 밤이 늦어지자 어느 휴게소의 광장에 차를 세워놓고 그만 그 속에서 코를 골아버렸으니,

이별이게,
그러나
아주 영 이별은 말고
어디 내생에서라도
다시 만나기로 하는 이별이게,

연꽃
만나러 가는
바람 아니라
만나고 가는 바람같이 …

이리 未堂(미당)의 絶唱(절창) '연꽃 만나고 가는 바람같이'에서처럼 차 속의 꿈은, 그러나 내내 빗길이었습니다.

그대는 혹시 서해안에 있는 조그마한 장고港의 落照(낙조) 이야기를 어느 시인의 글에서 읽어 본 일이 있나요. 그리로 가는, 당진의 바닷가를 메꾼 긴 방축길을 들어본 일이 있나요. 바닷물을 막은 閘門(갑문)이 거기 있는데 아, 거기서 엉뚱하게 山羊을 보았어요. 온통 물바다의 방죽에서 노란 달맞이꽃이 피어 있는 풀밭에서요.

나는 여행에서 돌아와서도 질펀한 물가에서 느닷없이 당한 이 산양과의 만남이 어째 잊혀지지 않네요.

바람을 안고 올랐다가
해를 안고 돌아오는 길

검정 염소가
아무보고나 알은 체 운다

같이 가요
우리 같이 가요

지는 햇빛이
눈에 부시다

– 나태주 '하오의 한 시간'

어저께 밤늦게 草友齋(초우재) 오두막에 돌아왔어요.
2002년 8월의 내 사흘 나들이 보고입니다.

草友齋 主人(2002년 8월 24일)

통신 (42)

# 천연(天然)의 눈빛

1

D형,

'한 떨기 장미꽃 여기저기 피었네'로 시작하는 아일랜드 민요를 기억하지요. 이의 제목이 '여름날의 마지막 장미'라네요. 라디오에서 울려나오는 이 노래를 오늘 들으면서, 더욱이나 이 이름을 처음인 듯 알고는 잡초 뒤범벅의 앞뜰에 눈이 갑니다. 거기 철 잊은 듯 피어 있는 한 떨기 장미를 새삼 바라봅니다. 미색인 듯 흰빛인 듯한 아니 象牙 그 고운 아이보리 살결의 장미에서 이제 여름날 화사함의 마지막을 느낍니다. 그 무덥고 지루하던 여름이 어찌 아쉬움으로 사라지다니, 우리들의 감각이란 이리 촐랑댑니다.

D형,

며칠 전에 南窓에서 환하게 가을 햇살을 맞고 졸고 있었는데, 꿈엔 듯 초인종이 울렸어요. 종일 찾는 이 누구도 없는 나날인데 하면서 바깥문께로 나갔더니, 낯익은 듯한 젊은이가 인사를 건네 왔어요. 그러나 나는 그이가 누군가를 알고는 좀 짜증스러워져 여태 이런 생활의 계속이냐고 호통 비슷이 소리치면서 돌려보내 버렸어요. 그런데 내 목소리가 빈소리로 느껴지면서 그 친구의 눈길이, 돌아서는 나에게 자꾸 밟히는 것입니다. 다시 문께로 나갔더니 그 친구는 저쯤 언덕으로 내려가는 뒷모습이었어요. 나는 쫓아가서 그의 빈손에 잔돈 한 장을 쥐어주었어요. 이때에도 나는 그의 눈길이 내 마음에 담겨옴을 느꼈어요. 이후 나는 며칠 동안, 아니 지금도 그 눈길의 실체를 알고 싶어 못 견뎌 하고 있습니다.

그날 남창 가의 햇살 속에서는 한참만에 아, 이 마을의, 내가 아는 어느 書生의, 초점 강하지 않는 그 눈길과 같은 것 같다고 생각했습니다. 그러나 다음 날 생각하니 그 書生의 눈길은 좀 현실적이라는 느낌이 들어서, 이쪽의 그 꿈꾸는 듯한 세계와는 딴판이었어요. 그런데 몇 년 동안 이따금 내 집 바깥문께서 나를 귀찮게 할 때도 그 젊은이의 눈은 그냥 구걸하는 약한 자의 그것에 지나지 않았는데, 이번에는 왜 그리 나를 거기 맴돌게 하는지, 그 잔잔한 호수 가에서 내가 왜 떠나지 못하고 있는지, 견딜 수 없었어요. 그렇다고 그 호수의 수면에 내려앉은 어떤 구름의 흔적을 본 것도 아닌 것 같은데 말입니다.

2

일요일 아침 T·V 프로에 우리나라 한 젊은이가 미국의 騎兵隊 훈련장에 가서 말에 익숙해지려는 여러 운동에 시달리는 장면이 있었습니다. 갈기를 쓰다듬던 손길이 긴 목덜미에 갔을 때 말의 끔벅거리는 눈이 내 눈에 들어왔어요. 그 순간 나는 아, 저거다 - 라는 느낌에 강하게 사로잡혔어요. 그눈은 그의 거대한 체구라든지 駒馬의 그 완벽한 질주의 리듬과는 전혀 관계없는 딴 세계의 고요함으로 조용했어요.

그런 다음 날인가의 아침의 다른 프로에서 나는 또 말을 만났는데, 얼음의 땅 아이슬란드의 한 고장에서 그 나라의 토종말을 키우는 어느 목장 얘기를 알려주고 있었어요. 나는 그 화면들에서 많은 말들을, 그리고 그들의 눈들을 보았는데, 내가 그 눈들의 '어떤' 세계에 대해서 감동하고 있으면서 뭐라고 말해야 할지 머뭇거리는 동안 그림에는 '천년의 순수'라는 자막이 함께 하기 시작한 것입니다. 물론 그만큼 오랜 고유종이라는 土着性을 말하려 한 것이겠지만 나에게는 내내 그 눈빛의 순수성으로, 그러니까 천년 동안에도 변하지 않는 그 맑은(?) 눈 세계에 대한 찬탄이라고 들렸어요. 전혀 잡념에 시달리지 않는, 초조함이든가 어떤 굳은 의지의 매몰참이라든가 그런 것이라고는 전혀 읽혀지지 않는, 달리 말해 본다면 無心 그것의 靜謐함이 거기 있는 듯했으니.

초우재 뜰의 가장 어린 강아지
저배기가 묶인 채
나에게 밀려오듯 반겨온다
언제나 숙였던 귓발을 뒤로 넘기고
온몸의 털은 풀밭의 물결,
바람에 밀려가는 풀밭 물결처럼
그 날씬한 그레이하운드의 질주 모양
아, 눈은 길게 뒤로 밀리며
밀리며
언덕 풀밭의 물결,
그의 모든 것은 다 없고 오직 그 눈길에 모든 것이 모여있듯, 그러나 너무 조용했어요. 잔잔한 호수면의 평온과,

그 天然함이여

말들의 千年의 天然함이여
저배기의 호수여
가을 풀의 숨죽은 기세여,

3

D형,

이리 요새, 나는 가을 幻視에 허덕입니다. 내일쯤에는 사막의 신기루에 거의 감기듯 꿈꾸는 낙타의 눈길에서, 며칠 전의, 초우재 골목께의 그 젊은이의, 가을 햇살에 조용했던 선하디 선한 눈길을 보았다고, 또 형에게 넋두리할지 모르겠습니다.

D형,

가을 탓입니다.
올해의 우리들 유다른 가을 탓입니다.
'여름날의 마지막 장미' 얘기를 하다가
어느새 가을 한가운데 내가 이리 빠져버렸습니다.

草友齋 主人(2002년 10월)

## 통신 (43)

### 팔매질의 파장(波長)

그날 밤은 11월 초였는데 갑작스런 추위가 며칠 계속되던 때였습니다.

내 陋屋의 西窓 너머의, 두 그루 아름드리 은행나무 밑둥 근처에 있는 몸집 좋은 우리 집 개 자룡이가 그 우렁찬 목소리로 계속 짖었습니다. 내 방의 北壁 바로 뒤에는 울타리가 둘러섰는데 그 울타리 따라 산을 오르는 오솔길이 있습니다. 그날 밤은 이슥해진 시간이어서 다니는 사람이 없을 때입니다. 처음에는 누가 일부러 와서 은행 열매를 줍고 있는 기척 때문일 거라고 생각했으나, 그러기에는 자룡이의 짖음이 너무 오래 이어지는 것 같아서 나가 보았습니다. 어둔 오솔길에서의 당신이었습니다.

거기서 서성대고 있다가 나를 보자 의아한 듯한 반응이었습니다.

개가 너무 짖어서요…

아, 여기를 오르내리며 산책하고 있습니다. 몸이 안 좋아서요.

아, 그래요, 老年에겐 날씨가 차가운데…

우리들의 첫 얘기는 이것뿐이었습니다.

내가 방에 돌아와서도 자룡이는 여전히 짖고, 몸이 안 좋다는 당신 말에 신경이 씌어 한참만에 또 나가보았습니다. 당신은 여전히 거기 어둠 속에서 나타났어요. 그리고 나의 관심에 왜 그러냐 듯한 반응으로, 심장이 안 좋아서 이리 운동한다고 했습니다. 옷을 따뜻이 입었다고 했으나 간편한 옷차림에 지나지 않았어요. 긴 우산대를 짚고 있었던 걸로 보아 비가 좀 뿌렸던 새벽이나 아침 일찍 집을 나선 것 같았습니다.

그곳은 운동이나 산책하는 데로는 전혀 적합치 않았지요. 그 언덕길의 바로 위에는 좋은 산책로가 있으며, 더욱이나 제가 두 번이나 한데로 나가 두리번거려야 될 만큼 개가 내내 짖고 있었으니 말입니다.

밤이 더 깊어지면서 나는 잠자리에 들었으나, 당신 일에 마음이 씌어 쉬이 잠이 이루어지지 않았습니다. 나중에는, 가까운 知己 아니 내 피붙이라면 그 어둠과 추위 속에 둔 채 내가 이리 안온히 있을 수 있느냐, 남이니까 그럴 수 있다는 건 말이 되느냐 ….

어린 날의 돌팔매질하던 못의 水面, 그 수면에 퍼지던 波長, 남을 생각하고 사랑해야 하는 우리 마음의 물결은 어디까지인가. 어디까지라야 하는가. 나는 심지어, 참 오랜만에 릴케의 시 '마음이 무거울 때'까지도 떠올렸네요.

지금 이 세상 어느 곳에서 죽어 가는 그 사람은
까닭도 없이 이 세상에서 죽어 가는데
나를 바라보고 있는 것이다

참, 그곳 그러니까 초우재의 뒷곁, 그 오솔길 바로 윗터에는 한 무덤이 있습니다. 그래서 당신의 그날 밤의 거기서의 서성댐은, 여러 경황이 당신은 죽을 수 있을 거라는, 또는 거기서 당신은 죽음에 가까이 가는 것에 대해서 무신경이거나 일부러 친숙해지려는 연습이 아닌가 - 라는 생각으로까지 나를 몰아갔습니다. 개는 여전히 짖고요. 저건 나와 같은 불안에서가 아니라 이상한 사람이 나타났음에 대한 경계의 목소리일 것입니다. 내가 그런 속에서도 끝내에는 睡眠의 골짝을 찾아간 것은, 죽음에 대한 불안을 저 개의 단순성에 비교할 수 있었기에서일 것입니다. 西窓 너머의 자룡이는 가끔 방 속의 나를 기웃거립니다. "절대로 무용한 행동은 하는 법이 없는 것이 짐승들인지라 그들은 죽음에 대해 명상하지 않는다"는 폴 발레리의 말이 있다면서요.

그러니 자룡이 쪽에서 보면 나는 자주 이리 무용한 행동을 하고 있는 셈입니다. 밤 속에서의 혼자의 생각은 얼마나 때로는 우습습니까. 당신이 거기서 죽게 되고 아침에 모여든 이웃들이 나더러 왜 그런 '걱정'의 상태에 무책임했느냐 - 라고 다그치면 나의 대답은 이치에 맞지 않고 궁색한 변명이 될 것이라는 생각 같은 것 말입니다. 경찰관이 내민 자술서(?)에 아까의 그 물결의 파장, 圓心에서 몇 줄 안 가서 사라지는 내 마음의 수면을 드러낼 수밖에….

그날 밤의 내 꿈길은 당신과의 同行이었습니다.

草友齋 主人

## 통신 (44)

# 설령(雪嶺)이 죽었어요

J형,

퀘백, 그쪽 요새 눈이 많이 와요.

뱅쿠버에 공부하러 간 젊은 친구의 소식에 의하면, 거기는 추워 보았자, 영하 1, 2도에 머문다는데, 나는 이 말이 잘 믿어지지 않아요. 나에게는 카나다에 대한 참 강한 印象을 어떤 글을 통해 갖고 있어서입니다. 영하 수십도의 추위가 이어지는 겨울이고, 온 천하가 눈에 쌓이고, 그래서 그 광활한 광야로 흐르는 고속도로를 달릴 때에는 꼭 촛대를 준비해야 된다면서요. 한밤에 차가 서버리면 지나가는 다른 차들도 없어 구원을 요청할 길은 없고, 그래서 높은 하늘에서 순찰 비행하는 헬기에 구호신호로서 촛불을 차안에서 밝히고 있어야 한다면서요. 아, 백설 천지 야밤의 이 촛불의 아득함,

아득한 불빛일수록 나에게는 그것이 사람의 영혼의 떠나감의 자취로서 느껴집니다.

J형,

놀라지 말아요, 雪嶺이 죽었어요.

“우리는 그의 2층을 기억하지요. 우리의 우정을 얽고섥고 해 준 곳이니까요. 이때의 그의 화려함, 좋은 집안 사정, 귀티의 용모, 그가 빠진 연극무대가 주는

이색적 세계의 매력, 등등의 화려함은 그 뒤 때로는 상처받기도 장애에 부딪히기도 했고, 안정을 끝내 못 찾은 그의 가정의 한 어려움은 그의 서울에서의 문예회관 관장 시절의 화려함까지도 한때 흔들리게 했지요. 나는 이 친구의 어려움을 가까이서 또는 멀리서 보면서 그 흔들리는 어려움 속에서도 그가 잃지 않는, 본래의 품위, 자기 세계에 대한 열정의 끊임없음에 참 탄복했어요. 그날의 우리들 모임에서도 오랜 동안의 그에게 대한 이런 내 생각이 더욱 확인되는 느낌이 들었어요. 이제는 늙고 그래서 수척해진 그의 얼굴과 표정을 보면서 나는 애잔함보다는, 더욱 인생을 많이 살아온 한 노배우의 원숙함을, 그래서 참 무대에 세우고 싶은 연출자의 욕구를 엉뚱하게 갖게 했으니, 雪嶺의 이 짙은 個性이 그를 여태 아름답게 지탱해 준 것 같지요. 언제나 그의 옷매무새나 얼굴은 심심치 않아서 멋져요. 그런데도 艶聞 같은 것은 전혀 들려주지 않으니, 내가 寡聞한 탓인지 다음 모임에서 이 친구의 實吐를 꼭 기대해야겠어요. 이 자유로운 남성이 그 자유로움을 드러내지 않느니."

J형, 이는 작년 가을에 '영원의 5인'이라는 글자가 박힌 중학교 때의 사진 한 장을 들추어내어 나는 서울에서 내려가고 雪嶺은 부산에서 다른 친구는 대구에서, 양산의 언양에서, 김해의 외진 과수원에서 남쪽의 어느 고궁의 뜰에서 만났을 때의, 雪嶺에 대한 느낌을 이후 한 친구에게 보낸 내 편지의 일단입니다. 다섯은 지난봄에는 대구에서 재회했습니다. 내가 하고 싶었던, 그런 장난 끼의 물음은 그에게 건넬 수 없게 그는 몇 달 전의 그때보다 더욱 수척했어요. 그리고 우리는 한 달 전에 해운대에서, 그러니까 마지막으로 만났습니다. 雪嶺은 이날의 모임에서 옛날학교 시절을 그리워한 친구의 시를 낭송하는 의지를 보였지만, 간간이 몰아쉬던 그의 숨소리와 그것을 싣고 있는 그의 육신은 바닷가의 바람 한

점에도 꺼질 듯했으니, 그리고 그끄저께 떠난 것입니다.

대학병원의 영안실, 흰 菊花들에 에워싸인 喪廳에서 나는 눈물을 흘렸어요. 은은한 음악이, 조금은 고개 숙인 옆얼굴 모습의 影幀이 더욱 나를 슬프게 했지요. 죽음을 예감한 듯한, 그 고독한 모습이요.

그가 한 줌의 흙으로 돌아가는 어제, 나는 방향감각을 잃은 새처럼 헤매었어요. 凡魚寺 쪽에서 찾아야 할 길을 엉뚱하게 通度寺 근처에서 이리저리 허우적거렸으니, 雨中에서였습니다. 그래서 그의 하얀 연기가 초겨울 하늘에 어떻게 사라지는지 보지 못했습니다.

寓居 초우재는, 雪嶺이 한두 번 머물었던 시골 같은 산자락의 집입니다. 겨울의 裸木들이 鉛筆畵 같습니다. 오늘은 거기 눈이 내립니다. 젊은 날의 그는 雪影이라고도 자기 이름을 쓰곤 했지요. 눈의 그림자, 그러고 보니 저기 댓잎에 자욱한 눈들에게서 그것을 얼핏 느끼는 것 같네요. 내가 그날 놓친 '하얀 연기', 그 영혼을요.

카나다의 J형,

그곳 눈이 많이 오지요.

작년 겨울에는 여기에도 많이 왔어요.

세밑 어느 날 雪嶺은 나에게 전화로 연말연초에 초우재에 들릴 것 같다고 알려왔습니다. 일에서 쉬는 날에 서울 외곽의 어느 시골에 맡겨져 있는 자기 손녀를 만날 겸이라고 하면서요. 그는 가끔 시외전화로 이 손녀에 대해서 나에게 얘기했어요. 애미 애비들이 일들에 쫓겨 자기와 하루를 보내는 날이 길어지고 있다든지, 그리고 이것도 어려워져 시골 외가에 맡기고 있다든지, 그러다가 이제는 멀리 경기 북부 시골의, 그애의 고모네 애들 속에 놓여 있다는, 그래서 자기도 전화를 자주 하거니와 서넛 살의 그애도 할비의 목소리를 듣고 싶어한다는….

雪嶺은 정초가 되어도 소식이 없었어요. 행여 하고 부산에 전화를 했더니 거기서 말했습니다. 앗다 거기 왜 그리 눈이 많이 오노, 그리고 너무 추워서 그냥 와버렸다 – 는 것입니다. 나는 그의 자세한 이야기를 들으면서 소설 '삼포 가는 길'의, 영화 '서편제'의 시골과 산 속의 눈길 장면들이 떠올랐습니다. 그가 탄 택시가 서울에서 출발한 것인지, 아니면 전철을 이용해서 거기 그러니까 삼송리에서 이용한 것인지는 모르겠어요. 눈이 펑펑 쏟아지는데 겨우겨우 물어서 한 고갯길을 오르는데 눈길의 미끄럼에 견딜 수 없어 뱅뱅이 돌다가는 고갯마루에서부터는 걷기 시작했다는 것입니다. 흩날리는 눈발 속에서 몇 번이나 넘어지면서요. 긴 둑이 바람막이하고 있는 河川敷地, 거기 가난한 딸네 집을 밤중에 찾았다는 것입니다.

"그애들, 고종들 꼬맹이 속에서 때로는 그애가 부대끼는 장면들이, 그게 말이다, 놀이 속인대도 그게 말이다 그렇게 보이고 …, 그리고 아이고 추워서 그래서 그냥 내려와버렸다 …."

나는 그의 이 말들에서, 어떻게 저리 용하게도 '가슴 아프다'라든지 '불쌍해서' '마음 아파서'라는 표현을 피해갈 수 있는지, 순간순간 답답했어요. 고등학교 다닐 때 그의 방에 가면 큰 거울 앞에서 눈물 흘리는 연습에 열중하고 있던 연극쟁이 그가 말입니다. 굿쟁이들의 그 슬픈 대사가 아니더라도, 늙은이들의 그 흔한 푸념의 한숨도 멀리할 수 있었는지요.

J형 내가 울었던 그날 영안실 喪廳에서, 뛰어다니던 한 꼬맹이 너덧 살의, 틀림없이 그의 손녀일 소녀를 보았어요. 참 예쁘고 귀여웠고 그리고 행복해 보였어요. 나는 그애의 머리를 쓰다듬었으나 꼭 보듬지는 않았어요. 그애의 체온에서, 그리 친하면서도 한 번도 나에게 실토하지 않았던 할비 雪嶺의 그애에 대한 애정이 마구 한 순간에 폭발해 올 것 같아서, 나도 그 친구처럼 터뜨리면 쏟아져 올

그 강물이 두려워서였는지… 뭐 그런 거겠지요.

異邦의 먼 J형,
이 겨울 퀘백에 눈이 오나요.
그 눈의 고갯길, 눈의 그림자,
그 친구를 가끔 생각해 보아요.

草友齋 主人(2002년 12월 8일)

### 통신 (45)

## 누옥(陋屋), 누옥(漏屋)

M형,

형이 구랍에 멀리 미국에서 보내준 연하장(Season's Greetings)에는 저쯤 한두 채의 집이 있는 쪽으로 우산으로 눈을 맞으며 언덕을 끼고 걸어가고 있는 서넛 사람 뒷모습의, 어느 마을 어귀 눈길 풍경이 있었습니다. 크로드 모네의 1875년 油畵라는 설명이 있습니다. 이 엽서의 그림을 요새 내 書案 근처에서 자주 봅니다. 보내 준 사연 때문에 이제는 이에 눈이 갈 때마다 미국의 형이 사는 마을 어귀가 이리 멋스러운 것이 아닌가 하고 상상합니다.

지난 10월엔 33년만에 만나서 '유서 깊은 奉元寺를 함께 산책하면서 흘러내린 세월을 되찾을 수 있어서 무척 기뻤다'는 감회가 그 그림 뒷면에 있습니다.

그날 절간에서 내려오면서, 제 집이 거기 어디쯤인지 물어주었는데, 저는 얼버무리면서 형을 가까이의 저의 寓居로 안내하지 않았습니다. 우리 또래의 사람들에게 있어서의 친구란 배경에는 언제나 그 집이 떠오르는데 말입니다.

그가 사는 동네의 어귀며 고샅, 그리고 바자울이나 돌담의 울타리, 찾아갔는데 친구는 어디 가서 아직 안 돌아오고 빈집의 대청마루, 그 마루의 골, 그 밑에서 졸고 있는 강아지의 얼굴에서 느끼는 친구 집안의 가족성(家族性), 이런 것 없이 그는 떠오르지 않습니다.

우리는 4년 동안을 같은 캠퍼스에서 지냈지만 나에게 떠오르는 형의 배경은 한두 번 찾아갔을까 말까 한 형의 하숙집입니다. 차가 다니는 한길에서 접어드는 길에는 나지막한 기와지붕들의 고옥들이 줄지어 따르고 그 끝에 J고등학교가 있었고 그 학교 정문 가까이의 제법 번듯한 韓屋이었지요. 그러나 그 집의 안은 그리 밝게 기억되지 않습니다. 아무도 못 보았고, 책상과 책꽂이가 있었던 형의 방도 어두웠던 듯합니다. 묘하지요. 이런 것들이 형의 젊은 날 마음 세계의 배경인 듯 떠오르니 말입니다.

형과 그날 점심을, 그것도 형의 고집으로 내 지갑은 꼼짝 못했고, 그러면서 미국에 오거든 자기 집에 꼭 들리라는 당부마저 주었습니다.

절간에서 내려오면서 말했을 것입니다. 그 아랫동네에서 35년이나 한 집에서 살다가 수년 전에 산 위쪽으로 옮겼다고요. 여름철에는 나뭇잎과 풀들이 하도 무성해서, 이름마저 草友齋가 되었다고요. 처음에는 그 풀들을 그냥 팽개쳐 둔다는 것이 아까워서 안타까워까지 했습니다. 저걸 베어 넘겨 말려서는 건초를 만들고 그래서 소 한 마리를 키워야지- 그 움메 하는 울음소리라니 - 이리 내 마음은 한껏 부풀었습니다.

그러나, 그것은 꿈으로 남고, 어느새 여름날이 두려워지기까지 한 것입니다. 울타리 저쪽에서 넘어오는 여름날 풀들에 조금씩 질리기 시작한 것입니다. 내가 좀 느슨해지면 그 기세는 書窓마저 어둡게 할지 모르니까요. 이상(李箱)이 눈뜨면 보이는 거라고는 풀빛밖에 없는 여름날 농촌의 녹색에 권태를 느낀다는 것이 실감됩니다.

장마가 걷히고 매미 울음이 골짝을 메우고, 그러면 우산대풀의 살들이 눈에 띄면서 가을이 오기 시작합니다. 풀들은 시들 때라야 여유를 찾으며 저들 내음을 보입니다. 베어 넘긴 풀들이 가을 햇살에 마르면서 풍기는 건초 냄새를 기억합니까. 초식동물이었던 우리들에게 이것처럼 좋은 약초는 없을 듯합니다.

가을날 산자락 마을에 흔한 것은 낙엽입니다. 산으로 오르는 오솔길이 시작되는 집 뒤에서 이들을 긁어모아 태우면서 누구 말마따나 '갓 볶아낸 커피' 같다는 그 내음에 빠지다가 한 분의 산책객에게 심하게 혼난 일이 있습니다. 낙엽을 태우는데… 라면서 자랑스레 말하다가 '그걸 소각하면 되느냐'의 일갈에 움찔했던 일이 있습니다. 불길이 번지면 어떻게 되는지 알지 – 라는 걱정에서가 아니라, '낙엽을 태우면서'도 소각되는 오물의 냄새로 역겨워지는 모양입니다. 나는 사람들의 각기 다른 후각에 대해서 그때 매우 연민했을 것입니다.

M형, 나무와 나무 사이, 줄기와 줄기의 틈에 생각이 지날 수 또는 머물 수 있는 겨울철의 내 우거에 나는 더 편해 합니다. 裸木들의 실핏줄 같은 가늘은 가지들에 눈이 나리면 鉛筆畵의 멋에 겨워합니다. 더욱이나 落木寒天에 걸린 초생달이나 그믐달을 만나면 나는 대단한 착각에 사로잡힙니다. 저 달을 이 큰 도시 주민 가운데 내 혼자만 즐기고 있다는 생각에서입니다. 하늘을 볼 수 있는 창을 가진 이 누구에게나 다가가는 달을 두고요.

'풍류는 추운 것이다'라고 말한 시인이 있다면서요. 일본의 어느 작가는 '陰翳禮讚(음예예찬)'이라는 그의 단편에 이 시인의 말을 옮기면서 다음과 같이 잇고 있습니다.

> "… 한적한 벽과 청초한 나뭇결에 둘러싸여 푸른 하늘이나 신록의 색을 볼 수 있는 곳은 일본의 변소만큼 알맞은 장소는 없다.
>
> 그리고 그곳에는 어느 정도의 엷은 어두움과 철저한 청결함과 모기 소리조차 들릴 듯한 조용함이 필수 조건인 것이다. 나는 그러한 변소에서 부슬부슬 내리는 빗소리 듣기를 좋아한다. 특히 간토(關東)의 변소에는 밑바닥에 길고 가는 작은 창문이 붙어 있어서 처마끝이나 나뭇잎에서 방울방울 떨어지는 물

방울이 석등롱의 지붕을 씻고 징검돌의 이끼를 적시면서 땅에 스며드는 침울하고 구슬픈 소리를 보다 더 가깝게 들을 수 있다. 실로 변소는 벌레 소리와 새 소리에도 어울리고 달밤에도 또한 어울려서 사계절에 따라 나오는 사물의 정취를 맛보는 데 가장 적합한 장소라 할 수 있다. 아마 고래의 하이쿠(俳句)를 짓는 사람들은 이곳에서 무수한 소재를 얻을 것이다. 그렇다면 일본의 건축 중에서 가장 운치있게 만들어져 있는 것은 변소라고 말할 수 있을 것이다. 모든 것을 詩化한 우리들의 선조는 주택 중에서 가장 불결한 장소를 오히려 아취있는 장소로 바꾸고 花鳥風月로 연결지어 그리움의 연상으로 포장하였다. … "*

(다니자끼 준이찌로)

초우재의 그것은 '본채에서 떨어져 있기 때문에 밤중에 다니기 불편하고 겨울에는 특히 감기에 걸릴 우려가 있'는 그런 것은 못됩니다. 열 평 남짓의 방의 한편에 붙어 있습니다. 그런데도 여기서의 내 하루의 첫 日課는 그리 좋을 수가 없습니다. 열린 문을 통해서 방안의 남녘 창에 간 내 시선은 그 너머의 마당이며 그것을 에워싼 숲의 넓은 스크린에 담깁니다. 그러니까 나의 아침마다의 '생물학적 쾌감'은 알게 모르게 이 자연 속에서 새의 울음소리라든지의 리듬이 만들어 줍니다. 나무 잎들을 쓰담는 바람의 물결도 여기 어울릴 것입니다.

한 知己가 연전에 시골에 땅을 마련하고 집을 짓는다기에 이 경지를 애써 얘기해 주었습니다. 거기서 먼 산이 보인다든가 겨울에는 백설이 분분하다든가의 소식을 아직 나는 그 친구에게서 기다리고 있습니다.

M형,

내가 별소리를 다하고 있네요.

지난해의 언제인가, 뒷산에서 내려오다가 나를 골목에서 만난 한 여자 제자가 내 우거에서 차를 마시고 간 일이 있습니다. 이후 내 가족들은 나를 많이 일깨웠어요. 내 書室의 어수선함은 둘째이고 화장실의 낙후성에 대해서 특히 그랬습니다. 기본적인 건 다 갖춘 것으로 알고 있는데 그게 아닌 모양입니다. 세상은 얼마나 아름답게 그 공간이 꾸며지고 있는지를요. 내 눈으로는 그냥 지나칠 수 있을 것이, 얼마나 미의식의 후진성 아니 몰감각성으로 까지 비쳤을까 였습니다.

이후 나는 자신이 좀 없어져 가고 있습니다.

갑자기 비가 오면 나는 비설거지에 바쁩니다. 내 방 앞 축담에 벗어놓은 신발부터 치워야 합니다. 그리고 안채에 건너갈 때는 우산으로 낙수물을 받아야 합니다. 비가 많이 쏟아지면 천장도 살핍니다. 한 오년 전에 이리 올 때는 돈 들여 깨끗이 했는데, 어느새 陋屋의 모습으로 되돌아가버렸습니다.

나는 비록 漏屋(누옥)에 앉았을지라도 그게 그리 대단한 불편은 아닌데, 세상은 흉볼 것이라는 생각에 요새 많이 사로잡힙니다. 한동안은 마당까지 너무 어수선했습니다. 노모는 빈터만 있으면 그곳이 침실의 창밑이라도 호박 넝쿨을 올립니다. 세 마리의 개들, 고양이, 병아리, 그리고 토끼 한 마리까지 등장했는데 요새는 한 마리의 개와 고양이만 초우재 뜰을 단촐하게 지킵니다. 그래서 가끔 산 속의 장끼가 아름다운 모습으로 이들 바로 가까이까지 다가오기도 합니다.

M형,

아까의 일본 작가는 음예공간을 예찬했지만, 내 중학교 때의 국어선생님의 한분 – 나중에 알고 보니 그분은 대단한 작가였는데 그 즈음은 오랜 동안 침묵하고 있을 때였습니다 – 은 우리들에게 자주 '개떡 예찬'론을 펼쳤습니다.

너희들, 운동회 때 시골의 어머니가 오셔서 너에게 건네는 개떡을 부끄러워하지 말라는 것입니다. 도시 애들의 케이크 자르는 자리에서 너희 어머니의 사랑과 정성을, 거기 담긴 아름다움을 자랑하면서 맛있게 먹으라는 것이었을 테지요.

M형이 그 절간에서 내려오면서 내 집을 물었을 때, 왜 퍼뜩이나마 그 꿈 많던

중학 시절의 국어선생님의 이 개떡 이야기가 머리에 떠오르지 않았는지요. '풍류는 추운 것'(사이토오 료쿠우)이라는 말에 동감하면서 말입니다.

아, 이 이야기는 빠뜨렸네요.

내 음예공간에서 비오는 날 앵두나무 아래의 배흘림의 장독들을 바라면 그것이 얼마나 운치 있고 아름다운지를 말입니다.

모네는 어느 동네의 어귀 모습을 형이 보낸 그 연하장 표지에 그리 잘 그렸는데, 그리고 말러는 그가 머무는 山莊을 둘러싼 자연을 제가 지금 듣고 있는 저 음악에 다 담았다는데, 다행히 그곳들은 이 풀섶 주민의 영토와는 딴 세계입니다.

M형,

언제 또 서울에 들리나요.

그땐 초우재에서 차 한잔 해요.

겨울처럼 차고, 개떡 같아도요.

그런 연후라야, 미 대륙 서부 해안가 어디쯤에 있다는 형의 마을을 찾을 수 있을 것 같네요.

좋은 꿈이 또 하나 생기는 기분입니다.

잘 있어요,

친구여.

草友齋 主人(2003년 2월)

*김지견 역

## 통신(46)

# 저배기의 신방(新房)

K형께

어제부터 비가 내리고 있습니다.

寓居(우거)는 草'雨'齋가 되고 있습니다.

지붕에 빗소리가 내내 후둑입니다.

며칠 전부터, 지난주에는 현충일 방학(?)이 있었고 이제 개학인데 龜尾座(구미좌)에서 왜 다음 작품을 알리는 '오페라 통신'이 안 올꼬 - 하다가, 얼핏 참 롯시니의 '세빌리아의 이발사'로 정했더랬지 - 이리 생각했습니다.

그래서 어제 밤에는 인터넷에서 이 작품을 찾아보았습니다.

K형, 기가 차지요. 바로 전 번에 감상해 놓고는 말입니다.

허기야 그새 방학이 끼었으니 - 라고 변명할까요.

좀더, '癡呆(치매) 전단계'가 아니라고 얘기를 만들어 보아야겠습니다.

지난번의 歸路車中(귀로차중)에서, 내가 방학소식에 들뜨니까 그러면 그새에 犬舍(견사) 공사는 마무리하겠네요 - 라고 同乘(동승)의 B씨가 말해서 웃었지요. 저배기(개이름) 집의 壁(벽)공사 과정은 이미 이야기했지요. '기술이 있나, 힘이 있나, 아니면 돈이라도 있어야지'라는 自嘲(자조)와 대모도(下手) 노릇에 시달렸다는.

방학이 시작하자마자, 집에 아무도 없는 날, 대모도가 대모도도 없이 혼자서

犬舍의 앞마당 공사를 해치웠어요. 스케나가 없어 土木工事(토목공사)의 圖面(도면)으로 설명할 길이 없어 제 능력에 칭찬받을 수가 없네요. 이럴 때는 디카 생각이 납니다.

물이 흘러가는 水路(수로)가 있어야 하고, 바로 옆의 단풍나무 밑 언저리는 흙으로 남겨두어야 거기서 저배기가 흙냄새를 맡을 수 있을 것이고, 얘가 함부로 갈기는 변들을 치우고 바닥을 물청소라도 하게 될 때 그 汚水(오수)가 바로 하수로 흘러가면 안 되니 정화조 구실을 할 수 있는 맨홀을 만들어야 하는 등의, 그러면서도 보기 싫지 않는 모양으로 해야 하는 - 이 難工事(난공사)를 며칠 동안의, 갠 날에 - 누구는 어느 개인 날 寄港(기항)하는 자기를 언덕에서 기다리는 여인도 있는데 - 해치운 것입니다. 그런데 힘에 부쳐 어려울 한낮에는, 그야말로 '어느 개인 날'이 있는 '나의 테발디'에 열광했어요. K형이 젊은 날에 그리 빠졌다는 Renata Tebaldi, 그래서 지난번에 그녀의 몇 작품을 발췌해서 '나의 테발디'라고 이름 붙여 저에게 주신 그 오페라의 몇 군데 말입니다. 집에는 아무도 없지요, 서너 채밖에 없는 마을도 비어 있지요, 그래서 마음 놓고 k형의 테발디를 '나의 테발디'로, 내 초우재는 그녀의 독무대가 되어버렸어요. 우리 고향마을에 전기가 처음 들어오고 그래서 여름날 골목을 지나면 집집마다 마음 놓고 높게 켜 놓은 라디오 소리들 때문에 매미들이 맥을 못 추던 - 그 풍경처럼 말입니다.

이리 개집 짓기에다가 테발디의 열창에 빠지느라 그만 세빌리아의 이발사를 깜박했다고 해야겠네요.

너무 긴 소리 늘어놓았습니다.

비록 '이발사(?)' 자격은 놓쳤지만, 미장 기술의 자격은 스스로 인정받은 듯하니 다행이지요. 이 자격 引受後(인수후) 신나서 또 어떤 일에 달겨들었는지에 대해선 오늘은 함구해야겠습니다. 내일 오페라의 오후에 가야 하는데, 참석자격 시비에 말릴 위험은 피해야겠으니까요.

아 그런데 빠뜨린, 중요한 이야기가 있습니다. 저배기의 지붕 - 공사입니다. 이것도 했어요. 삼각 모양인데 먼저 대들보를 실하게 올리고 두꺼운 판자를 깔고 그 위에 골판의 北青色(북청색) 함석을 입힌 것입니다. 그리고는 며칠 전에 황소 같은 힘을 가진, 새집의 주인공을 뒷곁의 은행나무 자락에서 아주아주 억지로 힘겹게 끌고는 이사를 시켰어요. 텅빈 집에서 여름날의 조용한 마을에서 제 혼자서 감격하면서요. 이놈의 밥그릇과 물그릇과 함께요. 그런데 어제 오후에 보니, 아 저배기 자기 新房(신방)에서 비오는 바깥 景(경)을 감상하고 있었어요. 내친 김에 밤에는 책이라도 읽을 수 있게 燈(등)을 하나 달아드리나 - 하고 내가 나를 놀렸습니다.

K형,

내일의 작품이 무엇이지요.

방학 전에 말씀하셨나요.

이 미장이를 위해서 다시 알려 주세요.

기다리겠습니다.

草友齋 主人(2003년 6월 12일)

## 통신 (47)

# 산승(山僧)이 마주 앉아

산승이 마주 앉아 바둑을 두는데
바둑판 위에 대나무 그늘이 시원하네
대나무 그림자에 가려 사람은 보이지 않고
때때로 바둑 두는 소리만 들리네

白居易의 '연못 가'에서

"대나무 그림자에 가려 사람은 보이지 않"으니
'대숲에 바람 소리만 들리네'라든지, 아니면
'바둑 두는 소리도 들리지 않네' - 로
우리는 할 것인데,
역시 詩人은 다르네요.

'대숲에 바람 소리만 들리네'로 하면, 그 바람소리는 人間事의 허망함으로 시끄러워 오고,

"때때로 바둑 두는 소리만 들리네"가 '들리지 않네'보다 더욱 閑逸(한일)을, 그리고 '들리지 않네'의 그 공간에 파고들 妄想을 '들리네'의 한 청각이 다 쓸어버리는,

그래서 더욱 仙境이어라 싶지 않는가요.

아침에 커피를 끓였어요. 끓이려 했어요.

그런데 내 茶罐器(다관기)가 며칠 전부터 탈이 났어요.

끓는 물을 위로 솟구치게 인도하는 가느다란 손가락 굵기의 유리관 밑자락 吸水口(흡수구) 쪽에 금이 가 있더니 그만 그 입술이 녹아내린 것입니다.

파란 불길이 아무리 날름거려도 끓는 물은 길을 잃어 그 위의 커피 분말을 적시지 못합니다. 알코올 연료도 그날 따라 다 떨어지고.

이 싸이폰 다관기가 내 안에 들어오기 전의 電氣爐(전기로)의 그것, 커피보틀이라고 불리는 것을 찾았으나, 종이 필터가 준비해 놓은 게 없었어요. 세상을 익히려 가끔 들리는 백화점에도 갔으나, 그 압도해 오는 현대성의 휘황함에 눈이 감겨 살 것도 잊어버리고 돌아오곤 했으니, 내 수삼일 간의 喫茶(끽차)는 난감해질 수밖에는요. 보틀에서 물만 끓여서는 찻잔의 밑바닥에 깔아놓은 원두커피 분말을 적시면서 채우고는 떠오른 가루가 沈澱(침전)되기를 기다리지요. 그 새 내 미각은 참아야 되고, 그러나 커피 향의 내 후각은 그런 대로 즐거울 수 있답니다.

오늘 아침에도 그 과정을 시작했습니다.

물이 끓는 시간에 나는 신문을 보고 있었고요.

거기에서 백거이의 시를 만납니다. 原詩를 궁금해하며 우리말 옮김 대로로 읽습니다. 그때 내 귀에는 연못가에서의 바둑 두는 소리 사이사이에 보틀 熱湯(열탕)의 마지막 신호 같은 요란한 잦음의 물결소리가 들려옵니다. 비 갠 날 아침의 이리 신선한 커피 향의 즐거움이라니.

나는 시의 仙境에 빠졌다가, 커피 향을 즐기다가, 침전 끝의 그 맑은 빛깔의 차를 들기 위해서, 어린애들 장난 부엌 같은 내 茶廚房(차주방)에 갔지요. 그리고는 향기를 품고 있을 찻잔을 들었을 것입니다.

내 찻잔은 말갛게 아무 흔적도 없습니다. 연못가의 주민들이 마시고 간 모양입니다. 나는 부득불 그 잔에다가 커피 분말을 한 스푼 깔고는 보틀의 아직도 따뜻한 물을, 사실은 그제서야 붓기 시작합니다.

산승이 마주 앉아 바둑을 두는데
바둑판 위에 대나무 그늘이 시원하네

이 詩의 몇 줄에 나는 너무 빠졌던 모양입니다.

이러다간 또 백화점 슈퍼에 가서 무엇 사러왔는지 그 휘황한 빛깔들에 가려 내 기억이 보이지 않을 것 같네요.

대나무 그림자에 가려 사람은 보이지 않고…
때때로 커피 향이 코끝에 스쳐라.

내 오늘 아침 이야기입니다.

草友齋 主人(2003년 7월 19일)

## 통신 (48)

# 빗방울 소리들의 느림

오늘은 책이 잘 읽힙니다.
낮에는 때로 책장을 펼친 채 졸기도 했으니,
비가 부슬부슬한 저녁부터입니다.
불을 밝히기 전에는 몇 번이나
가을이 오는 순간에 붙잡힌 듯, 바깥뜰을 보며
계절의 변화와 우리들의 감각에 감탄했습니다.

한여름 햇볕도 막무가내던 감나무 잎, 무성한 풀잎들도 한풀 꺾였음이 잡힙니다. 어제 밤에 바라본 열흘 남짓의 반달 빛이 벌써 가을의 도래를 예감케 했으나, 오늘밤의 이 빗소리는 그것의 實感입니다. 그저께까지의 빗소리보다, 그러니까 방울이 떨어지고 난 다음 잇따르는 후둑임이 한 템포 느림이 확연합니다. 그야말로 부슬부슬입니다.

나이폴의 소설, '미겔 스트리트'의 열일곱 연작 단편들에서 맨 끝의 하나를 어쩌다가 내내 남겨두었는데 그 '내가 미겔 스트리트를 떠난 경위'를 읽었습니다. 그리고 우리들 동리의 고샅 끝 산길 어귀의 풀밭에서 주어온 일본의 대하소설, '도꾸가와 이에야스'의 첫 권 반쯤까지에 어느새 가 있는 내 눈에 스스로 놀랍니다. 언젠가는 지인의 거실에서 수십 권에 이르는 이 우리말 번역본 '大望'의 즐비한 나열을 보면서 거기 바치는 많은 시간들을 아까워했는데 말입니다.

밤이 깊어지면서, 빗방울 소리들의 느림이 더해지자 책을 덮고 고개를 들었더니, 앞의 커다란 유리창에 한 사내가 있습니다. 그 사내의 뒤에는 백열투명 전구의 독서등 불빛이 차단합니다. 사내가 기댄 의자의 뒷면이 포로수용소나 교도소의 높직한 담벼락처럼 느껴집니다. 거기 한 점 불빛을 홀로 이고 서있는 사내는 생각해 보니 영화 속의 등장인물이 아니라 책을 읽다가 막 눈을 뗀 나입니다. 그 사나이가 싫어서 돌아선다고 했나요. 그러다가 생각하니 가엾어져 다시 돌아와서 우물 속의 자기를 본다고도 했지요. 그리고 그 우물 속에는 흰 구름이 있고 가을이 흐른다고 했을 것입니다.*

창 너머 담 밑에는 커다란 개 저배기의 집이 있습니다. 나는 자주, 더욱이나 비가 오는 날의 이 짐승의 無聊와 끊임없는 無念을 생각습니다. 마당 가운데에는 고양이가 묶여 있습니다. 풀어놓으면 담을 넘어 이웃에 돌아다니다가 쥐덫 같은 데서 꼬리도 조금 짤리고 또 이상하게도 제 마당으로 잘 찾아오지 못합니다.

뜰 너머의 나지막한 산자락에는 그 동안 초우재에서 정붙여 살다가 어느새 사라져간, 자룡이, 곰쥐라는 개들, 그리고 병아리, 아까 그 고양이의 새끼들, 최근의 토끼에 이르기까지의 짐승들이 여기저기 흔적 없이 묻혀 있습니다.

병아리도요. 그럼요. 병아리도 묻힙니다. 나는 어릴 때 나 때문이라고 생각한 병아리 한 마리의 주검을 종이에 깨끗이 사서 뒤꼍의 감나무 아래에 묻은 일이 있습니다. 오늘처럼 이리 비가 부슬부슬 나리는 날은 내 골방에서 뒷문을 열고는 마음 아파한 기억도 있습니다.

요 며칠 동안, 나는 한 생각을 정하지 못하고 있습니다.

친구들을 만나기 위해, 南行할 일이 생겼습니다. 거기 고향 벌판과 샛강을 굽어보는 산자락의 묘소, 아버지 어머니의 幽宅에 들릴까 어쩌나의 생각입니다. 아직은 벌초하기에 좀 일러 한낮의 햇빛은 너무 강하고 찾는 산길의 풀섶들은 요란할 것입니다. 가을에 가야지… 이런 생각의 갈피들입니다.

창 속에는 여전히 그 사내가 저만치 있습니다.

"나는 실망했다.(…) 내가 영영 이곳을 떠나기 위해 가버렸는데도 모든 것은 이전과 같았고 나의 부재를 가리키는 것이 하나도 없었기 때문에 나는 실망했던 것이다."**

미겔 스트리트의 마지막에서입니다. 자기 사라짐에 대한 세상의 아무 흔적 없음이 대단한 失望입니다. 大望의 갈피는 그대로 펼쳐져 있습니다.

창 속의 저이는 망설이네요.

오늘밤 그는 가을이 오는 길목에서 더 서성거릴 것 같습니다.

草友齋 主人(2003년 8월 10일)

*윤동주의 시(자화상)에서

**이상옥 역 '미겔 스트리트'

통신 (49)

# 저 황홀한 새벽노을 빛

C형,

형을 생각할 때마다 떠오르는 것이 둘 있습니다.

하나는 남을 사로잡는 달변과 능변입니다. 지난 번 우리들 우정 50주년 축하 모임 때 마이크를 잡은 형을 대하면서 또 얼마나 많은 그 사설에 우리가 빠져들까를 걱정(?)했는데, 형은 그 풍요한 화제를 잘도 절제해 주어서 형이 접어든 枯淡美에 우리 나이의 멋스러움을 배우는 기분이었습니다.

또 하나는 형의 태생지, 그리고 형의 일터의 모두였던 長生浦입니다. 형의 거구와 목소리마저 그곳의 대명사처럼 떠오르는 고래로 연결되기까지 합니다.

C형,

나 오늘밤 형에게 신고도 하지 않고 장생포에서 일박합니다.

그것도 부둣가에서 차를 세워놓고요.

낮에는 海雲臺의 H와 그 윗동네 松亭에서 J를 만났습니다. 돌아오면서 밤길의 바닷가를 달리다가 여기 머뭅니다.

이슈멜이라는 남자가 바다로 나가려고 한 항구에 나타나면서 멜빌의 소설, 아니 그레고리 팩이 에이하브 선장으로 분장, 한쪽 다리를 앗아간 모비 딕을 북태평양에서 적도에 이르기까지 증오일심으로 쫓으며 영화 '모비 딕(白鯨)'이 전개되지요. 성난 고래로 捕鯨船은 파괴되어 선원 모두는 죽게 되나 다만 이슈멜만이 표류 끝에 구조되어, 장대한 바다의 敍事詩가 전해집니다.

C형, 지금 이슈멜처럼 장생포 부둣가를 처음 기웃거린다고 내 자신을 분장해 보고 싶은 기분입니다. 이 남자는 우울병을 바다에 날리려 捕鯨港에 나타나지만 나는 기껏 해마다 이 철이면 저 아래 달맞이고개에서 출발해서 내내 바다를 끼고 北上하는 여름 나들이에 지나지 않습니다.

이슥해지려는 밤입니다. 해안을 끼고 도는 넓은 찻길과 부두 사이에는 파도가 거센 날의 防波堤 같은 경계의 시멘트벽이 계속되네요. 고래들이 항구의 로고처럼 그 벽면에 내내 그려져 있는 거기 한 곳에 차를 세웠습니다.

라이트를 끄고 차에서 내리자, 바다에보다 먼저 남녘 半空에서 타고 있는 불길에 눈이 쏠립니다. 지나온 석유화학 공업단지 위의 하늘 같습니다. 환하게 높았다가 꺼질 듯 낮아지다가 다시 기세를 펴는 저 불길이 이 항구도시의 來客에게는 가장 강한 인상이 되겠네요. 심지어 바다냄새마저 거기 다 말려들어가는가 싶습니다. C형, 저건 장생포의 아우성, 아니 고래 기름의 횃불은 아닌지요. '누가 나를 지배하랴' 全能者 신봉에 차 있는 에이하브선장에 대한 모비 딕의 꺼지지 않는 분노의 여진일 거라고 나는 자꾸 고래에 매달립니다.

배들의 집단 寄港地 같은 저 너머 부두에는 낡은 고래를 끌어올리는 포경선의 윈치 장치 같은 것이 즐비해 있어 이 고장 본래의 기세가 진치고 있다는 상상을 합니다.

아, 바로 저기 긴 배가 지나갑니다.

어둔 바다에 별 소리도 없습니다. 메뚜기의 머리 같은 기관실이 있고 그리고 긴 허리, 그 끝 고물에는 서넛 사람의 실루엣 같은 움직임이 보입니다. 참, 내 바로 앞은 운하 같은 뱃길입니다. 건너의 波止場과 이곳 사이를 배들이 왕래하고 있습니다. 內港으로 가는, 또 내항에서 바다로 향하는 길목인지요.

작은 모형 같은 등대의 둘이 이쯤저쯤에서 깜박거리고, 그 지척간을 배들은 잘도 빠져나갑니다. 지나가는 배들에 갈리는 물결 때문인지, 잠들고 있는 작은 배들이 등을 비비대는 소들처럼, 내가 앉아있는 선창의 콘크리트 벽에 꿈결엔 듯 지척이네요.

C형, 웬일이지요. 이 야밤에 한 젊은이가 바람처럼 어디서 나타나더니, 부두에 묶인 배를 풉니다. 그리고는 발동입니다. 그 小船의 느닷없는 출발이 그리 쉬울 수 없고, 그러나 갑작스런 바다의 유혹에 말려들어 가는 한 젊음의 위험한 외출을 혼자 본 듯한 설렘입니다.

긴 배의 들어오고 나감을 보고 떠올렸을까, 同行이 몇 년 전에 나에게서 받은 드레스덴港의 그림을 말합니다. 동독의 이 美港을 얘기하다가 갑작스런 소란에 펄쩍 일어났습니다. 한국의 장생포항에서는 인간의 그 가장 원초적인 사랑싸움의 퍼포먼스가 한밤중의 조용한 부두를 막 휩씁니다. 악을 바락바락 쓰는 아낙과 유들유들한 바람난 남편의 내놓고의 싸움입니다. 삿대질에 실리는 욕지거리 대사의 폭발성이 엄청납니다. 바닷바람의 억셈을 실감케 하는 저들 중년 남녀 무대가 이리 요란해도 아무도 기웃거리지 않네요. 나는 엉뚱하게도 사람살이의 감동(?)에 잠깐 젖은 듯합니다. 부두는 다시 조용해졌습니다.

C형, 露宿客에게는 어떤 행운이 따르는 줄 알지요. 잦아지는 물결 소리와 때맞추어 떠오르는 태양, 아니 새벽 놀빛입니다. 저 황홀한 빛깔 때문에 세상은 너무 조용해져 있습니다. 새털의 구름결에 꽈리의 아니, 불 밝힌 燈籠草, 그 花冠의 연홍, 이리 쉬이 말해서는 저 빛깔에 혼란이 오겠지요.

어쩔 수 없이 油畵의 물감입니다. 흰빛에 빨강을, 빨강에 흰빛을 이겨 본 일이 있습니까. 붓이 아니라 그 混色用 칼질입니다. 지금의 기분 같아서는 해변의 저기 몽돌 바닥에 앉아 물결의 波長에 맞추어, 서툴지라도 시작해 보고 싶습니다.

C형,

형의 고장 새벽빛에 반했습니다.

그 횃불에 구름들이 밤 내내 저리 달구어졌는지요.

우리가 떠나는 이 아침에도 불길은 하늘에서 여전합니다.

달변의 당신 앞에 서면 나는 머뭇거릴 것 같아서 물결이 출렁이는 부둣가에서 마음 놓고 내내 혼자 떠들었네요.

장생포의 오랜오랜 토박이

C형이여

이 사연 남기고, 친구 다시 해안 따라 北上합니다.

草友齋 主人(2003년 8월 13일)

통신 (50)

# 거기 있거니 거기 있거니

E군,

네가 오스트리아 비인에서 공부하고 있을 때였는지 모르겠다. 아니면, 네 나이 스물다섯의 해, 그러니까 70년에 첫 데뷔 무대를 가졌던 그 이후였으니, 귀국해서 활동하고 있을 때였는지도 모르겠다. 나는 대학에 시간으로 출강하면서 조그마한 카페에 포켓무대를 만들고 연극의 언저리에 서성대던 즈음이었다. 그곳 E대학 거리의 한 골목길에 아주 넓은, 그리고 아주 큰 소리가 휩쓸던 그래서 리버럴한 분위기의 고전음악 위주의 찻집이 있었지. 내가 어쩌다가 온통 그 젊은 여대생 분위기에서 차를 마시고 있을 때였지. 온 홀이 떠나갈 듯이 베토벤의 '영웅'이 흐르고 있을 때였을 거다. 갑자기 여기저기서 웃음소리가 터져 나왔지. 아, 저게 웬일인가. 한 가운데 어떤 한 머슴애 대학생이 일어서서 지휘에 열중하고 있지 않는가. 그러나 그의 열중은 곧 웃음을 잠재우고 끝내는 베토벤도 그를 따르기 시작하는 듯했으니 ….

나는 이 날의 이 일이 그 뒤 참 잊혀지지 않는다.

E군,

오늘 네 베토벤 교향곡 3번의 지휘를 보면서, 또 이 기억이 떠올렸다.

그 狂氣의 머슴애가 네 아니였을까 하고 상상하면서 네 지휘봉에 빠져들었지.

나에게는 낯설은 곡 '레오노레' 서곡 제3번을 들으면서, 아니 네 지휘봉을 따라가면서, 뭘 생각한 줄 아니.

사람의 세계, 그러니까 인간이 만드는 문화의 세계가 저리 완벽할 수 있는가. 그래서 아트(Art)인가. 왜 그때 너희들을 나는 그렇게 가르쳤지? 악보의 치밀함도 없었고 그 靈感이란 건 더더욱, 아, 그런데 너는 지금 어찌 그리 빈틈 하나 없이 그것에 파고들고 있지. 나는 왜 네처럼 너희들 속에 빠져들지 못했지?

저 뒤에 있는 드럼 奏者의 느슨해지기 쉬운 여유들에게까지 꼭 필요한 한 순간으로 그의 북채를 신나게 하고, 그리고 말이다. 왼쪽 울타리에 진치고 있는 저 콘트라바스 艦隊, 저건 무어야. 낙타 등에 올라서 돛대를 펴고 있는 巨人들 같은, 그런데도 너는 그 친구들을 하나 빠짐없이 바쁘게들 네 수업에 열중시키고 있었으니. 그들은 누구도 그 높은 담벼락에서 발 하나 헛디디지 않으니.

격렬한 숨결에서
가쁜 욕망에서
이제는
내려와

등을 쓸어 보아라
등을 쓸어 보아라

풀 멕인
광목 날
서려 있어도

그녀의 등을

쓸어 보아라

거기
있거니
거기 있거니.

두 번째 연주곡 베토벤의 피아노 협주곡 3번의, 아일랜드의 피아니스트 존 오코너(John O'Conor)와의 협연을 들으면서, 2악장에서였든가, 그의 손길이 검은 건반에서 흰 건반으로 오르내리는 한없는 부드러움을 보면서, 나는 엉뚱하게도 내가 십년 전에 썼던 이 시를 떠올렸구나.

그는 노년으로 보였고, 빈틈하나 없는 외모로 비쳤는데 내내 빈 못에 돌을 던지며 바삐바삐 波長을 몰고 가는 듯하던 그의 손길이 저리 부드러이 풀리고 있는가. '그녀의 등을 쓸어보아라, 사랑은 거기 있거니, 거기 있거니' 엉뚱히 나는 내 졸작의 이 대목에 그만 빠졌던 모양이다.

E군 네가 어렸을 때, 지휘자라면 토스카니니로만 떠올리던, 그래서 만년에 그가 그만 지휘봉을 무대에서 떨어트렸을 때, 아니 그 이전에 그가 서울에 왔을 때, 가늘고 한 자 남짓의 지휘봉 하나만 댕강 들고 찾아오는 그의 명성이 그리 신기할 수 없었지. 오코너, 저 양반, 아일랜드에서 저 손만 들고 오다니, 때로는 꼬챙이 같고 그러나 사랑할 때는 저리 '거기 있거니 거기 있거니'의 저 귀한 손을 얼마나 그의 연주를 들으면서 나는 신기해 한 줄 몰라.

나는 네가 초청해 준 이날의, 그러니까 서울국제음악제의 폐막연주에서 네 지휘와 오코너의 피아노 연주를 들으면서 내 생각은 내내 지휘봉과 피아니스트의 손에 사로잡혀 있었다. 마지막 연주곡 교향곡 3번을 들으면서 아니 보면서도 그랬다.

소리를 명주실처럼 뽑아오고, 태풍의 파도처럼 미치게 하고, 저리 그것을 죽이기까지 하는, 彼岸으로 쳐가는 저 잔잔한 물결소리의 아득한 멀어감, 네 손이 그리 만들고 있었다. 라이브 음악에서 청중은 관객이라는 생각, 그러니까 지휘봉이 가지 않으면 모든 소리는 꿈쩍도 안 할 것 같은, 그래서 네 지휘봉을 내내 따라갈 수밖에 없었으니, 나는 오랜 동안 교향악단의 연주를, 듣는 것보다 보고 있었던 것에 대해서 이제사 나름의 명분을 찾은 기쁨이었다.

너희들이 고등학교에서 나와 함께 공부하고 있을 때, 비가 오는 날, 모두 입을 맞춘 듯, 공부하지 말고 이야기를 들려달라고 심지어 발을 구르며 졸라대었을 때, 때로 나는 얼핏 아무 이야기도 떠오르지 않는 그 난감함에 어쩔 수 없었지. 나는 너희들을 그 순간에 어떻게 다른 길로 몰고 갈 수 있었는지 모르겠다. E군, 통제되지 않는 소리도 지휘자에게 있니. - 지금 내 등 뒤 어디쯤에서 누가 죽이지 못해서 자꾸 내뱉고 있는 저 어쩔 수 없는 기침 소리 말고, - 네 무대에서 말이다. 없을 것 같애. 그래서 네가 위대해 보이고, 음악이 예술이 가질 수 있는 그 제어장치가, 통제가 대단한 장군의 그것보다 우리들에게 감동적으로 다가오는 것 같애.

*　　　　　　　*

E군, 나에게 마란쯔라는, 구형의 소박한 오디오 튜너가 있지. 친구가 나에게 준거야. 그것으로 음악을 듣고 있지. 그런데 그만 그게 탈이 나버렸어. 한 이태 동안 나는 잠들기 전에 자주 듣는 C·D 한 장이 있지. 베토벤의 피아노 소나타

8, 14, 21, 23번이 수록되어 있는 빌헬름 켐프(Wilhelm Kempff)의 연주, 이 네 곡은 더욱이 21번의 '발트스타인'을 들으면서 나는 내내 희열했지. 그건 말이다. 나로 하여금, 이 나이에도 한 권의 소설을 쓰도록 충동질을, 그리고 나는 그것에 꿈결엔 듯 덩달아 춤추고 있기 때문이다. 그런데 얼마 전 나는 그만 그 곡들이 마감되기 전에 잠들어버린 모양이야. 아침에 눈뜨자, 그것 때문이었는지 튜너는 불이 꺼지고, … 나는 여태 이걸 고치지 못했지. 그래서 지난여름 내내 雨季 동안 음악을 전혀 들을 수 없었어. 대신에 草友齋 지붕에 후둑이는 끊임없는 빗소리로 내 마음에 홈이 패이기 시작했지. 이 때문인지 몰라. 때맞추어 내 심장의 박동이 때로 리듬이 얼크러질 때가 있어.

나는 평생 유지해 왔던 그 익숙한 리듬을 찾기 위해서, 아, 음악을 들어야겠다는 생각을 뒤늦게 가졌지. 그래서 며칠 뒤의 내한 공연, 상트 페테르부르크 필의 라흐마니노프 연주를 예약했지. 그런데 이 설렘은 이내 멈추었어. 내가 요새 부지런히 다니는 치과대학 종합병원의 구강외과에서의 발치(拔齒) 일정이 그 날로 딱 잡혀버린 거야. 내가 이 일로 실망하고 있을 때, 너의 초대가 다시 나를 설레게 했으니.

*　　　　　　　*

그날 베토벤 3번들의 세 곡-의 네 市響의 연주를 듣고 난 다음, 사흘이 됐다. 그 동안 내 심장은 본래의 리듬으로 돌아오고 있는 듯하다. 내 書屋의 책장 근처에 지난 세기의 흔적처럼 걸려 있는 두 개의 LP판의 디스크 재킷의 하나는 데카版의 빌헬름 바카우스(Wilhelm Backhaus) 연주의, 베토벤 피아노 소나타-들의 것이다. 그 중에 발트스타인도 연주되고 있구나. 내 마란쯔가 복구되기까지 이걸 들어야겠다. 팽개쳐버린, 구닥다리 전축을 찾아보아야겠지. 비카프에 다이아몬드 바늘이 아주 예민히 반응하는 그것을 말이다.

그날, 너희들의 연주가 막을 올리기 전에, 꿈나무 중학생들의 오케스트라가 로비음악으로 우리를 벌써 들뜨게 했다. 너는 저 나이 때 바이올린을 켜던 꿈나무였는데 어느새 巨木으로, 그 많은 잎새로 해서 우리들이 네 그늘에서 쉬게 하는구나. 이렇게 내 호흡을, 아니 내 심장의 박동까지를 이리 고르게 뛰게 하는구나.

참, 이날의 로비에서, 전의 네 공연 때와는 달리, 네 아버님을 뵐 수 없었다. 네가 유럽에 유학 가 있을 때, 우리 마을의 조용한 돌집에서 살고 계셨지. 지금은 서울 郊外의 소도시에서 혼자 지내신다면서?. 지난번의 네 공연 '환상 교향곡'에 아버님은 객석에서 많이 취하신 듯했다. 베를리오즈에 취하셨는지, 아들의 음악에 빠지셨는지 나는 로비에서 인사만 드리고 묻지 않았다. 당신도 분간하시지 못할 것 같아서이다. 나도 그끄저께의 네 공연에서 베토벤에게였는지 E에게였는지, 잘 모르겠다.

E, 네 고등학교 시절 국어선생이었던 내가 괜히 너를 믿고 음악에 대해서 되잖은 잔소리를 길게 널어놓았다. 우습지.

너도 벌써 반백의 나이일 텐데, 여전히 E야 E야이니, 이 또한 우습지.

가을 한가운데 들어선다.

좋은 예술이 우리를 살찌우리라,

네 음악이 저 하늘만큼이나 깊어지기를….

草友齋 主人(2003년 9월 28일)

### 통신 (51)

# 하늘과 땅 사이가 너무 넓구나

내 새벽길의 통학,

그 총총한 별들의 새벽,

시계도 없던 깜깜한 밤에, 방에서 마루를 걸어 나오시고 죽담에 내려서고 부엌문을 열고, 정지에서 화덕의 아궁이에 짚뭇의 불을 지피고, 아마, 이때쯤 하품을 하셨는지 몰라, 어머니는.

그래서 밥을 짓고, 날 멕이고 여전히 깜깜한 어둠의 삽짝문 밖으로 날 내보낸 것이다.

이 어둠은 낙동강 둑에 올라서자 그때 동녘의 희부연 여명(黎明)으로 걷히기 시작한다. 언제나 넉살좋은 늙은 사공도 을씨년스런 표정으로 우리들의 웅크린 인사에 심드렁했고, 며칠 계속된 강추위로 기슭이 얼고, 그 얼음 때문에 우리를 싣고 선창을 뜨는 첫배의 노 젓는 소리가 버스럭거리며 그 출렁거림이 둔탁했다.

이런 겨울철의 나룻배 통학은, 특히 해가 저문 후에 돌아오는 길의 스산함이라든지, 뼈에 스미는 추위 - 그런 것 못지않은 고독 같은 게 짙게 있었다.

어쩌다가 빨리 서둘러야 되는 중간시간대의 열차를 놓쳐서 다음 한두 시간 후의 퇴근시간의 열차를 타고 아침의 그 역에서 내리고, 산모롱 길을 돌아 내려와서 집집마다 전등 빛이 밝아지기 시작하는 아래 마을을 지나 둑에 이르면 어느새 강바닥에 어둠이 깔린다. 갈잎이 갈리는 스산한 소리는 겨울철에 더 심하지. 그걸 들으면서 혼자 강가에 닿으면, 아무도 없고, 나룻배도 없고, 이럴 때는 잔잔하던 강물의 물결소리도 더 높고, 강바람은 모래바람을 몰고 오기도 하지.

어둠이 덮인 강을, 강물을, 멀리 강심(江心)을 보았느냐.
거기엔 어둠과 물밖에 없지,
세상에 아무것도 없지, 무엇이 있어?

믿음도 사랑도 정의도 문명도, 꿈도 그런 것은 아무것도 떠오르지 않아. 시꺼먼 어둠이 있고, 그걸 물어뜯으려는 지구의 이빨, 노도(怒濤)만 있는 것 같애,
그리고 올올 떠는 내 두려움의 눈만 있었겠지.

오오이, 오호이, 나룻배,
사공아, 사공아,
할아부지, 할아부지,

아, 이 물결과 어둠과 바람 속엔 아무 메아리도 남겨주지 않고 비껴 갈 뿐, 나는 한 번도 내 목소리로 그 물결을 어둠을 바람을 걷어 본 적이 없었으니, 사람에겐 소월(素月)의 부르짖음처럼 '하늘과 땅 사이가 너무 넓'은 것.

그래서 우리들은 사람들이 웅성거리는 도시에 모여 사는 게지.

바닷가에도 산간(山間) 분지(盆地)에도 왜 아파트라는 공동주택이 들어서고 그 속에 다들 우글거리려고 하는지 알겠다. 우리들의 목소리보다 하늘과 땅 사이가 너무 넓기 때문이지. 더욱이나 어둠 속에서는.

어둠이 깔리는 도시의 지붕을 보고 있으면, 맨 먼저 불을 켜기 시작해서 스카

이라인을 이루는 저 많은 교회들이, 왜 그리 불을 밝히는 줄 아니?

하늘과 땅 사이가 너무 넓어 도시에 옹기종기 모여 있어도, 자기들의 웃음소리로도 메꾸어 지지 않는 하늘과 땅 사이가 너무 넓으니까, 교회들이 그 어둠들을 몰아내는 등렬(燈列)을 이루는 게지.

목소리에 자신이 있는 사람이여,
자신이 있으면, 그 나루터를 찾아가 보아라,
어둠과 물결만 있는, 그리고 강심(江心)과 바람과 네 올올 떠는 눈만 있는 그곳에 가서 소리 질러 보아라,
얼마나 하늘과 땅 사이가 넓은지 알 것이다.

거기서는 네 허리띠의 핸드폰도 대꾸하지 않을 것이니.

한 십년 전의 내 어떤 글의 끝 부분입니다.
내일 아침은 느닷없이 한파(寒波)가 밀어닥칠 것이라는
예보가 있네요.

草友齋 主人(2003년 12월 6일)

〈평설〉

# 초우재 거사(居士)의 초상

곽광수(서울대 명예교수, 불문학)

내가 남정(南汀: 저자의 호) 선생을 알게 된 이후 어느 때부터 「초우재 통신」을 받아보게 되었는데, 처음부터 너무나 즐거워하며 읽었기에 따로 모아둔 그 편지들을 지금 다시 꺼내 보니, 그 첫째 번 것이 「초우재 통신 (70)」이고, 마지막 것이 「초우재 통신 (105)」이다. 그것은 어쨌든, 이제 「초우재 통신 (1)~(53)」이 이렇게 책으로 모아져 나오게 되어, 앞서 읽지 못했던 이 부분을 한꺼번에 읽으면서 나는 다시 즐거움을 만끽한다….

초우재는 저자의 서실(書室) 당호(堂號)인데, 그는 〈아랫동네에서 35년이나 한 집에서 살다가 수년 전(더 정확히는 〈한 오년 전〉, 따라서 인용출처 「통신」의 발신일이 2003년 2월이니, 2000년 조금 못 미친 때인 듯)에 산 위쪽으로〉 이사한 집의 별채인 모양이다. 그러나 비가 쏟아지면 〈방 앞 축담에 벗어놓은 신발부터 치워야〉 하고 〈안채에 건너갈 때는 우산으로 낙수물을 받아야〉 하는, 무척 불편한, ─그리고 쏟아지는 비가 많으면 〈천장도 살〔펴야〕〉 하고 가족들이 거기에 붙어 있는 〈화장실의 낙후성〉을 나무라는 〈漏屋〉에 가까운 〈陋屋〉이다. 그래 초우재를 방문했던 옛 제자가 〈세상에 아직 이렇게 살아가는 집채가 있다니!〉라는 탄성을 나중에 스승에게 보낸 편지에 담았을 정도이다.

하지만 얼마나 멋있고 아름다운 누옥인가!… 〈여름철에는 나무잎과 풀들이 하도 무성해서〉 그 이름이 〈草友齋〉가 아닌가!… 전체 통신문들 가운데 초우재와 그 주변을 상상시키는 언급이 스무 남은 군데 나온다. 그 주변은 〈집채라고는 너댓밖에 안 〔되는〕〉 〈산골 비슷한 마을〉로, 심지어 한 목사의 〈기도옥(祈禱屋)〉이 그 가운데 하나일 정도이다. 그러나 봄이면 그 〈앞뜰에 살구꽃과 앵두꽃이 갑자기〉 피어나고, 여름이면 〈참나리꽃〉, 〈원추리〉, 〈장미〉, 〈맥문동〉이, 그리고 또 〈이름 없는 꽃들이〉 〈가난한 〔그〕 뜰〉을 꾸미는데, 거기에 덧붙여 〈열무밭〉이 있고, 그 모두를 내려다보는 감나무도 있다. 또 그런가 하면 거기에는 〈돌확에서 고운 꽃을 피우〔는〕〉 수련도 있다. 그리고 뒤울안에는 큰 은행나무가 서 있다. 한편 가을을 거쳐 겨울이 되면, 그 〈뜰 끝에서 이어져 간 밋밋한 구릉의 산자락〉을 가득 채우고 있는 〈키 큰 아카시아 나무들의 벌거벗은 모습〉은 〈연필화의 데생〉 같은 아름다움을 보여주는 것이다. 그리고 철 따라 〈산 언저리에서 온갖 벌레 우는 소리, 새소리들에 빠〔져〕〉 들게 하기도 한다. 그 뜰을 개와 고양이가 지켜준다….

멀지 않은 곳에 Y대학이 있는 서울 한 가운데 이런 별천지를 이루고 있는 초우재 답게 그 주인은 여름에 모기장을 이용한다!… 하기야 그의 말대로 〈아이고, 서울에서 모기장이라니 하겠지만, 이 우거진 풀들과 숲에서의 안전지대는 이 세계밖에 없으니까요.〉 물론 그의 이 말을 그대로 믿어서는 안된다. 남들처럼 망창문과 망문을 덧붙이면 될 테니까. 무엇보다도 〈나는 때로는, 자기 집 조그마한 뜰에 텐트를 쳐놓고 재미있어 하는 어린애들의 소꿉놀이처럼 모기장 속에서의 여름나기를 즐깁니다〉라는 그 스스로의 다른 말이 위의 말을 헛된 핑계라고 부정한다. 하지만 그것뿐인가?

어둠은 더욱 그렇겠지만 달빛이 스스럼없이 스며듭니다. 그러나 그 빛은 여과되어 들어오는, 세상먼지를 걸러내고 스며온 느낌입니다.

매이(梅伊), 모기장 속에서 음악을 들어본 일이 있나요. 묘하게도 그 소리도 모기장의 자상한 그물에 걸러서 들어온, 그래서 그것은 수천의 명주실의 섬세함으로 귀에 스며 와요.

그래 〈드볼작 9번의 KBS 교향악단 연주를〉 중계로 모기장 안에서 듣다가, 그는 〈놀랍게도 찔끔거〔리기〕〉까지 한다. 너무 감동하면 눈물이 나오는 법이니까. 여기서 우리는 모기장의 기이한 심미적 기능을 접하고 있다!…

초우재가 갖추고 있는 것으로서 기발한 것으로, 고아(古雅)한(!) 것이 모기장이라면, 첨단적인 것 — 적어도 우리나라에서는 — 은 벽난로이다. 벽난로가 설치되기까지의 긴 이야기가 「통신 (31)」에 나온다. 그 스스로 말한 〈벽난로에 대한 열망〉을 이루기 위해 마음에 드는 벽난로를 찾아 서울과 경기도 일원의 점포들을 헤매다가 실패하고, 언젠가 어느 집에서 한 번 본적이 있는 이상적인 벽난로를 떠올리고 그 집을 되찾아 가, 그 모든 부분의 치수를 재어 가지고 돌아와, 박스 종이로 그 모형을 만들어, 그것을 아는 공업사에 가지고 가서 특정의 재료(주물)를 써서 그대로 만들어 주기를 주문했다는 것이다!… 이것은 보통 열정과 집념이 아니다. 그 스스로도 〈누가 알면 어지간히 번잡하게 그래서 할 일 없는 사람이라고 흉볼 것입니다〉라고 말하고 있는데, 그 말이 뜻하는, 쓸 데 없는 짓거리라는 것은 심미적인 활동의 숨어 있는 성격의 하나이다. 그에게 벽난로의 꿈을 실현케 한 직접적인 계기는 다른 데 있지만, 그 꿈을 가지게 한 것은 그 이야기를 시작하면서 인용한 예이츠의 한 시편 「그대가 늙었을 때」의 첫 연이었던 모

양인데, 그 첫 두 행에 〈벽난로〉의 이미지가 나오는 것이다. 그는 줄곧

그대가 늙어 백발이 되고
잠이 많아져 벽난로 가에서 고개를 끄덕일 때

의 그런 〈분위기의 고물의 고전적인 느낌의 것〉을 구하려고 했던 것이다. 그 멋있는 분위기가 그 꿈의 기원이었다는 것은 당연하게 여겨진다.

그러니 초우재 거사가 문학과 예술의 열정적인 애호가인 것은 어쩔 수 없는 일이다(물론 문학이야 그가 문학교수였고 시인이니 애호가가 아니라 전문가이지만). 초우재의 아름다움을 이야기한 다음 이렇게 말하는 것은 지지난 세기의 발자크 경우와 같은 환경 결정론을 연상시킬 수 있어서, 오해의 여지가 있다. 예컨대 『고리오 영감』에서 보케 부인이 운영하는 하숙집을, 그 주인과 하숙인들을 소개하기 전에 지루하기 짝이 없이 그 집과 그 구역을 묘사한 것과 같은 것은 아니다. 실존주의자들이 인간의 궁극적인 기도(企圖)에 비추어 인간 행동들을 설명하려고 한 것을, 역 결정론이라고 규정한 사람들이 있는데, 초우재의 아름다움과 그 주인의 관계가 그런 것이다. 초우재 거사의 심미적 지향이 초우재를 아름답게 하는 것이다. 벽난로의 에피소드는 그 지향이 얼마나 집요한지 잘 알려준다. 벽난로의 경우는 그 설치과정의 가지가지 우여곡절이 그 지향을 쉽게 드러내지만, 그러나 초우재와 그 주변 풍경은 기실 그렇게 단순하지는 않다. 나는 위에서 〈하지만 얼마나 멋있고 아름다운 누옥인가!…〉라고 말했지만, 초우재는 기실 객관적으로 그런 탄성을 받을 만한 모습은 아닐지 모른다. 〈세상에 아직 이렇게 살아가는 집채가 있다니!〉라는 그 제자의 말이나, 초우재를 그 주인 스스로 〈겨울처럼 차고, 개떡같[다]〉고 하거나, 여러 가지 꽃들이 장식하고 있는 그 뜰을

〈가난〉(이 표현이 겸손의 뜻을 담고 있는 것은 아닌 것 같다) 하다고 한 말은 그것을 증명한다고 하겠다. 사실 객관적으로는 초우재와 그 주변 풍경은 범상하다고까지는 하지 않더라도 그런 누옥을 담고 있는 그만한 풍경이 그리 드물지는 않을 것이다. 그렇다면 한 **소박한** 독자로서의 나의 위의 탄성 어린 말은 어디에 기인하는가? 그것을 촉발한 것이 바로 초우재 거사의 편지를 통해 전해오는 그의 심미적 지향인 것이다. 즉 그는 그 풍경을 아름답게 보려는 의지에 차 있다. 바슐라르의 말을 빈다면, 〈관조의 유혹은 의지의 영역에 속하는 것이다. 관조한다 함은 의지에 대립하는 게 아니다. 그것은 의지의 다른 한 분지를 따르는 것이며, 전체적인 의지의 한 요소인 미의지(美意志)에 참여하는 것이다.〉 여기서 문제되고 있는 화자(작가)와 대화자(독자) 사이의 관계를 분석하는, 화용론이라는 언어학의 한 새로운 분야가 있지만, 쓸 데 없이 아는 체할 것 없이, 독자들이 이 편지들을 **소박하게** 읽으면, 나처럼 그 풍경을 아름답게 느낄 것이고, 그것의 실제적인 평범함과 그 느낌의 거리를 확인한다면, 내 주장에 설득될 것이다.

과연 초우재 거사의 문학·예술 애호열은 대단하다. 전 통신문들을 통해 그림·음악·문학 작품들에 대한 이야기가 무슨 꼬투리가 있기만 하면 튀어 나온다….

그리하여 비오는 어느 봄날 밤 마당 정리를 하러 나왔다가, 대문 밖에 나가 켠 외등(外燈) 빛에 밝혀진 산자락 길 흙바닥에 빗물이 〈스미〉는 것을 보고 들어와, 고흐의 화집을 꺼내어 귀 자른 자화상을 보며, 그 작품이 다른 사람들과의 대화가 그처럼 〈'스며'들지 않는 귀에 대해 그야말로 화난 데서 온 것이 아닌지〉 생각하기도 하고, 운보 화집에서 〈일세지(一細枝) 수삼실(數三實)〉의 감 정물화를 보며 그 아끼고 아낀 운필과 채색에서 말을 복잡하지 않게 하는 모범을 은유적으로 발견하려 하기도 하는 것이다. 그러나 그의 열정적인 예술 애호열에 걸맞는 에피소드가 있는데, 어느 대학가의 길가에 버려진 복사본 그림을 주워온 이야기이다. 〈반쯤은 구겨진 커가란, 낯익은 〔그〕 그림〉은 〈물론 〔…〕 영인판이지만 놀랍게도 반 고흐의 「밤의 카페」〉였다는 것이다. 〈이 대단한 작품을 들고 와서 한쪽 벽에 세워놓고는, 밤하늘에는 별이 보이는 거리의 카페 분위기에 요새 자주 젖〔는다〕〉는 것인데, 그것이 〈원화보다는 조금 작〔다〕〉는 것을 언급하며, 마음속으로 원화를 본 기억을 떠올렸을 것이다….

그런데 예술 사랑에 구색을 맞추는 게 커피 사랑일지 모른다(적어도, 음악과 그림을 축음기나 영인판으로 다소나마 대중적으로 접하게 된 첫 세대일 것 같은 남정 선생 같은 분에게 있어서는. 그것은 영인판 명화들을 걸어놓기도 한 지난날의 **음악감상실(다방)** 때문일까? 아니면 서양문화가 일본을 통해 유입될 당시의 이효석 같은 문인이나 기타 예술인들 때문일까?). 「밤의 카페」를 주워온 에피소드를 그가 이야기하게 되는 계기가, 에곤 쉴레라는 오스트리아 화가에게 빠져 있는 그의 제자 매이(또 다른 화가와 또 다른 예술 애호가, 이 자리에서 제격이지 않은가!)가 보내준 고급 취향 상표의 원두커피 다관기(茶罐器)였다는 사실이 이 구색을 잘 말해준다. 그리하여 〈한 때〉 〈수십 리 시골길을 오〔가게〕〉 했던 그의 〈커피에 대한 뜨거운 열정〉을, 위에서 언급된 바로 그 심미적 기능의 모기장을 고흐의 「밤의 카페」삼아(!), 〈연출해 보〔겠다〕〉는 것이다….

다른 한편, 그 귀하게 만든 벽난로 위에는 미국의 다른 한 제자가 보내준 여류화가 G. 오키프의 「빨간 칸나」의 영인판을 올려놓았는데, 이제 〈불길의 강렬함으로 다가오는〉 그 〈꽃잎〉을 피해, 다른 한 지인이 파리의 오르세 미술관에서 사보내준 모네의 「수련」의 영인판으로 바꿔놓을 생각을 하고 있다.

여행길에 장생포 항에 들렀다가 운 좋게 바닷가 새벽 놀의 〈저 황홀한 빛깔〉을 보며, 그는 〈어쩔 수 없이 油畵의 물감입니다. 흰빛에 빨강을, 빨강에 흰빛을 이겨본 일이 있습니까. 붓이 아니라 그 混色用 칼질입니다. 지금의 기분 같아서는〔…〕 서툴지라도 시작해보고 싶습니다〉라고 말하고 있는데, 옛날 유화를 배운 적이 있는지?… 하기야 〈나는 대학에 시간으로 출강하면서 조그마한 카페에 포켓무대를 만들고 연극의 언저리에 서성대던 즈음〉을 이야기하는 데가 있는데, 연극 제작에도 손댄 적이 있다는 그로서는 유화 공부도 했을지 모른다.

음악으로 이야기를 돌리자면, 초우재에는 친구 〈C형이 나에게 선물한 오디오 세트〉가 있고, 〈누구누구들의 布施로 이제 몇 장의 판들이 내 書架의 책갈피 속을 비집고 있〔다〕〉는데, 이 겸손한 말은 그야말로 겸손이라는 것을 독자들은 그의 음악 이야기를 들으면서 금방 알 수 있다. 예술을, 일반적으로 무엇을 사랑한다는 것은, 양적으로가 아니라 질적으로, 즉 얼마나 깊이 알고 느끼는가가 더 본질적인 게 아니겠는가? 〈베토벤의 피아노 소나타 8, 14, 21, 23번이 수록되어 있는 빌헬름 켐프(Wilhelm Kempff)의 연주, 이 네 곡을, 더욱이 21번의 '발트스타인'을〉 〈한 이태동안 〔…〕잠들기 전에 자주〉 〈들으면서 나는 내내 희열했〔다〕〉고 하고, 그것은 〈나로 하여금, 이 나이에도 한 권의 소설을 쓰도록 충동질을〉 했으며, 오디오 기기의 고장으로 그것을 들을 수 없게 되자 〈내 심장의 박동이 때로 리듬이 얼크러질 때가〉 생기기까지 했다는 것이다. 보들레르는 그가 사랑하는 화가들의 작품들을 보고 「등대들」(『악의 꽃』)을 썼지만, 한 예술가가 자기 장르가 아닌 예술에서 영감을 얻는 것이 그리 흔한 것은 아니다. 보들레르는 당대의 가장 뛰어난 미술비평가의 한 사람이었을 정도로 미술을 사랑한 사람이었던 것이다. 초우재 거사가 베토벤 소나타 21번을 듣고 쓰는 소설은 어떤 작품일까?… 부디 그가 그 작품을 포기하지 말기를!…

위의 빌헬름 켐프 연주의 베토벤 소나타들을 수록하고 있는 것은 CD인 모양인데, 초우재에는 그것들을 담고 있는, 빌헬름 바카우스(Wilhelm Backhaus) 연주의 데카판 LP판도 있다고 한다. 연주라는 매개를 통해야 구현되는 음악은 당연히 연주자에 따라 다른 심미적 효과, 다른 감동을 일으킬 것이므로, 음악 애호가들은 흔히, 같은 작품이라도 여러 연주자들이 취입한 음반들을 가지고 싶어 하고, 우리나라에서도 이젠 한 작품의 그런 다른 음반들을 쉽게 구할 수 있게 되었으니, 내 친구들 가운데도 음반들을 그렇게 갖춘 음악 애호가들이 있다. 그러니 초우재 거사가 CD 〈수천 장이 소장된 진열장〉이 있다는 친구 C나, 옛날 〈4·5천 장의 CD〉을 가지고 있었다는 친구 S 같은 음악광들과, 또 다른 음악 애호가인 옛 제자와 나누는 대화에서, 모차르트 피아노 협주곡 22, 23을 두고 피아노 연주자가 미츠코 우치다인 것이 너무 좋다거나, 20, 21번을 두고 바렌보임이 피아노 연주자인 것이 〈눈물이 핑 돌기까지〉 한다는 말이 나타나는 것(그 말들의 화자들은 그가 아니지만, 그가 그들의 말들을 이해할 사람이라는 것을 그들은 알고 있고, 즉 그것이 전제되어 있다)은 당연히 이해된다고 하겠다. 그런데 이보다는 한결 더 비범하게(어원적으로) 음악에 대한 그의 관심을 보여주는 사례가, 방금 말한 이야기를 담고 있는 통신문에 나온다. 그는 어느 신문이 연재했던 한 화가의 『신화첩기행』이라는 기행문의 어느 날 치의 부분에서 긴 인용을 하고 있는데, 그 인용의 맥락이 너무 희미한 것이다. 그 인용은 유명한 레코드회사 텔덱(TELDEC)에서 **다니엘 바렌보임이 지휘하는 오케스트라**의 녹음을 담당했던 이두현이라는 한국인 음향학자가 말한 〈베를린의 거대한 음악적 분위기〉를 서술하고 있을 뿐이고, 그 통신문에서 화제가 되고 있는 모차르트 피아노 협주곡 20-23들과의 관계는 **20, 21번의 피아노 협연자 다니엘 바렌보임**이라는 이름밖에 없는 것이다. 내 짐작으로는 그는, 그 음향학자가 우리나라에서 경제학을 공부하고 베를린에 유학하다가 자신의 전공까지 바꾸게 한 그 〈베를린의 거대한 음악적 분위기〉를 말하는 것을 읽고, 필시 그의 음악 사랑이 부추겼을 상상 가운데 그 분위기에 혹했을 것이다. 그리고 관심이 가는 것은 무엇이든, 어떤 글에서든, 노트해 놓는 그의 성벽으로 그 인용 부분을 적어 놓았을 것이다…. 이젠 그 분위기를 현지 여행으로 접했을지 모른다….

그는 한 통신문에서 〈혹시 좋은 연극을 보고, 아니면 영화를 보고〔…〕 흥분한 일은 없나요〉라고 묻기도 하는데, 통신문들 전체를 통해 연극·영화는 서너 번 간단히 작품명만(「엘비라 마디간(Elvira Madigan)」만은 그렇지 않지만)언급되어 있다. 위에 나온 문제의 모차르트 피아노 협주곡 21의 몇 소절이 배경 음악으로 계속 반복된다는, 아름답고 슬픈 영화 「엘비라 마디간」을 나는 보지 못했는데, 꼭 한번 비데오나 CD를 구해 볼 생각이다. 한 때 연극 제작에 참여하기도 했다는 그가 연극을 흥미 있게 이야기하고 있는 곳이 없어서(적어도 내 검토가 틀림없다면) 아쉽다.

자, 이제 문학으로 이야기를 옮겨보자. 초우재 거사의 전문분야가 문학이니, 문학적인 내용이 가장 많은 것은 당연하다. 어디에선가 지난날에 간행된 자신의 시문집이 언급되어 있는데, 이 책도 편지 형식을 취하고는 있지만, 시문집이라고 하겠다. 한 차례 조사해 보니, 저자 자신의 글로서 전체적으로나 부분적으로나 독립적으로 인용된 것들이 30여개 되는데, 이 가운데 4분의 3가량이 시이고, 또 다른 시인·작가들의 글로서 지문 가운데 짧은 인용을 끼워 넣은 것들 말고 독립적으로 인용된 것들이, 시와 소설·산문 양쪽에서 각각 20여개이다. 그러므로 시의 경우 평균적으로 계산하면, 거의 모든 편지가 저자 자신이나 다른 시인의 작품을 한편 정도 담고 있는 셈이 된다. 게다가 전체 지문들의 적지 않은 부분들에서, 외형적으로 시작품처럼 행이 면의 끝까지 가지 않고 행 갈음 되어 있다. 그리고 이것은 쓸 데 없는 지적이 아니다. 주네트라는 프랑스 시학자의 주장에 의하면, 시적 언어란 일상어와 다른 특별한 〈형태〉의 언어라기보다는 그 주위에

〈침묵의 여백〉을 형성시켜 후자에서 고절됨으로써 〈하나의 상태, 상당한 정도의 현존성, 강렬성이 되는〉 언어라고 한다. 바로 그렇기 때문에, 그것은 언어의 여러 차원에서 일상어와 다른 형태를 전혀 취하지 않더라도, 그 〈침묵의 여백〉을 촉발하는 듯한 면의 여백을 형성시키는, 시편의 행갈음만은 쉽게 포기하지 않는다는 것이다. 저자가 지문을 시편처럼 행 갈음한 것이 의도적이었는지 아닌지 알 수 없지만, 어쨌든 대부분의 통신문들이 전체적으로 잠겨 있는 듯한 시적인 분위기에 그런 부분들이 기여하고 있다는 것은 쉽게 느껴진다.

발레리는 그의 저 유명한 텍스트 「시에 대하여」에서 시(poésie)의 두 가지 뜻을 구별하고 있는데, 흔히 혼동되는 그 두 뜻의 하나는 〈어떤 종류의 감동, 어떤 특별한 감동적인 상태를 〔…〕 가리키는데, 그 감동은 아주 다양한 대상들이나 상황들에 의해 촉발된 수 있다. 우리들은 하나의 풍경을 두고 그것이 시적이라고 말하고, 삶의 어떤 상황을 두고, 때로는 어떤 사람을 두고도 그렇게 말한다.〉 다른 하나의 뜻은 물론 우리들이 잘 알고 있는 하나의 예술, 그런 〈시적 감동이 저절로 이루어지는 자연적인 조건들 밖에서, 언어의 기교를 이용하여 원하는 대로 그것을 복원하〔는〕〉 언어예술을 가리키는 것이다(전후자를 나나름으로 시성(詩性 poésie)과 시작품(poème)으로 구별해 부르기로 한다). 그리고 그는 이렇게 덧붙인다. 〈그러나 사람들은 매번 그 두 생각을 혼동하고, 그로써 많은 판단들, 이론들, 심지어 저작들이 그것들의 원리에서부터 그르치게 되는 결과에 이르는 것이다.〉

위에서 나는 대부분의 통신문들이 잠겨있는 듯한 시적인 분위기를 말했는데, 그것이 발레리가 뜻하는 시성이라는 것은 금방 이해될 것이다. 즉 발레리가 말하듯이, 거기에서 저자가 이야기하고 있는 여러 가지 사물들, 풍경들, 사건들, 어떤 인물들은 시성을 불러일으키는 것이다.

초우재 통신을 시작하게 된 계기가 낡은 자전거에 있다는 말이 통신 (10)에 나오지만, 과연 통신 (1)은 그 자전거에 관한 이야기이다. 저자가 어릴 때부터 따르던 외종형이 새벽잠이 없어서 새벽에 자전거를 타다가 동 트는 것을 맞곤 한다는데, 그러다가 어디에서 버려진 중고자전거를 주워 그에게 가져가 타라고 한다. 그러나 산 중턱 가까이 있는 초우재에서는 비탈길 때문에 그 제안이 탐탁지 않았지만, 그는 그것을 자전거포에서 수선시켜, 밤중에 차로 초우재 뜰에 가져다 놓는다.

> 그런데 말입니다.
> 아침에 일어나자마자 창을 통해서 그것이 내 눈에 들어왔는데,
> 밤의 어둠을 지새고 아침 햇살에 은륜(銀輪)으로 내 눈에 다가서는 그것이, 아니 그것으로 해서 초우재가 그리 평화롭게 보일 수 없었습니다. 그리 여유 있게 느껴질 수 없었습니다.
> 나는 자전거가, 외종형의 마음 씀이 고마워서 마지못해 이를 초우재에 데리고 온 중고품이 이런 상황을 연출할 것이라고는 **전혀 상상하지 않았습니다**.
> 이후 자주 이 자전거에 내 마음이 머뭅니다.
> (.........)
> 마당을 비추는 외등을 밤 내내 켜 놓습니다.(강조, 인용자).

물론 그렇게 외등을 켜 놓은 것은 통신 (10)에서 알 수 있는 대로 〈그걸 밤에도 보느라〉 그랬다는 것인데, 그 자전거에 대한 그의 애착이 어느 정도인지 보여주는 사실이다. 그 스스로 이런 사태를 〈전혀 상상하지 않았〉기에, 그 이유가 어디에 있는지, 여러 가지로 생각해보는데, 그것은 그 의외성을 더욱 돋보이게 한다. 그리고 그 의외성은 심리적으로는 놀라움의 표징이다. 바슐라르는 이런 놀라움

을 이를테면 〈미화(美化)하는 심리〉의 단초라고 하는데, 그것의 결정적인 상태는 〈경탄〉이라는 것이다. 그리고 경탄의 이면은 사랑이라고 한다. 그 자전거가 저자에게 불러일으킨 일차적인 느낌이 평화롭든, 여유롭든, 그것은 어떻더라도, 본질적인 것은 그가 밤에도 외등을 켜놓고 그것을 보고 싶어 할 정도로 그것에 애착을 가지게 되었다는 사실이다. 그가 여러 가지로 제시해보는 그 평화와 여유의 느낌의 이유들을 그 자신도 자신 있게 말하지 못하고, 따라서 독자들도 그런가 보다라는 정도로 받아들일 뿐일 것이다. 그러나 자전거에 대한 그의 애정만은!… 내 상상 가운데 그것이 초우재 뜰에 놓여 있는 모습은 이렇게 떠오른다: 그 두 은륜이 입 벌려 빙긋 웃으며 그에게 이렇게 말한다: "선생님, 날 이렇게 거두어주시고 고쳐주셔서 고맙습니다. 선생님 언제든지 잘 태워 드릴께요." 독자들은 어떤가? 저자가 든 이유들은 그렇고 그렇지만, 이런 상상은 확실하지 않은가? 이제 독자들도 생각이 미쳤겠지만, 초우재를 묘사할 때에 인용된 바슐라르의 말에 나오는 〈미의지〉라는 것이 바로 외계에 대한 이 사랑의 적극적인 표현인 것이다.

경탄과 거의 같은 말인 〈영탄〉이라는 표현을 저자 스스로 쓴 대상이 있는데, 〈호롱불〉이 그것이다. 초우재 바깥으로 보이는 숲 속 멀리에 산감(山監)의 초소 같은 움막이 있는데, 거기에서 밤에 밝히는 초소 등의 빛이 여름에는 숲 때문에 보이지 않다가, 저자가 이사 와서 처음 맞는 겨울에 잎들을 버린 나무 가지들 사이로 그것을 발견한다. 하지만 그것도 처음에는 저녁에 초우재에서도 불을 밝히니까 그 창에 나타나는 책들의 반영 가운데 사라져 버리곤 했다.

> 그런데 내 방의 불을 낮추었더니 호롱불이 되고, 그러자 겨울날 산 속의 그 차단한 불빛이, 가난해진 나에게 말을 걸어오는 것입니다. 그 많은 나목의 숲과 함께요.

> 그래서 지난 겨울에는 [⋯] 밤마다 거기 빠지곤 했습니다. **많은 날의 많은 시간에 방안의 불을 거의 끄다시피 하고요.**(강조, 인용자).

놀라지 마시라! 초우재에는 그 당시 모기장에 걸맞게끔 기발하게도 기름 램프가 사용되었다! 그렇기에 그는 〈내 방의 불을 낮[출]〉 수 있었고, 그리하여 그 램프는 그의 상상 속에서 호롱불이 되었다. 여기서 본질적인 것은, 그것을 호롱불로 만들기 위해 겨우내 〈방안의 불을 거의 끄다시피〉한 그의 〈미의지〉이다. 왜냐하면 그런 연후에야 산감 초소 등의 빛을 비롯하여 그 주위의 풍경이 다정하게, 아름답게 다가 왔기 때문이다. 게다가 램프의 상상적인 변화 자체가 호롱불에 대한 그의 〈미의지〉 때문이고, 한 걸음 더 나아가 호롱불은 그의 어린시절의 추억과, 정지용의 「향수」나 김광균의 「설야(雪夜)」에 대한 독서의 추억 등으로 이미 〈미화〉되어 있다. 추억에 대해서는 조금 뒤에 다시 말하기로 하고, 그는 김광균이 흰 눈빛 때문에 호롱불이 〈여위어〉간다고 한 것을 〈참 절창의 구절〉이라고 하면서, 그 감동은 또 호롱불 자체에 대한 〈영탄〉이라고도 말하는 것이다. 그 호롱불을 통해 그에게 〈말을 걸어[온]〉 산감 초소 등의 불빛과 나목의 숲은 무슨 이야기를 해주었을까?⋯

그리하여, 초우재의 호롱불을 통해 퍼져 나간 그의 미의지 앞에 나타난, 이 아름다운 한 폭의 겨울 밤 풍경화!⋯

> [⋯]잔설(殘雪)이 배광(背光)이 되어 댓잎 위에 어둠이 얹히는 순간이 보입니다. 자연이 제 모습과 분위기를 [⋯]제대로 드러내는 것입니다.
>
> 나신(裸身)의 나무들이 서 있는 겨울 산의 음영(陰影)도, 그리고 장독대의 중두리들의 배흘림 곡선과 거기 비친 달빛의 흐름도 다 잡히는 것입니다. 알퐁스 도데

의 소설 「별」에서처럼 별의 운행도, 밤의 숨소리도요.

〔………〕

아, 나뭇가지 사이, 또는 잔가지에도 걸려버린 새벽녘 그믐달 운행의 한 순간,-그 실수처럼의 틈도. 어느새 별들이 가까이에서 나보다 먼저 그걸 보고는 서로 눈짓하고 있는 모습들도요

칠흑(漆黑)의 어둠은, 불을 밝히면 보이지 않습니다.

그 어둠 속에서 감나무 잎들은 어둠에 가까운 짙은 녹색으로 두꺼워지고, 잡초들은 그 칠흑 속에서도 바람에 흔들립니다.

초우재 거사가 천생 시인인 것은, 이처럼 그가 외계에서 느끼는, 아니 이 글의 입장에서는 외계에 부여하는 시성이 거의 편재적이기 때문이지만, 물론 그는 그것을 환기하는 시작품들을 시도 때도 없이 시도하기 때문이기도 하다. 아들일 것 같은 〈그애네〉의 이사를 도우러 갔다가, 도움이 필요 없어 그냥 이것저것 뒤지는데, 〈어떤 팜플렛의 뒷표지 여백에〉 〈낙서〉처럼 〈끄적거〔려〕〉 놓은 시작품(「여치가 스치네」)을 발견하고 스스로도 〈의외〉라고 하며 놀란다. 그러나 그는 중고등학교 시절에 선생님이나 상급생이나 친구에게 〈억울함을 당하면 운동장 끝에서 바다를 굽어보며 "나는 시인이 될거란 말이야"라고 외〔친〕〉 사람이 아니었던가?…

그가 자신의 시 독서와 작시 경험, 그리고 물론 문학교수로서의 문학연구에서 얻은 시관(詩觀)을 이 통신문들에서 쉽게 자기 나름으로 풀어놓은 것들도 발견된다. 본질적인 차원에서 시적감동이란 우리 존재 자체를 뒤흔들어 새롭게 각성시키는 것일 수 있는데, 바슐라르는 이것을 〈울림〉, 〈존재의 전환〉이라고 한다. 저자는 자신의 청소년기의 시골 추억에 깊이 남아 있는 〈아,/밀려오는/해일(海溢)같이/밀물같이/밀려오는//개구리 울음소리〔…〕〉를 〈출렁거〔림〕〉이라는 역동

적인 이미지로 묘사한 다음,

> 내 기억의 개구리의 울음소리처럼, 음악도 글도 영화도 연극도 그림, 술, 사랑이, 그리고 당신의 흐뭇한 얘기가 출렁거리게 합니다.

라고 말한다. 역설적으로 이 말에는 시가 빠져 있지만, 여기에 들린 모든 것들이 가장 순수한 차원에서는 시성을 띤다는 것을 말할 필요가 있을까? 그런데 그 출렁거림은 〈최루탄의 연발〉속에서 혁명에 〈뛰어들고 싶〔게〕〉하는 존재의 각성적 변화를 일으킬 수도 있다고 그는 암시한다. 울림이라는 단어의 유음(流音)이 환기하는 것은 바로 출렁거림의 이미지이다.

그리고 이러한 체험은 한결 구체적으로는, 외계에서 시성을 느끼거나 시작품을 읽을 때에 상상력이 그 외계의 이미지나 시작품 속의 이미지〔심상(心象)〕를 떠올리면서 일어난다. 전자의 경우 이미 외계는 무연한 것이 아니라, 상상 가운데 들어온 외계이다. 고물 자전거가 〈나의 아침을 새롭게 열어〉서 나에게 〈새로운 나날들〉을 만들어가게, 즉 나 자신을 쇄신시키게 하는 것은 이 때문이다. 여기에서 상상력이 우리 존재의 근본적인 차원을 이루고 있는 것이라고 상정되는 것이다. 그런데 바슐라르의 독창성은, 상상력이 단순히 외계에서 감각을 통해 받아들인 이미지를 수동적으로 기억하기만 하는 것이 아니라, 그것을 능동적으로 변형시키는 기능이라고 주장한 데에 있다. 그 변형이 능동적인 것이라면, 그것은 상상력이 바라는 것이라는 뜻이고, 따라서 상상력이 좋아하는, 궁극적으로 이상적인 것으로 여기는 것으로 변화하는 것일 것이다. 즉 그것은 가치 판단을 개입시키는 것이며, 이로써 이미지의 변형으로 나타나는 상상력의 지향은 심미적 지향이 된다. 그리고 이른바 시적 교감이 가능해지는 것은 이 상상력의 지향이 시인과 독자 양쪽에서 같기 때문이다. 이제 앞서 언급된 미의지라는 것은 바로 상상력의 그것임을 알 수 있다.

그러나 작시는 물론 시성을 느낀다고만 해서 쉽게 이루어지는 것은 아니다. 말라르메가 앵그르에게 했다는 유명한 말 대로 〈시작품은 말로 쓰는 것〉이고, 말은 실용적인 의사소통을 위해 규약적으로 만들어진 기호인 만큼 시적인 느낌을 그대로 살려주지는 못한다. 그러니까 시작품에 여러 가지 언어장치들이 필요한 것이다. 그 가운데 가장 널리 사용되는 것이 연상이다. 즉 연상을 통해 최초의 이미지가 상상력이 바라는 이미지로 나아가는 것이다. 위에서 그 제목이 제시된 자신의 작품 「여치가 스치네」를 인용한 저자는 거기에서 연상이 어떻게 이루어져 있는지 이야기한다. 후반부 두 연을 살펴보자:

〔……〕
웬 여치 한 마리가
스치네
시계를 찬 내
팔목에서

겨울 밤
수심에 찬
어머니가
무우 써는
소리
여치가
스치네

그 연상 과정은 이렇다. 문면에 명시적으로 나타나 있지는 않지만, 최초의 이미지는 손목시계의 초침소리(청각적 이미지)이다. 그것이 그에게 여치소리를, 그리고 여치소리가 어린 시절 움막에서 무를 꺼내어 〈우리들 꼬맹이들이 자는 머리맡에서 어머니가 썰던 겨울밤의 정경〉을 연상시켰다는 것이다. 물론 연상이라고만 해도 쉽게 이해되지만, 기실 그 작용에는 수사학의 두 전의(轉義), 은유와 환유의 기반이 되는 유사관계와 이웃관계가 개입되어 있다. 이 경우 시계 소리와 여치 소리는 유사관계에 있고, 여치 소리와 그런 정경은 시골 고향이라는 같은 공간 안에서 이웃관계에 있다. 그런데 여치소리는 명백히 시계소리의 은유가 되어 있지만, 여치소리와 그 정경은 그 어느 하나가 환유로서 확립되어 있지 않다. 이것은 상대적으로 은유보다 환유가 확실치 않다는 것을 말해준다. 예컨대 〈잔〉이 〈술〉을 비유하는 〈한잔 마시자〉에서 용기와 내용물의 관계는 필연적인 이웃관계를 이루지만, 이웃관계는 인위적이거나 특수하게 이루어질 수도 있기에 보편성이 없는 경우도 있어서, 독자가 환유적인 연상을 쉽게 따라가지 못할 수도 있는 것이다. 요즘의 도시 청소년 독자라면, 마지막 연을 금방 전달받지 못할지 모른다…. 어쨌든 시인의 상상력은 자식들을 그토록 사랑하던 어머니의 존재가 중심이 되어 있는, 향수 어린 옛 시골집으로 그렇게 나아가는 것이다….

나는 앞서, 저자가 한 인용이 시와 산문 양쪽에서 각각 20여개에 이른다고 했는데, 특히 시의 경우 저자의 섬세한 교감과 이해는 과연 그의 예민한 시적 감수성에 걸맞다. 예컨대 유치환의 「춘신(春信)」과 백거이(白居易)의 「연못 가」에 대한 논평을 보라! 특히 많이 인용된 신문학 이후의 우리나라 시작품들은 저자의 애정 어린 시선 밑에서 그 아름다움을 놀라움으로써 느끼게 한다. 그리고 지문에 끼워 넣은 짧은 인용들은 모두 명구(名句)들이어서, 그것들을 음미하는 것만으로도 흥미 있다.

초우재 통신에는 초우재와 저자가 격별히 사랑하는 문학・예술 이야기들만 있는 게 아니다. 허물없이 말할 수 있는 지인에게 쓰는 편지라는 형식은 저자에게 여러 가지 이야기를 생각나는 대로 풀어놓을 수 있는 가능성을 제공한다.

초우재와 문학・예술의 테마 다음으로 큰 테마는 추억이다. 초우재 통신 전체를 통해 추억들이 점철되어 있다. 그런데 추억은 기실 그것 역시, 지금까지 이 소개 평문의 밑바탕이 되어온 심미적 지향, 미의지에 연관되어 있는 것이다. 추억의 아름다움은 너무 값싼 것으로 여겨져, 시인들의 진지한 관심을 받지 않을 가능성이 크지만, 기실 그만큼 상상력의 미의지를 보편적으로 보여줄 수 있는 것이다. 앞서 미의지는 외계에 대한 사랑의 표현이라는 것이 지적되었지만, 과거란 우리들이 필경 사랑하게 되고 마는 법이다. 시간적 거리와 공간적 거리는 아름다움의 중요한 계기들인데, 왜냐하면 그 거리가 대상의 모습을 흐릿하게 하고, 대상의 그 몽롱함이 상상력에 그것을 아름답게 꾸밀 여지를 제공하기 때문이다. 그리하여 좋았던 과거는 더 아름다워지며 그리움의 대상이 되고, 쓰라렸던 과거는 그 쓰라림을 잃어버리며 너그럽고 다사로운 시선을 받는다.

저자가 이야기하는, 낙동강 하구 삼각주에 있었던 시골 고향 마을, 갈대숲들과 그 사이로 흐르는 샛강들, 그 시골 소학교(초등학교)에 다닐 때의 친구들, 자라서 진학한, 부산일 듯싶은 항도의 중고등학교, 산 중턱의 그 학교에서 듣던 이국적인 뱃고동 소리며 갈매기들의 울음소리, 당시의 청소년으로서의 꿈과 그 꿈을 나누었던 친구들, — 그 모든 추억 속의 사물들, 인물들은 상상적인 후광을 두르고 아련히 무지개 빛으로 빛난다…. 소학교를 졸업한 지 50년도 넘는 햇수의 시간이 흐른 후에 만나게 되는 여학생 친구와, 만날 장소를 어느 지하철 역

출구로 약속하고, 그가 알아볼 수 있도록 그녀가 옛날 학교에 다닐 때처럼 한복을 입고 오라고 한다.

> 당신을 그날 밤 당신 집 가까이 데려주러 갔을 때 어느 집에서 들려오던 다듬이 소리가 떠오릅니다.
> 옥양목의 향기로운 빛,
> 간단없던 다듬이질의 절주(節奏),
> 그 속에서 어린 날의 당신을 그리고 나를 떠올리고 싶어서입니다.

그러나 그는 글의 끝에 가서 무심한 듯 쓸쩍 다음과 같이 덧붙인다.

> 이리 얘기하다 보니 갑자기 조심스러워지네요.
> 잘못하면, 서로를 찾지 못할 수도,
> 우리는 만날 수는 있어도
> 그 **애들**을 보지 못할지,
> 아니, **그 애들이**
> **우리가 아닐지…**,
> 그렇네요.(강조, 인용자).

그렇다! 그 애들은 우리가 아니다. 특히 어린 시절의 추억은 그레엄 그린이 말하는 〈잃어버린 유년시절〉과도 같다. 저자의 무심한 듯한 그 말은 어쩌면 허망감의 기미를 감추고 있는 것은 아닌가?… 추억은 언제나 아름다워지지만, 그리하여 옛날의 회한과 슬픔은 가시게 하나, 옛날의 행복과 기쁨은 그것들이 사라지고 없는 지금, 더 아름다워 보이기에 오히려 더 큰 허망감을 불러일으킬 수도 있다.

이 언급은 추억을, 초우재 통신의 또 하나의 두드러지는 테마인 죽음에 이어지게 한다. 왜냐하면 죽은 이와 사라진 것은 추억 속에 아름답게 남아 있는데, 죽음은 죽은 이와 사라진 것과의 행복하던 시간들을 앗아가 가장 큰 허망감을 안겨주기 때문이다. 비록 이 때의 슬픔 자체가 과거가 되면, 그 미래에서는 다시 아름다워진다고 할지라도.

노년의 고교 동기들의 50년만의 모교 방문 모임에서 저자는 많은 〈가신 친구들〉을 확인시키는 환등 영상을 〈넋 잃고 바라보았〔고〕〉, 시인 친구의 〈가버린 것이 모두/ 거기 돌아와 있다/ 그래 거기 남아 있다〉는 시구를 인용하며 이렇게 말한다.

> 허기야 우리들 노안(老顔)에는 목조 건물 속의 그날들이 돌아와 있고 남아 있겠지요. 그러나 그날의 요람, 그 목조건물의 교실들을 잃어버린, 속절없이 잃어버린 우리들의 이 허전함은 달랠 길이 없습니다.

그 허전함이 너무 컸기에, 초우재에 돌아와, 기세를 잃은 여름이라 치우려고 생각했던 모기장을, 〈그 속에라도 포근히 안기고 싶어서〉 그대로 두고 잠자리에 들어, 남쪽 바다 먼 수평선을 그리고 그 위에 가물거리는 옛 추억의 세계를 올려놓고 다시 헤맸다는 것이다….

그가 특히 사랑했던 몇몇 친구들의 개별적인 죽음 이야기가 나온다. 같은 대학에서 함께 공부하고 같은 대학에서 직장 동료로 일했던, 제자들 앞에서 〈그 일주기(一周忌)를 얘기하면서 추모시를 읽다가 그만 내가 울먹거〔리고〕〉 만 친구 석구 선생, 〈그와 사별하면 그에게 대한 그리움이 이리 짙을 줄〉 몰랐다는 안 신부, 고향 유택에 〈안온하게 편안하게 거기 당신이 있었는데, 우리는 들판의 바람 속에서, 부소산에서, 백마강에서, 또 모래사장에서 당신을 찾아 헤맸〔다〕〉는 이름이 나타나 있지 않은 친구, 그 〈상청(喪廳)에서 나는 눈물을 흘〔리고〕〉, 〈그가 한 줌의 흙으로 돌아가는 어제, 나는 방향감각을 잃은 새처럼 헤매〔다가〕〉 화장장(火葬場)을 잘못 찾아 최후의 순간을 놓쳤다는 연극인 친구 설영, 등. 특히 무척 시적인 인물일 것 같은 설영의 경우에는, 그가 그의 죽음을 이야기하는 때가 바로 장례일 다음 날인데도, 그의 슬픔은 이미 아련히 빛난다….

> 우거(寓居) 초우재는, 雪嶺이 한두 번 머물렀던 시골 같은 산자락의 집입니다. 겨울의 나목들이 연필화 같습니다. 오늘은 거기 눈이 내립니다. 젊은 날의 그는 雪影이라고도 자기 이름을 쓰곤 했지요. 눈의 그림자, 그러고 보니 저기 댓잎에 자욱한 눈들에게서 그것을 얼핏 느끼는 것 같네요. 내가 그날 놓친 '하얀 연기', 그 영혼을요.

그것은 어쨌든, 여기서 그가 영혼이라는 말을 입에 올린 것에 속지 말아야 한다. 그것은 그의 슬픔을, 그의 허망감을 그야말로 아름답게 덮으려는 노력에 지나지 않는다. 왜냐하면 그는 이미 〈내 영혼은 이승에서 끝난다는 생각에서 오는 허무함〉 뿐만 아니라 〈이 영혼이 저승으로까지 이어진다고 다들(?) 말하는데 그것을 깨닫지 못하는 내 생각의 답답함〉에서 두려움을 느낀다고 말한 바 있기 때문이다. 스스로의 영혼을 발견했다고 생각하는 순간, 그것은 필경 곧 〈낯설어〉 보인다고 한다.

창 너머
숲을 내내

보고 있으면

숲은
멀어지면서
내가
보인다.

창 속의
나를
바라고 있으면

나는
사라지고
내 영혼이
다가온다.

내 영혼의
창에
내내
빠져 있으면

너는
내가 아닌
남의
모습,

나는
너에게
닿지
않는다.

숲을 본다
숲만
본다.

「숲 1」이라는 이 자작시편은 저자 자신의 너무나 상세한 해명이 뒤딸려 있는데, 죽음 후에도 영원히 살아 있을 영혼의 실체를 그가 어쩔 수 없이 믿지 못함을 보여준다. 죽음과 영혼이란 인류의 영원한 형이상학적 문제이니, 그가 해결할 수 있는 문제가 아니다. 의문을 제기하는, 아니 드러내는 것만으로도 만족해야 하리라.

기실 영혼의 존재 문제보다는 가치 문제는 좀 더 쉽게 자각될 수 있는 영역일지 모른다. 특히 윤리적인 가치판단은 우리들이 살아가면서 계속 내려야 하는 결정들의 토대이고, 설사 그 결정들의 어떤 것들이 그 가치판단에 따르지 않은 것일지라도, 우리들 내면에서는 그것들이 잘못된 것이라는 의식이 뚜렷할 것이기 때문이다. 그리하여 루소는 윤리적인 가치판단의 토대인 양심의 확실성에서 영혼과 죽음을 설명할 수 있는 신의 존재로 나아갔던 것이다.

손을 씻어도
씻어도

개운치 않는
이런 시대에
이런 세상에

손이 있어
부끄럽구나.
(「손을 씻어도」)

라거나

우리들 삶의 종언
그 명목(瞑目)이 어둑해 올수록
오롯한 별빛의 찬연한
맑음, 그 맑음의 첫머리에
오늘 아침, 나는
스스로와라, 스스로와라.

라는 윤리적 성찰을 가능케 하는 가치판단을 갖추고 있다면, 영혼이 영원하든 사라지든 어떻겠는가? 서양인들이야 신을 앞에 두지 않고는, 따라서 죽음과 영혼의 문제를 제쳐놓고는 사유하지 못하지만, 동양에서는 신 없이도 백이(伯夷)·숙제(叔齊)도 있고, 사육신·생육신도 있지 않은가? 저 광활한 허무 가운데서 스스로 옳고 그름을 외칠 수 있다면, 그것이 더 장엄하지 않으랴?… 어쨌든 이 두 시편이 저자가 노년의 건강이상이 두려워 병원의 건강검진을 받은 에피소드를 이야기하는 통신문에 실려 있다는 사실을 덧붙이기로 하자.

윤리적 성찰로 이야기가 빗나가면서, 이제 마지막 테마에 이른다(이 테마가 윤리적 성찰과 직접적인 관계가 있다는 말은 아니다). 그것은 심미적 지향이라는 전망 가운데 내가 그리는 초우재 거사의 초상화에서 그 통일성과 관계없이 살펴보아야 할 그의 어떤 측면이다.

초우재에 이르려면 상당히 가파른 언덕길을 올라가야 하는 모양인데, 이것이 짐을 싣고 오는 작은 차나 오토바이에게는 문제가 된다. 고향에서 부친 쌀 열 포대를 싣고 온 택배 자동차 기사, 컴퓨터 프린터를 A.S로 수선 받을 때에 그것을 센터에 가지고 갔다가 가지고 온 오토바이 기사, 세탁기를 A.S로 수선 받을 때에 고쳐주고 간 수선기사에 대한 이야기는 독자들에게 빙그레 미소를 띠게 한다. 저자는 너무 고생한 택배 기사에게 고마움을 표하려고 지갑을 열어보니 텅텅 비어 있어서, 고향 친구가 보내준 것으로서 남아 있던 단감 네 개를 건네준다. 그는 이 빈약한 감사 표시가 마음에 걸린 것이다. 그래 택배 회사를 통해 그의 휴대폰 번호를 알아, 이삼일 동안 통화를 시도하다가 마침내 통화하기에 이른다…. 그는 그의 집을 찾아오는 그 택배 기사가 목소리에서부터 〈요새의 세상에〉 〈참 의외이고 예외인〉 〈순한 사람〉의 느낌을 주었다고 하는데, 그 자신이야 말로 오늘날 우리 사회에서 예외적인 사람이 아닌가? 통화가 이루어지고 그가 자신이 〈달랑〉 〈감 네 개만〉으로 그 고생에 갚음을 하려고 한 사람이라고 했을 때, 상대방은 〈왜 그런가 해서인지 내 말에 대한 대꾸가 멈칫했〔다〕〉고 하는데, 그것이야말로 그 상황의 의외성을 드러내는 것이다. 기실 택배 기사나, 컴퓨터 프린터를 운반한 오토바이 기사나, 모두 필경 저자의 도움을 받아 임무를 완수할 수 있었음을 생각하면, 그 의외성은 더욱 커진다…. 택배 기사 이외의 두 사람도 다른 면으로서이긴 하나 모두 그의 눈에는 **선한** 사람들로 보인다.

다른 통신문에서는 초우재로 구걸하러 오곤 하던 젊은이 이야기가 나온다. 오래간만에 나타난 그를 한심한 생각에 호통을 쳐 돌려보냈는데, 〈그런데 내 목소리가 빈 소리로 느껴지면서 그 친구의 눈길이 돌아서는 나에게 자꾸 밟〔혔다〕〉는 것이다. 그래 언덕 아래로 내려가는 그를 뒤좇아 가서 돈을 쥐어준다. 〈이때에도 나는 그의 눈길이 내 마음에 담겨 옴을〉 느낀다. 이전에는 〈그냥 구걸하는 약한 자의 눈〉이었던 것이, 그날은 〈잔잔한 호수〉가 되어 있다. 자기 스스로 〈가을 환시(幻視)에 허덕〔인다〕〉고 하면서도, 〈그 젊은이의, 가을 햇살에 조용했던 **선하디 선한** 눈길을 보았다고〉(강조, 인용자) 생각한다. 필경 그의 눈에는 선하지 않은 사람이 없는 것 같다. 모든 통신문들을 통해 그의 비난이나 비판의 대상이 된 사람은, 내 기억이 정확하다면, 한 사람도 없다!…

이상의 이야기는 기실 그 자신이 사람들을 선하게 보는, 적어도 선하게 보려고 애쓰는, —따라서 자기 자신도 선한, 적어도 선하려고 애쓰는 사람이라는 것을 말해주는 게 아니겠는가? 왜냐하면, 위의 에피소드들에 나오는 사람들은 사실 선한 사람들일 것 같지만, 물론 모든 사람들이 그들과 같을 리도 없고, 기실 모든 인간은 〈인간의 위대함과 비참〉을 말한 파스칼의 인간학이 옳다면, 선하기도, 악하기도 할 것이기 때문이다. 이 문맥에 딱 맞는 것은 아니지만, 그 자신 다음과 같이 말한 적이 있다. 앞서 언급된, 석구 선생을 제자들과 추모한 자리에서 그는, 사후에 존경의 염으로 애도할 수 있는 석구 선생 같은 분을 가지고 있는 우리들은 행복하지만, 대개 사람들은 그렇게 고매하지 않다면서 이렇게 말했던 것이다.

> 존경하려고 애써야 한〔다〕.
>
> 살기에 바쁘고 지친 사람이 감추려했으나 밝은 우리들 눈치에 얼핏얼핏 드러내는 그분의 흠집을 들추려하지 말고 어느 한 면 우리가 아직 갖고 있지 못한 어떤 존경

할 만한 '어른스러움'이 있으면 놓치지 말고 '존경하려' 애써 보[아야 한다].

이와 같은 그의 측면을 나는 그의 심미적 지향의 전망에서 그 통일성과 관계 없이 살펴보겠다고 말했는데, 왜냐하면 그 측면과 심미적 지향의 통일을 긍정하거나 부정하기 위해서는 미추(美醜)와 선악(善惡)이 결부될 수 있는가를 논해야 하고, 그것은 내 능력을 벗어나는 것이기 때문이다. 다만 철학자들은 가치판단의 두 영역을 이루는 미추와 선악의 두 짝이 각각 감성과 행위에서 나란히 마주하고 있다고 하므로, 각각의 짝에서 긍정적인 가치판단을 받는 미와 선이 상동적(相同的) 관계(homologie)에 있다는 것을 말해 두기로 하자.

어쨌든 석구 선생의 후광에서 빼내어져 독립적으로 인용됨으로써 그 진부함을 그대로 드러내고 있는 위의 말은, 위의 에피소드들이 그 진정성을 보증하고 있다. 초우재 거사는 사방에서 아름다움을 만드는 것에 못지않게 사방에서 선함을 찾는 것이다.

이상으로 초우재 거사의 초상을 거칠게나마 그려본 셈인데, 그의 제자들이 그를 두고 〈이 시대의 마지막 로맨티스트〉라고 한 규정에 대체적으로 맞는다고 생각하는 독자들도 있을 것이다. 나로서는 이 책을 읽으면서, 자신의 시적 재능에 걸맞는 야심도 멀리하고 주위 사람들을 사랑하고 그들에게 사랑 받으며 좋아하는 문학·예술을 섭렵하는 데에서 낙을 찾는, 그러면서도 시흥에 겨우면 남들이 읽어줄 것을 바라지도 않으면서 일필휘지로 시를 써 내리는, 탈속한 옛 선비 같은 이미지를 떠올린다…. 그의 자족감을 탓할 사람들도 있겠지만, 어떤 면에서는 그 깨끗한 자족감 때문에 그는 훌륭한 문학교수일 수 있지 않았겠는가?

초우재 통신 ❶
# 촌내기의 오랜오랜 떨림

초판 1쇄 발행 2017년 3월 20일

지은이 김창진
펴낸이 김정일
펴낸곳 (학)신구학원신구문화사

등록 1968. 6. 10. 제1-205호
주소 경기도 성남시 중원구 광명로 377 우촌학사 1층
전화 031-741-3055~6
팩스 031-741-3054
이메일 shingupub@naver.com
홈페이지 www.shingubook.com


* 값은 뒤표지에 있습니다.